Si este lib[illegible]
pierdo, como suele
suceder, le suplico
al que lo encuentre
que lo sepa
devolver y si
no sabe la dirección
aquí la he de
poner

Rita Aparicio
HC 1 Box 9850
Rio Grande, P.R.
888-1081

CURADOS POR LA FE

CURADOS POR LA FE

Revelador estudio sobre el poder curativo de las creencias

Herbert Benson, M.D.

Traducción
Margarita Peña B.

GRUPO EDITORIAL norma

Barcelona, Bogotá, Buenos Aires, Caracas, Guatemala,
Lima, México, Miami, Panamá, Quito, San José,
San Juan, San Salvador, Santiago de Chile.

Edición original en inglés:
TIMELESS HEALING
The Power and Biology of Belief
de Herbert Benson, M.D.
Una publicación de Scribner, división de Simon & Schuster, Inc.
1230 Avenue of the Americas, New York, NY 10020, U.S.A.
Publicado por arreglo con Linda Michaels Limited,
International Literary Agency.

Apartado Aéreo 53550, Bogotá, Colombia.

Impreso por Cargraphics S. A. — Imprelibros
Impreso en Colombia — Printed in Colombia
Octubre, 1996

Edición, Armando Bernal y Patricia Torres
Diseño de cubierta, María Clara Salazar
Diagramación y armada, Andrea Rincón

Este libro se compuso en caracteres Caslon.

ISBN 958-04-3510-3

¡A la vida!

CONTENIDO

PREFACIO

En libros anteriores, me he referido a las cosas que los individuos pueden hacer para curarse a sí mismos. En la medida en que observaba distintas formas de autocuidado, tratando de "aislar" los beneficios y "reducir" estas terapias a su forma más pura, emergió un principio más amplio. Me impresionó la tendencia humana a recurrir a las creencias y a la fe en las épocas de enfermedad y de necesidad, y así, tardé más de treinta años en desarrollar los hallazgos de este libro. En la práctica médica y en la investigación, he aprendido que invocar las creencias no sólo alivia emocional y espiritualmente sino que es muy importante para la salud física.

He tenido el privilegio de observar, en muchos de mis pacientes, curaciones inspiradas en las creencias. Pero para permitir que ellos se refirieran libremente a sus experiencias con "la memoria del bienestar" y con el "factor fe", le pedí a mi colaboradora Marg Stark que los entrevistara y recogiera sus historias. He garantizado la confidencialidad cambiando los nombres, aunque prácticamente todos ellos me autorizaron para usar sus nombres verdaderos.

También preferí referenciar la totalidad de la documentación del libro; de modo que, al final, encontrará usted una extensa lista de libros y artículos científicos que se han publicado sobre estas materias. Espero que esta evidencia se convierta en una plataforma para nuevo trabajo científico en estos temas. Entonces, tal vez, la memoria del bienestar y el factor fe serán reconocidos y utilizados en la práctica médica.

Este libro se escribió para ayudarles a las personas a ayudarse a sí mismas. Si usted decide aplicar estas enseñanzas en su terapia médica, hágalo en coordinación con su médico, de manera que se beneficie de las soluciones y las curas que la medicina convencional puede ofrecer.

La biología de las creencias garantiza que éstas están siempre presentes en la medicina de cualquier tipo, sean o no sean reconocidos sus efectos. Eternamente influyentes, nuestros valores y nuestras experiencias vitales no pueden dejar de manifestarse. Mi esperanza es que este libro le permita a usted apreciar el poder de sus creencias para que pueda comprender la vida, y el significado de la suya propia, a través de el verdadero sentido de la salud.

HERBERT BENSON, MD
Boston, Massachusetts

I

EN BUSCA DE ALGO DURADERO

Cuando yo era estudiante de medicina en Harvard, me dijeron que la mayor parte de lo que estaba aprendiendo sería obsoleto luego de cinco años. En otras palabras, unos pocos años después de terminar mis estudios de medicina, e incluso antes de completar la residencia y de convertirme en un miembro de la profesión médica, la ciencia habría progresado tanto como para crear un conjunto completamente nuevo de reglas para cuidar de los pacientes.

Entonces comenzó mi búsqueda de algo duradero en medicina. Quería identificar alguna fuente eterna de curación, cuyos méritos nunca pudieran ser negados. Esta alternativa no sólo tendría que superar los cinco años, sino que tendría que demostrar su valor en las generaciones presentes, en las pasadas y en las del futuro.

Tengo que confesar que, en parte, la pereza juvenil me lanzó a esta búsqueda. A ningún estudiante de medicina le gusta la idea de tener que aprender una materia una y otra vez. Pero mi contemplación de los aspectos perdurables de la vida humana comenzó seriamente cuando, a los veintiún años, siendo un estudiante de los cursos previos a la carrera de medicina, tuve que enfrentar la muerte de mi padre, de enfermedad cardíaca reumática. En mi mente, la ciencia nunca pudo explicar su deceso. Con sus diagramas, definiciones y dibujos anatómicos, mis libros de texto no podían capturar siquiera un poco de su espíritu y su presencia.

Él era un hombre que había crecido en las selvas de Suramérica, que vino a los Estados Unidos con sólo cuatro años de educación, que hablaba cinco idiomas y que se convirtió en un exitoso hombre de negocios en la venta al por mayor y al detal de productos agrícolas en Yonkers, Nueva York. Trató de inculcar en nosotros la importancia de "hacer las cosas bien". Una vez nos contó sobre la ocasión en que un tendero se había visto obligado a despedirlo de su trabajo como barrendero. Para terminar bien su trabajo, mi padre barrió con especial cuidado esa noche, de manera que al día siguiente el tendero lo llamó y le dijo que si quería regresar, él hallaría la manera de pagarle.

Esto fue lo que definió la vida de mi padre, así como la familia y el trabajo, las dificultades y los triunfos, los principios y las experiencias definen la vida de todos los seres humanos. Pero estos asuntos fueron rara vez tratados en la educación que recibí como médico. No estaban presentes ni en la literatura científica, ni en las rondas, ni siquiera en el entrenamiento que recibí al lado de las camas de los pacientes. Y así, en la misma medida en que comencé a creer que la ciencia era todopoderosa, con una capacidad siempre creciente para identificar y explicar los misterios de la vida, conservé la constante sensación de que la medicina estaba pasando por alto un elemento básico.

Acumulando la evidencia

Este libro da cuenta de mis pasos durante treinta años de acumular evidencias de una verdad eterna acerca de la fisiología y la experiencia humanas. Con frecuencia la suerte, las corazonadas y la casualidad guiaron este viaje, como pasa en la carrera de la mayoría de las personas. Fui de paciente en paciente y de estudio en estudio, tal como lo hacen todos los médicos, incapaz de predecir cómo cada pregunta y cada resultado contribuiría a mejorar la ciencia médica en el largo plazo. Pero, en el fondo, siempre esperé que emergiera alguna sabiduría inmutable.

En parte porque mi padre murió de enfermedad cardíaca, comencé mi carrera como cardiólogo. Pero pronto empecé a

LA LIGA DE LA LECHE P.R.

LACTAR
ES
AMAR

Para información o ayuda sobre lactancia favor llamar al:
750-5790

Ofrecemos:

- Ayuda por teléfono
- Reuniones mensuales
- Libros para la venta incluyendo: *El arte femenino de amaman*
- Libros sobre crianza, part nutrición
- Ayuda de mamá a ma

sentirme inhibido por una especialidad que limitaba mis exploraciones a mantener un órgano latiendo en el pecho del paciente. Cada vez más me sentía atraído por la investigación cuerpo/mente, y continué hasta que me convertí en uno de los miembros del puñado de investigadores médicos que establecieron el campo científico hoy reconocido como medicina del cuerpo y la mente.

Exceptuado un entrenamiento breve en Seattle, y el tiempo que pasé en el U.S. Public Health Service en San Juan, Puerto Rico, he pasado mi vida trabajando en los h
universitarios de Harvard. En 1988 fundé el Harvarc
Body Medical Institute, en el Hospital Deaconess d
Quizá mi contribución más significativa a este can
sido la definición de la calma corporal que todos p
evocar y que tiene el efecto opuesto al de la bien c
respuesta de "huir o pelear". Llamo a esta calma cor
respuesta de la relajación", un estado en que la presi
guínea se reduce, y el ritmo respiratorio y el ritmo me
disminuyen. La respuesta de la relajación produce
beneficios de largo plazo en la salud y en el bienestar, y
provocarse con técnicas simples de concentración m
meditación.

Al enseñarles estos métodos a los pacientes, a los pr
nales de la salud y a otros, me di cuenta del pod
autocuidado y de las cosas saludables que las persona
den hacer por sí mismas. Cada vez más, me convencí c
el cuerpo está diseñado para beneficiarse no sólo del ejercicio de los músculos sino también de ese núcleo interno de creencias, valores, pensamientos y sentimientos. Me resistía a explorar estos factores porque los filósofos y los científicos de todas las épocas los han considerado intangibles y no cuantificables, haciendo de su estudio algo "acientífico". Pero quise intentarlo porque, una y otra vez, el progreso y la recuperación de mis pacientes parecían depender de su espíritu y

de su deseo de vivir; y no podía deshacerme de la certeza de que la mente humana, y las creencias que habitualmente asociamos al alma, tenían manifestaciones físicas.

Primeras pistas de la influencia cuerpo/mente

Yo había sido testigo de esto cuando servía como marino mercante, en el verano de mi tercer año de universidad. Desde mis lecturas de Joseph Conrad en la juventud, había decidido "hacerme a la mar"; y, junto con mi amigo Howard Rotner, satisfice mi deseo al conseguir un maravilloso "trabajo de verano", que me llevó por los mares a puertos tan distintos como Casablanca en Marruecos, Nápoles en Italia, el Pireo en Grecia, Southampton en Inglaterra y Estambul y Esmirna en Turquía. En estos puertos, a mis compañeros les encantaba ir a los bares y solían regresar al barco con terribles resacas. Sabiendo que yo estudiaba medicina, mis amigos venían a mí en busca de ayuda. Pero todo lo que tenía era vitaminas y se las daba con gusto.

Aunque las vitaminas producían poco o ningún efecto, los síntomas de mis compañeros y su ánimo mejoraban espectacularmente después de tomarlas. Las noticias de los resultados se esparcieron y cada vez más marineros me buscaban para obtener las píldoras mágicas. Pero una vez que comenzó mi adoctrinamiento en medicina, encontré que mis profesores y mis compañeros no tenían ningún interés en este fenómeno. Por primera vez me di cuenta de la gran disparidad que existía entre lo que la gente *sentía* que era bueno para ellos y lo que los científicos decidían que *era* bueno.

Esta diferencia me incomodaba, lo mismo que el hecho de que un diagnóstico — unas pocas palabras del médico —

pudiera cambiar extraordinariamente la imagen de sí mismos que tenían los pacientes. Basándose en una consulta, o en un examen sencillo, un médico podía, por ejemplo, diagnosticar hipertensión y pedirle al paciente que tomara medicamentos durante el resto de su vida, que soportara incómodos efectos secundarios y que hiciera cambios significativos en la dieta y en el estilo de vida. De un día para otro, pacientes a quienes se les diagnosticaba una enfermedad crónica comenzaban a verse a sí mismos como "enfermos" y el efecto de esa sentencia sobre su salud física era sustancial.

Esto le sucedió a una de mis pacientes, Antonia Baquero. Antes de conocerla, a la señora Baquero le habían extraído unos depósitos de calcio de un seno, operación que le dejó una gran cicatriz. Los depósitos de calcio eran benignos, pero el cirujano recomendó la operación por una probabilidad relativamente pequeña de que pudiera desarrollarse un tumor maligno posteriormente. La sola indicación de que le podría dar un cáncer la aterrorizó. "Entré en pánico", me dijo. "Inmediatamente decidí hacerme la cirugía". Más tarde se lamentó de esa decisión. "Sentí mi cuerpo cercenado. Fue un momento muy difícil en mi vida. Trataba de equilibrar la familia y los negocios. Me levantaba a las 3 de la mañana y no podía dormir. Era demasiada tensión".

Buscando alivio para la ansiedad y el pánico que siguieron a la cirugía, la señora Baquero encontró en la biblioteca mi libro *Your Maximum Mind.* Poco después vino de Nueva York a visitarme. Hablamos sobre la respuesta de la relajación y la manera como podía provocarse la relajación física. Para conseguirla, le expliqué que necesitaba concentrarse silenciosamente en una palabra o frase durante un período de 10 a 20 minutos todos los días, apartando suavemente los pensamientos cotidianos que la distrajeran. Le dije que éste era el ejercicio mental que yo había demostrado que podía reducir espectacularmente el habitual estado de alerta del cuerpo, sin deteriorarlo, sino simplemente permitiéndole la calma y el descanso por un rato, mientras se está despierto.

Como muchos de mis pacientes, la señora Baquero decidió incorporar una frase religiosa a su ejercicio de concentración mental. Como yo animaba a la gente a escoger un foco que le agradara, ella adoptó una oración en español: "Jesucristo, ayúdame, ampárame y cúrame". Su madre rezaba algo similar para ella y sus hermanas cuando eran niñas, antes de salir para la escuela. Durante los meses en que utilizó esta frase familiar para provocar la respuesta de la relajación, la señora Baquero comenzó a sentirse liberada de la preocupación y de la tensión que la había molestado permanentemente. Según sus propias palabras: "Comencé a sentirme mejor. Empecé a ver la vida y a las personas en forma distinta. Me exigía menos".

Con seguridad, la señora Baquero estaba experimentando el maravilloso estado de solaz de la respuesta de la relajación, el efecto opuesto a la sensación de ansiedad y excitación que experimentamos en la respuesta de huir o pelear. Pero también hablaba de un bienestar espiritual, inspirado por el simbolismo y el significado de la oración de su madre. El bálsamo espiritual parecía afectarla tanto como los cambios químicos y espirituales que ocurrían durante la relajación.

No sólo estaba el cuerpo aliviándose a sí mismo, sino que la señora Baquero parecía estar recuperando su identidad, cuya esencia había sido cuestionada por la amenaza del cáncer. Cada vez que recurría a esta poderosa plegaria, recordaba la fe de su madre en la protección de Dios, y la fe que le había sido inculcada cuando niña. Al introducir este tierno bienestar en su experiencia cotidiana, comenzó a ganar nuevamente la seguridad en su cuerpo y en sí misma para enfrentar los reveses de la vida.

Quizá el cirujano de la señora Baquero no sabía que el simple acto preventivo de mencionar una cirugía iba a causarle a su paciente tanto y tan prolongado malestar. En nuestra sociedad, con frecuencia los médicos prefieren — y suponen que eso es lo que los pacientes quieren — "hacer algo" y "actuar" para tratar o prevenir la enfermedad. Pero en el caso de la señora Baquero, el diagnóstico y la acción de "hacer algo" deterioró su fe en la fortaleza de su cuerpo. Al provocar ella la respuesta de la relajación con una plegaria, recuperó el equilibrio mental y, sin duda, contribuyó a aumentar sus defensas contra la enfermedad, al hacer algo para calmar su cuerpo y sus temores.

La memoria del bienestar

Aprendí mucho observando estas sencillas curaciones. Resulta que al rastrear la contribución del deseo que tenía una persona de recobrar la salud, y al proteger el derecho de un individuo a escoger su propia manera de ver las cosas, encontré la clave de una fuente profunda y científica de curación. Yo llamo a esta fuente "la memoria del bienestar". Como mis compañeros del barco, todos proyectamos un intenso deseo de bienestar cuando tomamos cualquier medicina. Y, como la señora Baquero, todos tenemos la capacidad de "recordar" la calma y la seguridad asociadas a la salud y a la felicidad, pero no sólo de una manera psicológica y emocional; esta memoria también es física.

La memoria del bienestar no es particularmente misteriosa. Durante siglos ha habido evidencia de su influencia sustancial y positiva sobre el cuerpo. Se conoce en la comunidad científica como "el efecto placebo"; pero yo espero sustituir esta expresión por la de "memoria del bienestar", no sólo porque describe mejor los mecanismos cerebrales que intervienen sino porque "el efecto placebo" se ha convertido en algo peyorativo en medicina. Los miembros de la comunidad médica suelen referirse a algunos de sus éxitos como "solamente el efecto placebo", de la misma manera en que tendemos a subestimar algunos males porque "están en la cabeza" de quien dice que está enfermo.

Casi todos pensamos en el efecto placebo como una píldora de azúcar que, cuando la administra un médico, le tiende una trampa a la mente del paciente y, como resultado, le produce beneficios al cuerpo. Y sabemos que los investigadores recurren habitualmente a placebos — sustancias o procedimientos inertes — para comparar los resultados de un grupo que está bajo control con los resultados de los que están sometidos a terapia experimental. Pero lo que menos se dice es que la creencia del individuo le da poder al placebo. El hecho de que el paciente, el profesional de la salud, o que ambos crean en el tratamiento, contribuye al logro de mejores resultados. Según sea nuestro estado, a veces lo que necesitamos realmente para sanar son creencias afirmativas, y a veces necesitamos la fuerza combinada de las creencias y de las intervenciones médicas apropiadas.

Con todo, pese al hecho de que los médicos siempre hemos reconocido este fenómeno, no hemos promulgado su eficacia o explorado sus aplicaciones terapéuticas. Como un insulto final, el placebo ha sido frecuentemente llamado "píldora falsa". Pero el cuerpo humano, con su tendencia a convertir las creencias en instrucciones físicas, no es estúpido. Yo comencé a revisar la literatura sobre el efecto placebo a mediados de los años 70, y poco después comencé a escribir y a hablar sobre sus beneficios terapéuticos. Junto con mis colegas, encontré que en los casos revisados, el efecto que yo denomino memoria del bienestar tenía una eficacia del 70 al 90 por ciento duplicando, y a veces triplicando, la tasa de éxito que siempre se le había atribuido al efecto placebo.

Con los avances de mi investigación, he aprendido que

durante todo el tiempo que los humanos han poblado la Tierra, hemos tenido creencias. Siempre hemos invocado a Dios o a los dioses para que nos ayuden. Le hemos dado nombre y significado a casi todo, a veces en nuestra contemplación tranquila de la vida, y a veces en mayor escala para estimular los pensamientos de poblaciones enteras, como sucede con el arte, la literatura y la filosofía. Vemos el mundo en la única forma en que nos lo permiten nuestra socialización, nuestras experiencias y nuestra formación religiosa y cultural. No todos somos igualmente analíticos o propensos a encontrar un significado profundo en los eventos de nuestra vida, pero no podemos evitar dar color a nuestra realidad con esperanzas, emociones, filosofías y convicciones. Es nuestra naturaleza.

Pero la investigación neurológica revela que antes de que conscientemente coloreemos el mundo que nos rodea con el pensamiento y con las creencias adquiridas, los mecanismos cerebrales determinan nuestras percepciones, formando opiniones y asignándoles valor emocional. Antes de que tengamos siquiera tiempo de reflexionar sobre la aparición de un nuevo sonido o imagen, ciertas áreas del cerebro reaccionan y les asignan un valor inicial y muy influyente. Estas actitudes automáticas nos impiden hablar de objetividad o neutralidad, en formas mucho más profundas de lo que siempre hemos sospechado.

La ciencia occidental y todos sus brillantes descubrimientos se han construido sobre el supuesto de que todos queremos y debemos querer lograr la objetividad, y de que los hechos objetivos pueden distinguirse de los subjetivos o intangibles. Y como las creencias y las emociones son efímeras e imperceptibles, la medicina occidental ha dado por sentado que sus efectos no son físicos o cuantificables. Pero los investigadores neurológicos y los que ahondamos en los efectos considerables y cuantificables que las creencias pueden ejercer en el cuerpo humano, estamos pintando un cuadro muy distinto de la fisiología y la vida humanas, con descubrimientos que están destinados a cambiar la manera como normalmente cuidamos la salud.

Un libro sobre las creencias

Yo no podía haber previsto que escribiría todo un libro sobre el hecho de que las creencias tienen repercusiones físicas, o de que el espíritu humano es relevante, y mucho menos que es influyente, en el tratamiento y la prevención de las enfermedades. Pero durante mis treinta años de práctica médica, no he encontrado una fuerza curativa más impresionante ni más accesible que el poder de los individuos para cuidar de sí mismos y curarse. Sin embargo, a diferencia del mensaje más publicitario, no es la fe en uno mismo, ni es algo simple como el pensamiento positivo lo que cosecha las mayores recompensas. Tampoco se trata de alejarse de la medicina occidental y confiar en los curanderos no tradicionales y sus artes curativas aparentemente más sensibles.

Creo que el modelo ideal para la medicina es el del asiento de tres patas (figura 1). El equilibrio del asiento está en el uso apropiado del autocuidado, de los medicamentos y de los procedimientos médicos. La pata que corresponde a lo que los pacientes pueden hacer por sí mismos es el aspecto más despreciado e ignorado en la atención médica hoy por hoy. Las otras dos patas corresponden a lo que las profesiones de la salud ofrecen o hacen por los pacientes — recursos en los cuales la medicina descansa casi totalmente en la actualidad, y que son excelentes para los problemas que realmente resuelven. En este libro nos concentraremos en la memoria del bienestar, que puede potenciar el efecto de las tres patas del asiento. Los médicos y otros profesionales y trabajadores de la salud que administran medicamentos o ejecutan procedimientos, deben creer en la eficacia de su labor y comunicarles esta confianza a los pacientes para generar la memoria del bienestar. Pero le prestaremos especial atención a la pata del asiento que corresponde al autocuidado, no tanto por los ejercicios físicos o la dieta, que todos sabemos que son buenos para nosotros, sino por el desarrollo interno de las creencias que hacen posible la curación.

Yo lo conduciré a usted por las hipótesis y los hallazgos que impulsaron mi proceso de descubrimiento, y le mostraré cómo necesitamos un equilibrio mayor entre las tres patas

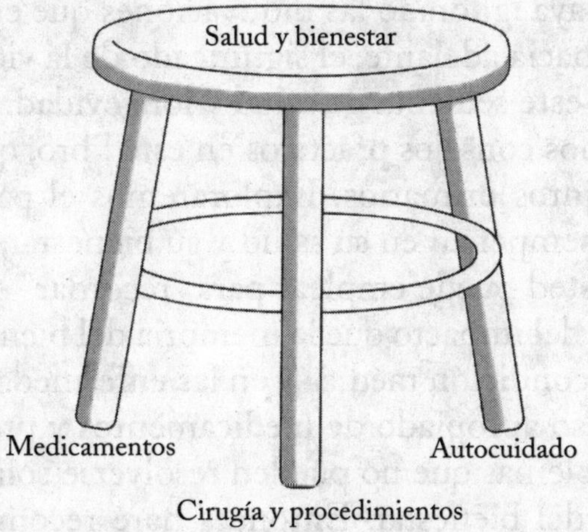

FIGURA 1
EL ASIENTO DE TRES PATAS

La salud y el bienestar pueden maximizarse mediante la aplicación equilibrada de medicamentos, cirugía y procedimientos, y autocuidado. En la práctica médica de hoy, el asiento está desequilibrado porque confiamos demasiado en los medicamentos, la cirugía y los procedimientos. Debemos incluir el autocuidado para optimizar la medicina, la salud y el bienestar, y equilibrar el asiento.

del asiento. A lo largo de mi búsqueda y en este libro, he aplicado medidas objetivas para probar puntos muy subjetivos, y he utilizado datos empíricos para extraer conclusiones sobre "intangibles" — sobre las expectativas, las esperanzas y los miedos de las personas. Que estos hallazgos digan mucho de nosotros como seres emocionales, espirituales e intelectuales, y no sólo sobre nuestros aspectos físicos y nuestra salud, es un extraño y maravilloso subproducto de una búsqueda científica tradicional.

Pero mi búsqueda también expuso las debilidades inherentes al pensamiento y a la medicina occidentales, que no han valorado el poder constante de la memoria del bienestar. Es extraño que la ciencia médica, en su ansiedad por preservar la vida, haya ignorado las motivaciones que empujan a la humanidad hacia adelante, el significado de la vida que hace que la gente esté sedienta de salud y longevidad.

Hay muchos consejos prácticos en este libro, que se basan en esos instintos primarios. Exploraremos el papel que las creencias desempeñan en su salud y su bienestar, y las estrategias que usted puede emplear para "recordar" el bienestar. Hablaremos del impacto que la memoria del bienestar puede ejercer en la condición médica y en las enfermedades, e indicaremos el uso apropiado de medicamentos y procedimientos para problemas que no pueden resolverse solamente con la memoria del bienestar. Entonces haré recomendaciones sobre cómo escoger saludablemente entre un menú de opciones convencionales y no convencionales para el autocuidado.

Concluiré con un proyecto para una medicina y una salud óptimas que, en mi opinión, aprovecha las ventajas de la memoria del bienestar y de la naturaleza visceral de las creencias humanas. Y, cuando la movilicen, la sabiduría del cuerpo no sólo transformará la salud individual sino que reformará la medicina y le ahorrará a la nación miles de millones de dólares cada año, en gastos de salud innecesarios.

Han pasado muchos años desde que fui estudiante de medicina, ansioso de utilizar la ciencia que estaba aprendiendo para curar a mis pacientes. Desde entonces, como lo describirán las páginas de este libro, he encontrado una fuente de curación que es eterna. Un instinto básico, esta creencia a menudo sustrae a los individuos del dolor y la enfermedad y, sin embargo, todavía es subestimada por la ciencia occidental, en detrimento nuestro. Esta verdad visceral es algo con lo que podemos contar, algo que permanece igual a pesar de los cambios dramáticos que sufrimos en nuestra vida pública y privada. No lo aprendemos en libros de texto, es parte de nuestro organismo desde el día que nacimos. Esto fue cierto para mi padre y para todas las generaciones antes que él; es verdad para usted y para su familia, y lo será para todos nuestros descendientes. Eterna e internamente verdadero, es un hecho de la vida humana que, cuando se ejercita y aprecia, tiene un enorme poder para curarnos — en la mente, el cuerpo y el alma.

II

LA MEMORIA DEL BIENESTAR

ENTREGAR CUSTIONARIO A RITA APARICIO-CASA MATERNA

RITA: SALUDOS, QUERIDA AMIGA. POR FIN TE ENVIO EL CUESTIONARIO DEL QUE HABLAMOS EN DIAS PASADOS. POR FAVOR, CUANDO PUEDAS, REPARTELO ENTRE TUS CLIENTAS PARA QUE LO LLENEN Y TE LO DEJEN EN CASA MATERNA. CUANDO TENGAS ENTRE 3 A 5 CUESTIONARIOS, LLAMAME PARA PASAR POR ALLA A RECOGERLOS O SI PUEDES, ME LOS ENVIAS POR FAX. (NECESITO LA INFORMACION A MAS TARDAR PARA EL LUNES, 16 DE MARZO). GRACIAS ANTICIPADAS POR TU COOPERACION. DIOS TE BENDICE ABUNDANTEMENTE, AL IGUAL QUE A TODA TU HERMOSA FAMILIA. TE QUIERE, MARILYN.

CUESTIONARIO:

1. CLASIFICA TU GRADO DE SATISFACCION CON TU MAS RECIENTE EXPERIENCIA DE PARTO:

2. ¿QUE HUBIERAS CAMBIADO -SI ALGO- EN RELACION CON TU CUIDADO PRENATAL, TU PARTO, TU ESTADIA POS-PARTO EN EL HOSPITAL?

3. ¿DONDE NACIO TU BEBE? (¿EN TU CASA, EN EL HOSPITAL? ¿EN QUE CIUDAD?)

4. ¿QUIEN TE ATENDIO? (¿PARTERA O GINECOLOGA/O-OBSTETRA?)

5. ¿QUE TIPO DE INTERVENCIONES -SI ALGUNA- HUBO EN TU PARTO?

6. ¿HUBO COMPLICACIONES EN TU PARTO? (¿CUAL O CUALES?)

7. ¿HUBO COMPLICACIONES CON TU BEBE? (¿CUAL O CUALES?)

8. ¿TUVISTE COMPANIA DURANTE EL PARTO? (¿QUIEN O QUIENES?)

9. ¿ASISTISTE A CLASES DE PARTO?

10. ¿LACTASTE A TU BEBE DESDE EL HOSPITAL? ¿HABIA CONSULTORA EN LACTANCIA EN EL HOSPITAL? ¿RECIBISTE AYUDA PARA LACTAR A TU BEBE?

11. SI TUVISTE PROBLEMAS PARA LACTAR A TU BEBE, ¿PODRIAS DESCRIBIRLOS?

12. ¿HABIAS TENIDO OTROS PARTOS? ¿VAGINALES O POR CESAREA? ¿COMO COMPARAN LAS EXPERIENCIAS DE TUS DISTINTOS PARTOS?

13. ¿CUAL DE LOS SIGUIENTES PROCEDIMIENTOS UTILIZARON EN TU PARTO EN EL HOSPITAL? ¿ESTUVISTE DE ACUERDO? ¿TE CONSULTARON?:
- AFEITADO - ENEMA - USO DE MONITOR FETAL ELECTRONICO
- EPIDURAL - DROGAS PARA CALMAR EL DOLOR - EPISIOTOMIA

14. COMENTARIOS QUE DESEES HACER: (POSICIONAMIENTO, ROOMING-IN, ETC)

Usted pide una cita con el médico después de luchar durante una semana o dos con lo que parece ser la peor infección respiratoria. Pero cuando llega al consultorio, los síntomas han desaparecido por completo. Se sienta en la sala de espera tratando de sentir la fiebre, la tos y el rugido del pecho, o por lo menos un gangueo en la voz, para dignificar los ruegos que le hizo a la enfermera por teléfono. Y entonces siente que debe contarle al médico cuántas cajas de pañuelos Kleenex y cuántos frascos de jarabe para la tos ha consumido para probar que, pese al milagro que acaba de ocurrir, usted está realmente enfermo.

Uno podría argumentar que en el curso natural de la enfermedad, coincidencialmente comenzó a sentirse mejor el mismo día que fue a ver al médico. Al fin y al cabo, su cuerpo tuvo una o dos semanas para dominar esa peste. Pero es probable que el solo acto de llamar y pedir una cita, un ritual que su cuerpo y su mente asocian a sentirse mejor, haya contribuido a su mejoría. En lugar de sentirse humillado o tonto por no poder exhibir una evidencia dramática de su enfermedad, debe sentirse orgulloso de que usted y su cuerpo son lo suficientemente poderosos como para producir los resultados medicinales de una visita al médico, sin siquiera haber hablado con él.

Éste es uno de los ejemplos más comunes del efecto placebo, que pretendo denominar memoria del bienestar. Mi primera mirada seria a la memoria del bienestar fue en 1975, y tengo que admitir que la razón por la cual profundicé en este fenómeno fue para responderles a los críticos que expresaron que la respuesta de la relajación que yo había definido "no era otra cosa que el efecto placebo". Yo estaba seguro de que la respuesta de la relajación era un estado fisiológico distinto, que tenía que provocarse con medios específicos, y no a través del "deseo" y el poder de la sugestión. Así que fue realmente mi desdén hacia el efecto placebo, y el hecho de que alguien hubiera mezclado mis hallazgos con lo que era visto como reacciones emocionales arbitrarias, lo que motivó mis investigaciones iniciales.

Encontré que había muy poca investigación sobre este fenómeno. Generalmente los investigadores lo habían desdeñado y rara vez lo mencionaban en artículos especializados. La mayoría consideraba que el fenómeno era una variable molesta, una coincidencia que no justificaba un estudio científico. No obstante, la investigación existente era impresionante. Mucha de la evidencia del poder de la memoria del bienestar había existido durante decenios, pero no había sido difundida en la comunidad médica. La mayoría de los investigadores recurrían a la tasa del 30 por ciento de éxito que el doctor Henry K. Beecher, del Massachusetts General Hospital, atribuía al efecto placebo en su estudio de 1955. Aunque había indicios de que el efecto placebo era mucho más poderoso, sólo un puñado de investigadores resolvieron mirar de cerca el fenómeno. Nosotros lo haremos en este capítulo y en el siguiente.

Basándome en la evidencia que aquí presento, comencé a preguntar por qué tiene lugar la memoria del bienestar y cuáles son los mecanismos que hacen que funcione. Comencé a cuestionar mis supuestos y los de la comunidad médica y me di cuenta de que el efecto placebo funcionaba mucho mejor de lo que solíamos apreciar, y que había tres maneras de activar las creencias humanas.

Subjetivo versus objetivo

Antes de presentar los datos, permítanme dedicar un minuto a discutir los resultados objetivos y subjetivos de la memoria del bienestar. Pondré énfasis en este libro en la existencia de hallazgos objetivos significativos, porque la memoria del bienestar nunca será aceptada en la práctica médica estándar ni en la sociedad occidental, a menos que haya "resultados cuantificables". Tres requisitos deben cumplirse antes de que un científico pueda establecer un resultado objetivo: debe ser cuantificable, predecible y replicable. Éstos son los estándares que la ciencia médica utiliza para calibrar los méritos de cualquier estudio de investigación y los que los institutos de la Health Office of Alternative Medicine de Estados Unidos han comenzado a utilizar recientemente para evaluar los tratamientos no convencionales y para separar el tradicional aceite de culebra de las terapias eficaces y comprobadas.

Los efectos de la memoria del bienestar son cuantificables, pero como este fenómeno se activa gracias a un conjunto único de creencias de la persona, no pueden predecirse o replicarse fácilmente. Podemos encontrar grupos de personas que se han beneficiado de terapias con placebos y que muestran buenos resultados. Pero en este momento, nuestras pruebas y medidas no son lo suficientemente sensibles o sofisticadas como para estimar las preferencias y las experiencias individuales que están en juego en cada caso de la memoria del bienestar.

Por supuesto, como veremos en los ejemplos de este capítulo y a lo largo del libro, la medicina casi nunca es puramente objetiva, porque médicos y pacientes tienen prejuicios y creencias. Algunos podrían argumentar que la medicina cuerpo/mente comprobará la incapacidad de la ciencia para contestar los interrogantes sobre la vida humana, como todos esperamos que lo haga. Pero no podemos descalificar así no más todos los avances de la ciencia. Creo que la ciencia llegará a ser lo suficientemente sofisticada como para predecir y reproducir algunos efectos generados por las creencias. Lo que consideramos "personal" será poderoso, y los investigadores buscarán el denominador común entre las distintas personas, en vez de tratar de encontrar, inútilmente, la universalidad, como lo hacen hoy. Entonces, la naturaleza individualista de este factor de curación, la memoria del bienestar, cambiará la forma en que practicamos la medicina.

Los investigadores *pueden* lograr evaluaciones objetivas utilizando tecnología neutral y fórmulas matemáticas. En mi carrera me ha sorprendido siempre que las creencias generen este tipo de resultados cuantificables. No obstante, no quiero denigrar lo subjetivo — lo que la gente piensa y siente — al poner énfasis en el valor de las medidas objetivas. Las creencias se manifiestan de manera distinta en el cuerpo, y si algunas producen resultados que la profesión puede medir en tubos de ensayo, con tensiómetros y con monitores electrónicos, otras producen síntomas que son reales en sus efectos sobre los pacientes, pero que tal vez no puedan ser rastreados por las tecnologías de que disponemos en la actualidad.

Tradicionalmente, los médicos han pensado que si los síntomas no pueden medirse, seguramente son fingidos o no existen. Hemos desconfiado de la capacidad del paciente para percibir cambios orgánicos auténticos. Pero mi investigación y la de muchos otros han demostrado que las percepciones están estrechamente relacionadas con los aspectos físicos del cuerpo, de manera que es imposible separar el cambio objetivo del subjetivo.

Desde luego que es más fácil atender y respetar síntomas que podemos medir y monitorear. Pero en la medida en que crece nuestra comprensión del cerebro, nos damos cuenta de que hay mucho *más* para identificar y medir, y de que nuestras tecnologías son débiles al compararlas con ese órgano complejo y cambiante que es el cerebro humano. Aunque la ciencia no pueda medir la mayoría de las miríadas de interacciones que tienen lugar en el cerebro, no debemos desdeñar la investigación neurológica que demuestra que las creencias se manifiestan en todo el cuerpo. Presentaré evidencia de esto en éste y en uno de los próximos capítulos. Pero, por ahora, permítame usted introducirlo en los estudios de investigación que impulsaron mis exploraciones de la memoria del bienestar.

Mejor de lo que creíamos

En 1979, mi colega, el doctor David P. McCallie Jr., y yo revisamos una larga historia de terapias diseñadas para aliviar la angina de pecho — dolor en el pecho y los brazos a causa de una disminución del flujo sanguíneo hacia el músculo del corazón. Los tratamientos, que iban desde inyecciones de veneno de cobra hasta cirugías para extirpar la tiroides o partes del páncreas, fueron introducidos con entusiasmo en la práctica médica hace años, y ahora sabemos que eran equivocados. Pero pese a que no había ninguna razón fisiológica para que estas técnicas funcionaran, sus resultados solían ser positivos. Cuando se utilizaban estas técnicas y la gente tenía fe en ellas, eran eficaces en 70 a 90 por ciento, el doble o el triple de lo que el doctor Beecher había previsto. Más tarde, cuando los médicos empezaron a dudar de estos tratamientos, su eficacia se redujo a un 30 o 40 por ciento.

No obstante, nuestros hallazgos de 1979 cayeron en oídos sordos. Mis colegas recibieron este tema con escepticismo y mantuvieron su enfoque rutinario sobre la enfermedad, prefiriendo recurrir únicamente a medicamentos y procedimientos quirúrgicos. Más recientemente, el efecto placebo comenzó a atraer más la atención. En 1994, el doctor Alan H. Roberts y sus colegas de la Scripps Clinic and Research Foundation examinaron tratamientos médicos y quirúrgicos de asma bronquial, úlceras de herpes simple y úlceras duodenales. Empleando un enfoque retrospectivo, como habíamos hecho

McCallie y yo para estudiar pacientes de angina de pecho, el equipo de Roberts estudió tratamientos que una vez fueron exitosos y más tarde descartados. Concluyeron, de acuerdo con *Clinical Psychology Review*, que "en condiciones de altas expectativas" el poder del efecto placebo "es muy superior al reportado comúnmente en la literatura". El 70 por ciento de los pacientes estudiados experimentaron excelentes o buenos resultados de tratamientos artificiales.

En un estudio posterior, la doctora Judith A. Turner, investigadora de la Universidad de Washington, en Seattle, también confirmó que el efecto placebo era dos veces más eficaz de lo que generalmente se creía. El equipo de la doctora Turner evaluó el papel que desempeña la memoria del bienestar en el alivio del dolor, revisando tres libros y setenta y cinco artículos publicados durante quince años. Calificando la tasa de éxito como "impresionantemente alta en promedio", la doctora Turner dijo que los clínicos no debían continuar asumiendo que los placebos funcionan sólo en una tercera parte.

Entonces el primer paso en el establecimiento de la memoria del bienestar fue duplicar, por lo menos, las expectativas sobre lo bien que funcionaba. Los médicos no pudieron seguir desechando el fenómeno como si se tratara de un factor relativamente menor, porque ahora parecía funcionar *la mayor parte* del tiempo. Se encontró que la memoria del bienestar producía un impacto sustancial en los síntomas más comunes, como dolor en el pecho, mareos, dolor de cabeza, dolores de espalda y musculares, entumecimiento, impotencia, pérdida de peso, tos y estreñimiento. Y, como lo demostró en 1992 un estudio de Ohio State University sobre pacientes con falla cardíaca, el tratamiento con placebo puede también contribuir en casos en los que la condición médica es más seria. Ese estudio reveló que los pacientes con casos moderadamente severos, a quienes se les administró terapia con placebo durante ocho semanas, podían mejorar en 81 segundos su resistencia promedio en la banda de caminar.

Tres componentes de la memoria del bienestar

Es fácil cosechar los beneficios de la memoria del bienestar. Hace como 20 años, el doctor Mark D. Epstein y yo identificamos tres maneras distintas pero traslapadas de lograr el fenómeno, todas relacionadas con las creencias. Las creencias o expectativas sobre un buen resultado tienen un formidable poder restaurador, ya sean del paciente o de quien cuida de él, o de ambos (ver Tabla 1).

TABLA 1

TRES COMPONENTES DE LA MEMORIA DEL BIENESTAR

1. Creencia y expectativa del paciente.
2. Creencia y expectativa de la persona que está al cuidado de él.
3. Creencia y expectativa generadas en la relación entre el paciente y la persona que cuida de él.

Para ver de qué manera las creencias de los pacientes "disparan" la memoria del bienestar, no es sino mirar el estudio que hizo el doctor Stewart Wolf en 1950 sobre mujeres que sufrían de náuseas y vómito permanentes durante el embarazo. Estas pacientes ingirieron pequeños tubos con un globo emboquillado que, una vez en el estómago, les permitían a los investigadores registrar las contracciones asociadas a las náuseas y al vómito. Entonces se les administró una medicina y se les dijo que con ella se curaría su problema; pero, en realidad, se les dio lo contrario (jarabe de ipecacuana), una sustancia que causa vómito.

Las náuseas y el vómito cesaron completamente, y las contracciones estomacales, medidas por los globos, volvieron a la normalidad. La *creencia* de que estaban tomando un medicamento para las náuseas hizo que estas mujeres invirtieran el efecto de una poderosa droga. Aunque muchos tenemos en el botiquín jarabe de ipecacuana para inducir vómito en caso de envenenamiento, estas mujeres embarazadas, con molestias estomacales comprobadas, impidieron la acción de una droga que debía haberlas hecho sentir todavía más enfermas. Creer fue suficiente para curarse.

De manera similar, en 1957, en una investigación en el Cook County Hospital de Chicago, se encontró que el 30% de los pacientes con artritis reumatoidea se aliviaban con placebos, y que el alivio duraba por lo menos tres meses. Lo anterior se confirmó, en mayor escala, en un estudio publicado en 1995 en los *Annals of Internal Medicine*, según el cual el 40 por ciento de los pacientes con artritis reumatoidea presentaron por lo menos un 50 por ciento de disminución en la inflamación y en la sensibilidad en las articulaciones. Recurriendo simplemente a placebos, fue posible obtener resultados que duraron seis meses o más.

Otra investigación se centró en personas a quienes se les extrajeron las muelas del juicio. Durante tres o cuatro decenios, los dentistas han utilizado frecuencias de ultrasonido que se transmiten a través de un dispositivo manual pequeño llamado transductor, para masajear la cara del paciente, reducir el dolor y la inflamación, y para acelerar la mejoría. Pero la odontología no conoce ninguna de las razones fisiológicas que hacen que esta técnica funcione.

En 1988, en Londres, un equipo de cirujanos dentales comparó las experiencias postoperatorias de pacientes que no recibieron tratamiento de ultrasonido con las de pacientes que sí lo recibieron, e igualmente con las de pacientes a quienes se les hizo tratamiento simulado con la máquina en cero frecuencia. En uno de estos tratamientos simulados, el odontólogo mantuvo el transductor inmóvil sobre la cara del paciente, mientras que en otro caso, el odontólogo lo movía en círculos. A otros se les pidió que se masajearan las mejillas con un transductor desconectado. Con anterioridad a la cirugía, se les había asegurado a todos que el ultrasonido reduciría el dolor y la inflamación después de la operación.

Cuando se tabularon los resultados, los pacientes que recibieron el tratamiento simulado y sin masaje (con el transductor inmóvil) tenían un 35 por ciento menos de hinchazón que los pacientes que no recibieron ningún tratamiento. Los que recibieron masaje circular y el ultrasonido real presentaron el 30 por ciento menos de inflamación con respecto al grupo de control, pero los que practicaron automasaje sólo tuvieron una reducción del 15 por ciento.

Si a usted le extrajeron una muela del juicio, recordará bien que todo lo que quería era que se le desaparecieran los cachetes de ardilla. Pero, en este caso, el deseo de los pacientes sí produjo resultado; ellos creían en las promesas de la tecnología y esta fe movilizó sus recursos curativos interiores.

Que un profesional sea quien haga el tratamiento también parece producir un efecto diferente en el proceso curativo, pues los pacientes que se automasajearon tuvieron menos éxito. En la investigación que mi colega y yo hicimos sobre la angina de pecho, encontramos que la contribución de las creencias del médico o la enfermera era muy significativa. Había en verdad una correlación entre el entusiasmo del médico y las tasas de éxito. Mientras la terapia fuera aclamada por ellos como la última y la mejor, la gran mayoría de los pacientes experimentaban excelentes resultados. Eventualmente, cuando los tratamientos se mostraban como poco o nada eficaces, caían en desgracia y la mejoras en la salud de los pacientes disminuían.

Los pacientes no sólo reportaban alivio subjetivo del dolor, sino que exhibían mejoras objetivas, como mayor resistencia en pruebas de esfuerzo, menos uso de nitroglicerina, y mejores resultados en electrocardiogramas. Algunos pacientes disfrutaban de esta mejoría comprobada objetivamente durante un año o más, aun habiéndosele hecho un tratamiento que más tarde sería declarado inútil.

Si asumimos un enfoque más conservador y sólo consideramos pacientes de angina de pecho con una enfermedad coronaria confirmada por un angiograma, el 60 a 80 por ciento de los que participaron en el estudio lograron un alivio significativo de los síntomas. Aplicando los resultados del *Frammigham Heart Study*, en el cual sólo el 14 por ciento de los hombres y el 19 por ciento de las mujeres experimentaron una mejoría espontánea después de sufrir angina durante dos años o más, la mejoría espontánea no puede comenzar a explicar esta tasa de éxito.

Es evidente que cuando los pacientes *creían* en terapias que eran recomendadas de manera ferviente por los médicos, este fervor contribuyó a aliviar una variedad de condiciones médicas, incluyendo angina, asma, úlceras de herpes simple y úlceras duodenales. Pero apenas disminuía la confianza del paciente en estos tratamientos, disminuían los efectos. Éste fue el patrón que advirtió el médico Armand Trousseau, en el siglo XIX, cuando dijo: "Usted debe tratar tantos pacientes como sea posible con las nuevas drogas, mientras todavía tienen el poder de curar".

El placebo placentero

Aprendido en la infancia, el acto de complacer a otros suele tener sus recompensas, e incluso beneficios de salud, como lo indica la palabra "placebo", de la raíz latina "debo ser agradable o aceptable". La mayoría de los profesionales de la salud y los pacientes mismos ansían complacer los unos a los otros, los primeros siendo amistosos, entusiastas y seguros de la terapia que recomiendan, y los segundos mejorando, informando acerca de mejoras en su salud, o siguiendo las indicaciones médicas.

A lo largo de la historia, la sociedad les ha profesado especial respeto y admiración a quienes curan. Indudablemente, hacemos esto porque necesitamos ardientemente su magia y sus milagros. Pero en los tiempos modernos, hemos prescindido del aura que solíamos asociar a la curación. Hemos llegado a esperar sólo hechos y cifras de los médicos, no habladurías, y, más recientemente, ni siquiera contamos con su socorro o sus palabras tranquilizadoras, como sí lo hicieron las anteriores generaciones. Desaprobamos el respeto que la gente les profesaba a los médicos hace años, y tratamos de eliminar el factor de intimidación que sienten muchos pacientes cuando hablan con el médico. Pero, en el proceso, tal vez hayamos subestimado nuestras expectativas respecto de quienes curan, las mismas que Hipócrates, el padre de la medicina occidental, sabía que eran importantes para sanar cuando decía que "algunos pacientes, aunque conscientes de que su condición es peligrosa, recuperan su salud simplemente por su satisfacción con la bondad del médico".

Hoy en día es muy frecuente que la confianza sagrada que debiera desarrollarse entre el médico y el paciente haya sido reemplazada por un conjunto de interacciones precipitadas. Las ventajas terapéuticas generadas por una buena relación se han perdido en una época en la cual los pacientes son disuadidos de visitar a su médico. Investigadores de un estudio en el Massachusetts General Hospital en 1964, nos advirtieron sobre la importancia de este vínculo. Compararon dos grupos de pacientes que iban a ser sometidos a las mismas intervenciones quirúrgicas. El médico responsable de la anestesia visitaba a ambos grupos, pero interactuaba con ellos de manera muy diferente. A los pacientes de un grupo sólo les hacía observaciones rápidas y superficiales, pero a los del otro grupo los trataba con calidez y mucha atención; se sentaba a su lado, les detallaba los pasos de la operación y les hablaba del dolor que podrían sentir después de la operación.

Los pacientes fueron operados y entraron en recuperación. Se les permitió tomar contra el dolor tanta medicina cuanta solicitaran, y el personal del hospital no sabía a qué grupo pertenecían, ni siquiera qué clase de prueba se estaba llevando a cabo.

La relación establecida por el anestesiólogo produjo un impacto tremendo. Los pacientes que recibieron las visitas más amistosas mejoraron más rápido y fueron dados de alta del hospital, en promedio, 2.7 días antes que los pacientes del otro grupo (a propósito, era la época en que los aseguradores no determinaban la duración de la hospitalización). Y los pacientes que fueron tratados con mayor deferencia y calidez por el anestesiólogo sufrieron menos dolores, y pidieron apenas la mitad de los analgésicos que pidieron los del otro grupo.

Hago una digresión momentánea para dar un ejemplo (una experiencia personal) de la influencia que alguien que cuida de un paciente puede ejercer sobre su salud. Una mujer joven, cuyo médico general encontraba su presión sanguínea alta cuando ella iba a consulta, tenía registros invariablemente bajos cuando me visitaba a mí. Ella se maravillaba de la diferencia, y dijo: "Doctor Benson, nunca me pongo nerviosa cuando lo veo a usted". Yo me sentí muy halagado hasta que, preguntando, encontré la verdadera fuente de su hipertensión ocasional. Cuando la interrogué sobre por qué se sentía confundida en presencia del otro médico, ella respondió: "Es que es muy apuesto".

Éste es sólo un ejemplo de la "hipertensión de bata blanca", un fenómeno médicamente reconocido en el cual el miedo, o en el caso de mi paciente su ansiedad, hace subir temporalmente la presión sanguínea en el consultorio médico. Ciertamente, los médicos y otros profesionales de la salud pueden producir un profundo efecto en todos nosotros. En su estudio de 1987, publicado en el *British Medical Journal*, el médico investigador británico K.B. Thomas planteó la pregunta: "¿Tiene algún objeto el tratar de ser positivo?" Su equipo de investigación examinó los efectos que producía el hecho de que el médico les diera información positiva o negativa a doscientos pacientes que presentaban síntomas no atribuibles a ninguna dolencia particular. Estos pacientes representaban el 40 al 60 por ciento de las consultas en los centros que se incluyeron en el estudio. En las consultas positivas, el médico hacía diagnósticos precisos, y con mucha seguridad afirmaba que podrían obtenerse mejorías en pocos días. En algunos casos, se formulaban medicinas y se les decía a los pacientes que con ellas iban a sentirse mejor, cuando en realidad sólo se estaban suministrando vitaminas. En otros casos, no se formulaba nada y el médico les decía a los pacientes que no era necesario.

En las sesiones negativas, el médico afirmaba: "No estoy seguro de qué es lo que le pasa". Sin darle ningún medicamento, agregaba: "De manera que no voy a formularle ningún tratamiento". Cuando el médico formulaba algo, otra vez vitaminas, le decía al paciente: "No sé si esto va a producir algún efecto". Al terminar la consulta, el médico le solicitaba al paciente que regresara dentro de pocos días, si no sentía ninguna mejoría.

Al final, el 64 por ciento de los pacientes a los que se les dieron buenas noticias mejoró durante las dos semanas que siguieron a la cita, en comparación con el 39 por ciento de quienes recibieron información negativa. Se comprobó que el peso de las palabras de un médico era el factor más importante, pues estadísticamente no se encontró mayor diferencia entre los que recibieron y los que no recibieron una fórmula. Cerca del 53 por ciento de los pacientes a quienes se les formuló vitaminas mejoraron en el período de dos semanas, comparado con el 50 por ciento de los que no tomaron nada.

La forma cuenta

El comportamiento y la manera como el médico trata al paciente cuenta. Frecuentemente les he oído decir a los pacientes — cuando se refieren a cirujanos o a otros especialistas — que el conocimiento es más importante que el comportamiento. Pero en los ejemplos de pabellones médicos o quirúrgicos que aquí mencionamos, es evidente que una aproximación positiva y una actitud de apoyo es parte esencial de la habilidad del médico. No importa cuán exitosa sea la cirugía, los estudios muestran que los pacientes se recuperan con mayor rapidez si el cirujano es entusiasta, seguro y amable.

El paciente también es responsable de cultivar una buena relación con el profesional de la salud. En grabaciones de consultas médicas, los doctores Sherrie Kaplan y Sheldon Greenfield, del New England Medical Center de Boston, determinaron que el paciente promedio hace menos de cuatro preguntas en una consulta de 15 minutos, y que dichas preguntas incluyen cosas como "¿Puede usted sellar mi boleta del estacionamiento?".

Intentando mejorar la comunicación, los investigadores prepararon pacientes con enfermedades crónicas como diabetes, artritis reumatoidea e hipertensión, antes de su cita con el médico. Durante 20 minutos, repasaron con los pacientes su historia clínica e identificaron preguntas que los pacientes querían hacerle al médico durante la consulta.

No es de extrañar que los pacientes que recibieron dicha preparación salieran de la consulta más satisfechos que los otros. Y en un desarrollo más dramático, los pacientes preparados experimentaron menos limitaciones relacionadas con su enfermedad que los que no estaban preparados. Los pacientes con diabetes que conversaron más activamente con sus médicos presentaron niveles inferiores de glucosa, señal de un mejor control de la diabetes.

En cada caso de acción de la memoria del bienestar, el catalizador es la creencia. Puede ser una creencia de usted, que resulta de su propia experiencia. Puede ser una creencia de su médico, producto de su historia personal y profesional. Y, finalmente, la creencias pueden resultar de la confianza que exista en sus conversaciones con el médico. Como humanos, estamos cargados de creencias e influencias tan complejas que no podemos distinguir con precisión de dónde provienen. Inspirado en la memoria remota de un pediatra simpático que los premiaba a usted y a su hermano con un juguete después de cada consulta, puede que usted esté predispuesto a esperar recompensas de la medicina. O, a la inversa, si recuerda que odiaba tanto las agujas cuando era niño que era necesario que su madre, varias enfermeras y el médico lo agarraran para aplicarle una inyección de penicilina, sus prejuicios pueden existir desde hace mucho tiempo.

El efecto nocebo

Sin embargo, las creencias también pueden volverse en contra de nosotros. El cerebro/cuerpo digiere imágenes desagradables y puede hacer que se cumplan horribles profecías. Considere la frecuencia con que mueren personas que han sido víctimas de crímenes, a causa de ataques cardíacos producidos, no por las heridas, sino por el horror de haber sido asaltados. Confirmando esto, un investigador hizo la autopsia de esas víctimas y observó que en 11 de 15 casos no había heridas internas. La muerte se había producido por un daño severo del músculo cardíaco, llamado degeneración miofibrilar. Creyéndose en peligro de muerte, el cuerpo sufre este daño a causa de secreciones excesivas de norepinefrina, una hormona para aliviar el estrés, también llamada noradrenalina. Una dosis masiva de norepinefrina provoca una cadena de eventos bioquímicos que pueden ocasionar la muerte.

El nocebo es la contraparte negativa del placebo, y así como nuestros cuerpos pueden recordar el bienestar, también pueden proyectar enfermedad, e incluso muerte. La medicina occidental trata de explicar la materialización de creencias en signos físicos y síntomas, y califica esas enfermedades de "psicosomáticas".

La formación de departamentos de "medicina psicosomática" en los años 40 pretendía impulsar un mejor conocimiento de cómo, por ejemplo, episodios de rabia y hostilidad pueden traducirse en úlceras estomacales. Sin embargo, como la medicina separó durante tanto tiempo los dominios del cuerpo y de la mente, la disciplina no ganó el respeto que merecía. A la larga, esto pudo haber sido lo mejor, pues no es posible que sea una sola disciplina la que estudie el amplio y complejo fenómeno de la interrelación de la mente y el cuerpo. Cada especialidad y subespecialidad de la medicina debe reevaluar y apreciar la manera tan íntima como se relacionan el cuerpo y los pensamientos, porque no se trata solamente de cómo se une a la cadera el hueso de la pierna, sino de cómo nuestros pensamientos cotidianos, nuestros sueños y nuestras supersticiones se relacionan con toda nuestra anatomía.

El vudú

Ningún ejemplo ilustra mejor la relación entre el cuerpo y el alma, o el poder paralizante de las creencias negativas, que la muerte vudú. El vudú es un conjunto de prácticas religiosas aparentemente originarias de África, que todavía se acostumbran entre algunos nativos de África, Haití, Suramérica y las Indias Occidentales. Algunas tribus aborígenes de Australia, Nueva Zelanda y las islas del Pacífico tienen creencias y prácticas similares.

Muchas muertes vudú han sido documentadas en la literatura médica. En tribus indígenas australianas, los brujos señalan a la víctima de su hechizo con un hueso. Este ritual perturba tanto el espíritu de la víctima, que aparecen enfermedades o sobreviene la muerte. En 1925, el doctor Herbert Basedow fue testigo de un incidente de éstos y escribió:

> La imagen del hombre que descubre que ha sido señalado con el hueso es lastimosa. Se para horrorizado mirando al que lo señaló, con las manos levantadas como para desviar el veneno que él se imagina le está entrando en el cuerpo. Se le palidecen las mejillas, los ojos se le ponen vidriosos y la expresión de la cara se distorsiona horriblemente... intenta gritar, pero el chillido se ahoga en su garganta y todo lo que uno ve es espuma en la boca. El cuerpo comienza a temblarle, y los músculos se le retuercen involuntariamente. Se balancea hacia atrás y cae al suelo, y después de un rato parece haberse desmayado, pero más tarde se retuerce como si estuviera en agonía y, cubriéndose la cara con las manos, se pone a gemir... Su muerte es cosa de pocas horas.

El doctor Walter B. Cannon, el famoso fisiólogo de la Escuela de Medicina de Harvard a comienzos del siglo, encontró un enorme poder en el "tapú", o tabú, entre los aborígenes de Nueva Zelanda. Cuando los jefes de la tribu ejercían el tapú contra otros, Cannon decía que producía "un poder fatal de la imaginación que opera a través de un terror absoluto".

Cannon recordaba la historia en la cual un joven aborigen estaba hospedado en casa de un amigo mayor. Para el desayuno, se servía gallina salvaje, un alimento prohibido para las generaciones más jóvenes. El joven le preguntó repetidas veces a su anfitrión si su desayuno contenía gallina salvaje, pero le aseguraron que no.

Pocos años después, estos amigos se reunieron y el mayor le preguntó al más joven si ahora éste podía comer gallina salvaje. El joven contestó que no porque estaba prohibido. El mayor rió y le explicó que años antes lo había engañado para que se comiera la gallina. La noticia le causó pánico al joven, e incluso malestar físico. Antes de 24 horas estaba muerto.

A fines del primer decenio del siglo XVIII, el doctor Erich Menninger von Lerchental, de Viena, reportó varios episodios de muertes súbitas causadas por el mismo pánico. Uno de los casos mencionados provenía del diario de Joseph Haydn, en el cual el compositor escribió:

> El 26 de marzo, en el concierto del señor Bartholemon (Londres), había un clérigo inglés que, al escuchar mi *andante*, cayó en la más honda melancolía porque la noche anterior había soñado que dicho *andante* anunciaba su muerte. Inmediatamente abandonó nuestra compañía y se acostó, y hoy me dijo el señor Bartholemon que el clérigo murió.

El mismo médico relata la historia horripilante de un profesor asistente que no era muy apreciado por los estudiantes en una escuela. Los estudiantes lo condenaron a muerte en una ceremonia simulada durante la cual lo inmovilizaron y lo obligaron a colocar la cabeza en un bloque para cortar leña, con los ojos tapados. Un estudiante simuló el sonido que se hace al batir un hacha, y otro dejó caer un trapo mojado caliente sobre el cuello del profesor. El shock fue tan grande que éste murió inmediatamente.

De manera similar, el doctor George Engel, recientemente nombrado profesor emérito de psiquiatría en el Centro Médico de la Universidad de Rochester, encontró que sentimientos extremos de desesperanza e indefensión, o lo que él llamó "el complejo de rendición", producían muerte súbita. Vemos ejemplos frecuentes de esto en viudos y viudas que se enferman después de la muerte de su cónyuge, y decimos que murieron de "pena moral".

El doctor Engel halló cien ejemplos de muerte súbita en circunstancias insólitas, en recortes de periódicos de todo el mundo; y reconstruyendo la condición psicológica de esas personas antes de su muerte, halló que el sentimiento de impotencia de un individuo y su incapacidad de enfrentar la vida suelen producirle la muerte. Engel llegó a la conclusión de que no son las circunstancias de la vida sino la actitud hacia esas circunstancias lo que determina el destino.

Un profesional de cuarenta y cinco años tenía estas características antes de su repentino fallecimiento, según el doctor Leon J. Saul, de Media, en Pennsylvania. El hombre dudaba entre permanecer en su casa, soportando una situación intolerable, o mudarse a otra ciudad y dejar atrás las responsabilidades que sentía que debía enfrentar. Perseguido por los demonios de cada una de las opciones — irse o quedarse — se subió a un tren para mudarse a otro sitio. Pero más o menos a mitad del camino entre su vieja y su nueva casa, el tren hizo una parada y el pasajero bajó y se puso a caminar por el andén. Cuando el maquinista llamó para que subieran los pasajeros, el hombre no supo qué decisión tomar, pero sabía que no podía ir más lejos. A la altura de este atolladero emocional, se desplomó en el andén y murió. Sus registros médicos no indicaron ninguna enfermedad mortal.

La fe o la incredulidad que rigen nuestra vida pueden afectar a nuestra salud. El efecto nocebo y la memoria del bienestar se efectúan en las mismas tres formas, siempre que las creencias, la fe o las expectativas están en juego. De la misma manera, el uso de placebos en estudios experimentales no sólo produce efectos positivos sino que puede generar efectos no deseados, algunos de los cuales pueden ser severos. Somnolencia, dolores de cabeza, nerviosismo e insomnio, náusea y estreñimiento, son los efectos secundarios más comunes de tratamientos con placebo, de acuerdo con el doctor Raymond C. Pogge, quien realizó una reseña de setenta y siete publicaciones sobre la frecuencia de efectos colaterales del placebo.

Cerca del 33 por ciento de las personas a quienes se les administró placebo en una prueba de drogas antiespasmódicas, experimentaron náusea o estreñimiento. Cuando se les administró el placebo en pruebas de analgésicos y tranquilizantes, el 8.9 por ciento de ellas sintieron somnolencia. Seis pacientes presentaron casos de insuficiencia hepática después de tomar placebos. En un estudio, un paciente presentó una reacción en la piel, que desapareció cuando suspendió el placebo y reapareció cuando se le administró de nuevo.

Leer el documento de consentimiento que uno tiene que firmar antes de participar en un estudio doblemente ciego es, sin duda, el culpable en algunos de estos casos. Conocer la lista de efectos potenciales no deseables y tóxicos puede provocarlos. De la misma manera, si usted asocia malas experiencias previas a ciertos medicamentos, o sabe que la droga que se está probando puede producirle cansancio o malestar estomacal, puede disparar estos síntomas, aunque tome una píldora de azúcar.

Seudoembarazo

En la memoria del bienestar y en el efecto nocebo, el adagio "tenga cuidado con lo que desea" es profundo. Mujeres, y en algunas ocasiones hombres, que han deseado o temido un embarazo, o que han sentido una gran empatía con una mujer embarazada, han presentado síntomas reales de embarazo. El fenómeno se llama seudociesis, y se considera como "la más antigua condición psicosomática". Hipócrates informa de doce casos de mujeres "que imaginan que están embarazadas al ver que desaparece la menstruación y que crece la matriz". En el siglo XVI María Tudor, la reina de Inglaterra, experimentó seudociesis en varias ocasiones, con síntomas que se extendían por un período de nueve meses y que culminaron en dos episodios de falso trabajo de parto.

Estos seudoembarazos han sido documentados también en tiempos modernos. En 1951, en un estudio del doctor Paul H. Fried y sus colegas, en el Jefferson Medical College and Hospital, en Filadelfia, los síntomas eran tan convincentes que una quinta parte de los médicos dictaminaron que una tercera parte de las pacientes estaban "embarazadas". En esta condición, la menstruación se detiene y el vientre crece a un ritmo similar al de un embarazo real. Los senos crecen y se vuelven hipersensibles, y los pezones cambian de pigmentación, como sucede en el embarazo. Además, los senos segregan leche. Algunas mujeres sienten lo que creen que son movimientos del feto durante el cuarto y el quinto mes del falso embarazo. El doctor James A. Knight, de Baylor University, informó de un falso embarazo en un hombre.

Muchas pacientes con falso embarazo estaban deprimidas como resultado de un romance fracasado o de infertilidad. La depresión produjo, entonces, efectos inequívocos en el cerebro, lo mismo que en la glándula pituitaria y en el hipotálamo; y, con la atención de la mente puesta en el embarazo, imitando la de una mujer embarazada, el cerebro fue persuadido de producir órdenes que ocasionaron cambios hormonales en el cuerpo, aunque no hubiera desarrollo fetal.

Desear un bebé. Anhelar al amado ausente. Desear una salud y un vigor renovados. El cuerpo sí responde a los deseos del alma, a veces en forma impresionante, y a veces de manera sutil. El cuerpo responde incluso a lo que quieren para nosotros las personas que cuidan de nuestra salud, y a la confianza que construimos en nuestra relación con ellos. La fe — es decir, el anhelo y la esperanza de que ocurra algo que deseamos — contribuyen a que el cuerpo recuerde mensajes e instrucciones asociadas a lo que deseamos. En otras palabras, un santo Tomás vacilante puede impedir la memoria del bienestar. Recordemos el caso de dos mil hombres que fueron tratados con beta-bloqueadores después de sufrir ataques cardíacos. Resultó que las dudas o las creencias negativas, traducidas en acciones, contribuyeron a determinar si vivían o morían.

Seguir las instrucciones del médico

De acuerdo con un informe publicado en 1990 en la revista médica británica *The Lancet*, en un estudio se compararon los efectos de los beta-bloqueadores — drogas que impiden que las hormonas causen latidos muy rápidos o forzados del corazón — con los efectos de los placebos. El estudio reveló que los hombres que *no* siguieron adecuadamente el régimen del tratamiento, bien tomaran la droga, o bien placebos inertes, tenían 2.6 veces más de posibilidades de morir en el año de seguimiento que los que lo siguieron. No importaba que estos hombres tomaran el betabloqueador o el placebo; si tomaban la píldora menos del 75 por ciento de las veces, tenían *el doble* de probabilidades de morir que los que tomaban los medicamentos o las píldoras de azúcar más constantemente. Un hecho notable: La tasa de mortalidad de los pacientes que no tomaron los placebos ¡fue mucho más alta que la de los pacientes que los tomaron con regularidad!

Un resultado similar se obtuvo en una investigación sobre hombres a quienes se les suministró una droga para reducir el colesterol, o un placebo, después de haber sufrido un ataque cardíaco. El estudio, publicado en el *New England Journal of Medicine*, reveló que después de cinco años de seguimiento, sólo el 15 por ciento de los que tomaron el 80 por ciento o más de sus placebos murieron durante ese tiempo, comparados con el 28 por ciento de los que no siguieron el tratamiento. De nuevo, no tomar el placebo condujo a una tasa más alta de mortalidad.

Como investigadores médicos, esperamos algunas excepciones y anomalías en nuestras estadísticas. Pero el descubrimiento de que los pacientes que de manera persistente siguieron las órdenes médicas porque creían que así se mejorarían tuvieran el doble de probabilidades de vivir es algo serio. La confianza sagrada parece todavía más sagrada, y la responsabilidad de fomentar miradas optimistas y la voluntad de seguir un tratamiento parece aún más fundamental.

Hemos visto ya alguna de la evidencia médica objetiva que me movió a tomar en serio la memoria del bienestar. Leyendo estos estudios y haciendo los míos, aprendí que nuestros sistemas se nutren o se privan de nutrición según sean nuestras expectativas. Cuando la memoria del bienestar se moviliza en beneficio nuestro, constituye una magnífica cualidad fisiológica. En el próximo capítulo veremos que está en la naturaleza de las creencias afectar al curso natural de nuestra vida.

III

LA NATURALEZA DE LAS CREENCIAS

Habiendo examinado los resultados de las investigaciones que usted acaba de leer, comencé a ver el predominio de la memoria del bienestar, un hilo conductor que extiende su influencia sobre nuestra mente y nuestro cuerpo, y sobre la curación misma. Pero para llamar a esto una verdad fisiológica yo tenía que saber: "¿Somos todos sensibles a la memoria del bienestar y al efecto nocebo?", "¿Cuáles creencias son importantes?" y "¿Cómo pueden formarse creencias que influyan en la salud?". Éstos son los interrogantes en que me centraré en este capítulo, a medida que desarrollemos una comprensión más profunda de las creencias y las preferencias que todos, por supuesto, abrigamos.

¿Funciona para todos?

Los investigadores han intentado determinar si se requiere tener una personalidad, un sexo, una edad o un nivel de inteligencia determinados para experimentar la memoria del bienestar o el efecto nocebo. Hablaremos más acerca de esto a lo largo del libro, pero, en general, estos estudios se contradicen entre sí o se quedan cortos en las respuestas definitivas. Creo que todos podemos experimentar estos fenómenos porque todos estamos programados para expresar nuestras emociones y creencias de manera física. El tiempo y los estímulos apropiados pueden incrementar los efectos de la memoria del bienestar, así como el tiempo y ciertos estímulos pueden aumentar el efecto de los medicamentos y de otras terapias. Y la dosis inicial de una droga o de un placebo suele producir un efecto más significativo en los pacientes que las siguientes dosis.

El 74 por ciento de las consultas médicas tienen origen desconocido y, probablemente, son causadas por factores "psicosociales", de acuerdo con un estudio del doctor Kurt Kroenke, de Uniformed Services University of Health Sciences, de Bethesta, Maryland, y A. David Mangelsdorff, Ph.D., MPH, del Brooke Army Medical Center de Houston, Texas. Otros estudios indican que el 60 al 90 por ciento de las consultas médicas de nuestra población se relacionan con el estrés, y que probablemente no pueden ser detectadas, y mucho menos tratadas eficazmente, con los medicamentos y los procedimientos sobre los cuales se apoya casi exclusivamente la profesión médica. En otras palabras, la mayoría de las veces los pacientes les traen preocupaciones médicas a unos profesionales que no pueden hacer nada por ellos con herramientas o artefactos externos. En lugar de ello, los médicos debieran confiar en los mecanismos internos de los pacientes. Muchos de los éxitos de la profesión médica no se deben a cosas que los médicos hagan o proporcionen, que sean intrínsecamente curativas. En realidad, debemos atribuir el éxito de muchos tratamientos médicos al poder de sanar que es inherente a los individuos.

Pero ésta no es la forma en que habitualmente los médicos manejan esas situaciones. El coeditor de *Mental Medicine Update*, doctor David S. Sobel, MPH, cuenta en el boletín la historia de una mujer que visita a un tercer médico después de meses de sufrir de entumecimiento y debilidad muy graves un día e inexistentes al día siguiente. Los síntomas no se localizaban en una región determinada sino que se desplazaban por distintas partes de cuerpo. Los primeros dos médicos le dijeron: "El mal está en su cabeza", lo cual, en el peor de los casos, hacía que su condición pareciera una quimera, o sugería, en el mejor de los casos, que no era capaz de manejar el estrés de la vida diaria.

El nuevo médico hizo un estudio completo al final del cual

le dijo a la paciente que tenía esclerosis múltiple, una enfermedad incurable que puede destruir lentamente el sistema nervioso y, a la larga, causar la muerte. Pero cuando el médico dio su diagnóstico, ella dijo: "¡Qué alivio!, pensé que todo estaba en mi imaginación".

Ésta es una historia perturbadora. La profesión médica le prestó a esta mujer servicios muy deficientes. La medicina occidental todavía hace distinciones severas entre las raíces mentales, emocionales y físicas de la enfermedad, a pesar del cúmulo de investigaciones que indican que la mente y el cuerpo están tan entretejidos, y que tales distinciones no son sólo artificiales sino acientíficas. Sorprendentemente, tener síntomas calificados despectivamente como psicológicos es una experiencia tan humillante en nuestra sociedad que una mujer prefiere tener una enfermedad mortal.

Los médicos tienden a no simpatizar con creencias o con imágenes que pueden estar empujando al cuerpo a actuar de maneras que un observador externo no puede medir. En lugar de ayudar a los pacientes a movilizar sus creencias para producir la curación, los médicos tranquilizan a la gente — un acto que puede producir alivio si los pacientes creen en las noticias tranquilizadoras — o no le hacen caso, y dejan a los pacientes con un sentimiento de frustración o de vergüenza por haberse quejado. Esta frustración o vergüenza puede, de hecho, impulsar a los pacientes a "probarle" su enfermedad al médico, un deseo que el cuerpo puede eventualmente cumplir a través de la manifestación de problemas de salud más demostrables.

Cuando los médicos dicen que la enfermedad "está en la imaginación", parece que quieren decir que el paciente inventó el problema y que no es auténtico o real. Mucha más credibilidad se le da al zoológico molecular que hay en el interior de la gente y a enfermedades que tienen nombres técnicos impresionantes, por no mencionar la evidencia tangible en que se basan los médicos para tomar decisiones sustentadas. Incluso la medicina psicosomática, el estudio de la enfermedad causada por las creencias, se limita a lo tangible o medible, a las señales que los médicos y las enfermeras pueden identificar y decir: "Sí, de verdad está ocurriendo".

No es coincidencia entonces que montones de pacientes se estén volviendo hacia sanadores no convencionales que suelen tener, por definición, un mayor respeto hacia los males que no pueden verse o documentarse. (Por supuesto, es precisamente esta falta de evidencia la que hace que su práctica sea cuestionable, y que el potencial de abuso y fraude sea tan grande.) Ciertamente, se estima que los estadounidenses gastan US$ 13 700 millones al año en terapias no convencionales, presumiblemente para satisfacer una necesidad que la medicina tradicional no satisface adecuadamente. Pero, consciente como es la medicina tradicional de la confianza creciente del público en las terapias no convencionales, el sistema no va a cambiar drásticamente si no existen pruebas de que estas terapias son beneficiosas. Como científicos, debemos distinguir entre las cualidades intrínsecamente curativas de estos tratamientos, y los resultados exitosos de tratamientos basados en la memoria del bienestar. Pero hasta cierto punto la medicina, al centrarse en las cualidades intrínsecamente curativas o en los riesgos de la homeopatía, la aromaterapia o los tratamientos con hierbas, está desconociendo el aspecto más importante: que las creencias pueden ser una fuente importante de enfermedad y una fuerza poderosa en el tratamiento.

Este aspecto sólo será acogido en la medicina si hay evidencia científica como la que reseñamos en el capítulo anterior. En esos casos, los pacientes que sufrían de enfermedades que iban desde úlceras de herpes simple hasta úlceras duodenales o angina de pecho, pudieron ayudarse a sí mismos porque esperaban — aunque no les fuera suministrada — una eficaz ayuda farmacológica o tecnológica. Como vimos en las mujeres embarazadas que invirtieron el efecto del jarabe de ipecacuana, y en las tragedias documentadas de muertes por vudú, el poder de las creencias es formidable. Cuando la medicina comience a reconocer éstas aún no explotadas fuentes de bienestar — creencias que producen resultados objetivos — quizá se prestará mucha más atención a las consecuencias todavía invisibles y aún no identificadas de las creencias, esto es, a las que originan la mayoría de las dolencias acerca de las cuales los pacientes consultan a los médicos. No obstante, todos tenemos creencias que sí producen cambios en nuestra salud física.

Influencia obvia

Aunque el entrenamiento médico no los motiva a hacerlo, los médicos conocen instintivamente — más si han practicado medicina durante algún tiempo — formas en que las creencias y las expectativas de los pacientes condicionan los resultados. Desde hace mucho tiempo, por ejemplo, es comúnmente sabido que las personas que participan en pruebas de nuevas drogas o en estudios de investigación mejoran más rápido y tienen mejores resultados que otros pacientes. El llamado efecto Hawthorne, que recibe el nombre de la fábrica en que el fenómeno fue identificado, se presenta en pacientes que participan en estudios de investigación, a quienes se les administran medicamentos activos o se les hace un tratamiento, e igualmente, en las personas a quienes se les dan placebos. Los investigadores atribuyen el efecto Hawthorne al hecho de que quienes están al cuidado de los pacientes en los estudios les prestan más atención y prevén con más entusiasmo los resultados.

La memoria del bienestar se manifiesta en muchos aspectos del cuidado del paciente y en muchas dependencias del hospital. Uno no necesita ver más allá del pabellón quirúrgico para saber que los médicos instintivamente comprenden, y algunas veces dejan que el poder de ciertos intangibles, por ejemplo los temores e imágenes del paciente, influyan en sus decisiones. La mayoría de los cirujanos prefieren no operar si el paciente está convencido de que va a morir en la cirugía.

Mi extinto amigo el doctor Thomas P. Hackett, quien fue alguna vez decano del Departamento de Psiquiatría del Massachusetts General Hospital, y su colega el doctor Avery D. Weisman, publicaron en 1961 un trabajo que reveló el resultado de tres años de estudio de pacientes que estaban a punto de ser operados. Al entrevistar a los pacientes de antemano, encontraron que seiscientos de ellos presentaban una preocupación normal ante el procedimiento, mientras que sólo cinco estaban convencidos de que morirían en la mesa de operaciones. En consecuencia, la mayoría de los calificados de normalmente preocupados sobrevivieron, mientras que ninguno de los últimos lo logró.

En cada uno de los cinco casos en que los pacientes tenían una predilección por la muerte, los doctores Hackett y Weisman escribieron: "La muerte tenía más atractivo que la vida para aquellos pacientes, porque prometía el encuentro con un amor perdido, la solución de un problema, o un alivio de la angustia". Es obvio que estos pacientes se sentían tan afectados por el peso de la vida que predijeron la muerte, y el cuerpo se la entregó.

Pocas experiencias provocan más ansiedad en la vida de las personas que una cirugía. Pero así como las interacciones entre el cuerpo y la mente funcionan contra nosotros, las técnicas de autocuidado pueden actuar en favor de nosotros. El reverendo Edmond Babinsky, director de cuidado pastoral en el Medical Center of Central Massachusetts, me dice que él le enseñó a Ann Burguess, una mujer de treinta y cinco años, funcionaria de admisiones en su hospital, a dominar su ansiedad antes de una cirugía para extraerle un coágulo de sangre en la pierna. La señora Burgess había tenido una mala experiencia con la anestesia en una cirugía anterior, y le dijo al reverendo Babinsky que no podía soportar la idea de otra operación.

Sabiendo que era católica, el reverendo Babinsky le habló sobre la respuesta de la relajación, y le dio una tarjeta laminada con los pasos para provocarla. También le dio una "piedra de meditación", una piedra blanca que había recogido en una playa en Cape Cod. (Él generalmente les trae pequeñas piedras a sus pacientes.)

Ann Burgess superó la cirugía con éxito, y atribuyó parte del resultado a la frase que se repetía a sí misma mientras la llevaban a la sala de cirugía. "Tranquilízate, alma mía", decía una y otra vez, mientras apretaba con los dedos la piedra que su amigo el capellán le había dado.

Intervención de las expectativas y las preferencias

Ya ve usted que una actitud positiva del paciente puede ser sumamente terapéutica. En 1986, los doctores Carole Butler y Andrew Steptoe, de la Universidad de Londres, utilizaron dos poderes rivales de sugestión en su estudio sobre el asma. La capacidad respiratoria de los asmáticos se deterioraba significativamente después de inhalar lo que creían que era un químico broncoconstrictor. Pero si los pacientes habían sido tratados de antemano con lo que creían que era un poderoso broncodilatador, su respiración no se deterioraba. En ambos casos, se les dio agua destilada. La constricción bronquial fue causada y evitada por la creencia.

De Australia occidental viene una investigación que demostró que pacientes a quienes se les había practicado extracción del líquido espinal como procedimiento diagnóstico [punción espinal], sufrían de dolor de cabeza cuando se les advertía que esto podría ocurrir. Aunque la razón psicológica no es clara para ellos, el dolor de cabeza ha sido siempre un efecto secundario esperado en este examen, en el cual se introduce una jeringa entre las vértebras de la espalda para extraer líquido encefalorraquídeo. Pero en 1981, en Kiribati, antes las Islas Gilbert, cuando la punción era relativamente nueva en la práctica médica en esa región, los investigadores encontraron que cuando a los pacientes no les advertían acerca de la posibilidad del dolor de cabeza, sólo uno de trece informaron de este efecto secundario durante las 24 horas que siguieron al procedimiento. Siete de quince pacientes a quienes se les dijo que podrían sufrir dolor de cabeza manifestaron que lo habían sentido en el mismo período de tiempo.

Pero las creencias influyentes pueden ser incorporadas en nosotros de muchas maneras, y no necesariamente en ambientes médicos. ¿Quién hubiera imaginado que algo aparentemente tan irrelevante como el color favorito pudiera afectar a la medicina? Una moda de diseño interior que se está volviendo popular alrededor del mundo, el *feng shui*, es un sistema de colores y símbolos que, según los chinos, evoca ciertas reacciones y vibraciones dentro de nosotros. Los seguidores del feng shui sostienen que la selección cuidadosa de colores y la ubicación de los muebles puede, por ejemplo, aumentar el éxito de un negocio, al captar y satisfacer las preferencias y las reacciones inconscientes de los clientes. Algunas personas usan estos principios de diseño en sus hogares.

Es verdad que el color parece afectar a la forma en que percibimos y absorbemos los beneficios de la medicina, aunque los estudios definitivos están por hacerse. Investigadores de la Universidad de Alabama encontraron que las píldoras blancas se asocian generalmente a los analgésicos, las de color lavanda a los efectos alucinógenos, y las anaranjadas y amarillas a efectos estimulantes o antidepresivos. Por otra parte, algunos colores parecían no producir ningún efecto: el verde oscuro no era una opción muy adecuada para sugerir alivio del dolor; ni el negro, para sugerir un estimulante; ni el azul, para sugerir un sedante o depresor. Investigadores italianos encontraron que a pacientes con problemas de sueño los beneficiaban más las cápsulas azules y que, hasta cierto punto, la preferencia dependía del sexo de los pacientes. Un reumatólogo británico encontró que el rojo era el color más eficaz para el tratamiento de los dolores de la artritis reumatoidea.

La forma también parece afectar a la función, de acuerdo con otro estudio de la Universidad de Alabama, que reveló que los pacientes creían que las cápsulas eran más poderosas que las tabletas. Un estudio de *Lancet*, hecho en 1972, también reveló que en tratamientos con placebo dos cápsulas producían más cambios que una sola. En otro estudio, los pacientes respondieron mejor a placebos con sabor dulce que a los amargos. Todavía no entendemos del todo la lógica que hay detrás de estos matices preconscientes que el cerebro une a las percepciones sensoriales. Pero nuestros influyentes ideales y expectativas también se forman como respuesta a la gente, a los ambientes y a los desafíos que encontramos en la vida. La cultura y la etnicidad inspiran muchos dogmas en nuestra vida. Por tanto, de manera fascinante, nuestra crianza puede determinar cuánto dolor experimentamos.

Diferencias culturales

Desde hace mucho tiempo se sabe que los individuos son distintos en su capacidad de soportar el dolor. Pero muchos estudios demuestran que las creencias que se forman durante nuestra etapa de socialización contribuyen a nuestro nivel de tolerancia. En 1965, el doctor Richard A. Sternbach y mi mentor, Bernard Tursky, de la Escuela de Medicina de Harvard, resumieron los hallazgos de investigaciones anteriores sobre las actitudes hacia el dolor entre los "Americanos viejos" (definidos como protestantes descendientes de los británicos), los judíos, los italianos y los irlandeses:

> Cada grupo tiene su propia configuración de actitudes hacia los estímulos dolorosos y hacia la expresión de respuestas al dolor... Los "Americanos viejos" tienen una tendencia flemática y estoica, como queriendo ayudar al médico; los judíos expresan preocupación por las implicaciones del dolor, y desconfían de los paliativos; los italianos expresan un deseo de alivio, y los irlandeses inhiben las expresiones de sufrimiento y la preocupación por las implicaciones del dolor.

Los doctores Sternbach y Tursky hicieron su propio estudio, en el que a sesenta mujeres, llamadas entonces "amas de casa", descendientes de "Americanos viejos", irlandeses, judíos e italianos se les administraban choques eléctricos en el antebrazo para probar sus percepciones y su capacidad de soportar el dolor. "Americanos viejos" eran aquéllos cuyos padres y abuelos habían nacido en los Estados Unidos. Los irlandeses, los judíos y los italianos eran hijos de inmigrantes.

Consistente con hallazgos anteriores, la investigación reveló que las italianas eran las que menos toleraban el dolor y se concentraban más en la inmediatez de él. Las participantes judías, por otra parte, eran casi iguales de sensibles, pero se mostraron más preocupadas por las futuras implicaciones de los choques, pese a que se les aseguró que no sufrirían ningún daño como consecuencia de ellos. Las americanas se adaptaron más fácilmente al dolor y expresaron verbalmente una actitud de "aceptar las cosas". Las irlandesas, que tienen una similar resistencia y capacidad de adaptación al dolor, se mostraron indiferentes, al tiempo que decían que temían lo peor.

Sobre el dolor crónico prolongado, como el de la artritis o de la espalda, un estudio hecho en 1993 confirmó el hecho de que el factor étnico afecta a la percepción y a la intensidad del dolor. La doctora Maryann S. Bates y sus colegas documentaron posteriormente que los pacientes hispánicos presentaron la mayor intensidad del dolor, seguidos por los italianos. En contraste, los polacos y los franco-canadienses tuvieron los menores puntajes de dolor, con los americanos y los irlandeses en el medio.

Ninguna de estas investigaciones se hicieron para crear o reforzar estereotipos. Mejor que esto, la evidencia médica nos demuestra que el dolor es sólo el dolor como lo experimentamos. Nuestra crianza y nuestra herencia contribuyen a formar nuestra percepción del dolor y, así, nuestra capacidad de tolerarlo. La importancia de este estudio reside no sólo en la relación entre la socialización y la percepción del dolor sino entre la percepción del dolor y la realidad del dolor. Las percepciones de usted, la colección de impresiones "en su cabeza" son la realidad. Porque las percepciones tienen resultados reales, su dolor no puede ser atribuido únicamente a una articulación artrítica o a la tensión de la espalda. En lugar de esto, hay que tener en cuenta toda una constelación de influencias, incluidas las tradiciones étnicas y culturales.

Mi madre tuvo una experiencia médica que ilustra bellamente este punto. Criada en la fe judía ortodoxa, mamá está en sus 90 y pico, y como miente tan a menudo sobre ello, su edad es materia de continua discusión. Ella es una mujer muy activa, de las que caminan kilómetros todos los días, y completa sus excursiones con ejercicios de yoga en su apartamento, donde vive sola. Pero hace quince años, comenzó a sufrir desmayos como consecuencia del estrechamiento de la válvula del corazón, que les sucede a algunas personas con la edad. En ese momento mi madre era una activa golfista, y más de una vez hubo que retirarla de la cancha en ambulancia.

Pese a ser yo médico, o quizá tácitamente porque lo soy, mi madre evitó cualquier evaluación médica y evitó los medicamentos, excepto por la insistencia de la familia. Pero una vez hecho el diagnóstico, se le dijo que necesitaba reemplazar la válvula de la aorta, una operación que le aseguraría el libre flujo de sangre del corazón a la aorta y a todo el cuerpo. Con reservas accedió a la cirugía, en la cual se le trasplantó la válvula del corazón de un cerdo. Los cirujanos también tomaron venas de la pierna para construir cuatro puentes coronarios de arterias atascadas.

Después de esta complicada cirugía, los médicos encontraron que estaba sangrando internamente. De modo que, durante el primer día después de la primera intervención, mi madre fue operada por segunda vez. En total, se necesitaron veintidós unidades de sangre.

Se despertó después de todo este sufrimiento, dos días después; yacía en medio de una telaraña de bombas y tubos, mangueras intravenosas y conexiones a monitores del corazón y catéteres de oxígeno a lado y lado de su cama. Le pregunté cómo se sentía y dijo irritada: “Tengo náuseas”. Traté de tranquilizarla diciéndole: “Claro que tienes náuseas; has pasado por dos operaciones muy serias”. Me miró a los ojos y me pidió silencio. Entonces, indignada, se señaló el pecho y pronunció una palabra importante: “Cerdo”.

Sin nunca haber comido puerco conscientemente en sus noventa y tantos años, mi madre manifestó efectos negativos relacionados no con el trauma de la cirugía sino con la idea que tenía de haber violado profundamente un mandato religioso. Busqué al rabino del hospital para que le asegurara que no había habido violación, y me dijo que era común que los pacientes judíos se sintieran incómodos con el procedimiento de la válvula de cerdo. Cuando mi madre recibió de él la bendición de que la operación no representaba una ruptura en su observancia de las tradiciones religiosas, la náusea desapareció rápidamente. Hoy su corazón permanece saludable, y ella retornó a su rutina, superando a todos los de su edad.

Los tabúes se hacen manifiestos

Desde que somos bebés, nuestros padres, nuestros profesores y nuestros amigos de la escuela, nuestra religión, nuestro gobierno y nuestra comunidad nos alimentan con información sobre qué temer y qué evitar, y sobre acciones que pueden ser destructivas o indeseables; y, aunque no nos damos cuenta, esas lecciones se traducen en actitudes físicas. Aprendemos a mirar para ambos lados antes de cruzar la calle y a mantenernos alejados de hojas verdes brillantes y puntudas con tallos rojos. Y así como a nosotros se nos advierte sobre la hiedra venenosa, los niños japoneses aprenden a mantenerse alejados de los árboles de laca y de cera por las posibles reacciones alérgicas. Los doctores Yujiro Ikemi y Shunji Nakagawa, investigadores japoneses, quedaron fascinados con el hecho de que pacientes que simplemente caminaron bajo árboles de laca y de cera, o pasaron por fábricas que procesan laca, desarrollaron salpullidos severos o dermatitis, incluyendo quemaduras, comezón e inflamación.

Escépticos sobre si exposiciones tan cortas al árbol de cera o a la laca podían causar tales reacciones, los doctores Ikemi y Nakagawa iniciaron un estudio en el que se les hicieron pruebas de sensibilidad alérgica a ciertas sustancias a cincuenta y siete estudiantes de escuela secundaria. Los muchachos llenaron cuestionarios sobre experiencias pasadas o sensibilidad a árboles venenosos, sobre otras alergias y sobre la historia familiar de alergias. Luego fueron divididos en grupos sobre la base de la severidad de las reacciones que ellos mencionaron en sus cuestionarios.

A los muchachos que informaron de reacciones fuertes a los árboles de laca en el pasado, les vendaron los ojos y les frotaron un brazo con hojas de laca, pero se les dijo que eran hojas de castaño, y el otro con hojas de castaño, pero se les dijo que se trataba de laca. En minutos, el brazo que los niños creían que les habían frotado con las hojas venenosas comenzó a reaccionar, enrojeciéndose y presentando hinchazón, comezón y sensación de quemadura, mientras que en la mayoría de los casos el brazo que había estado en contacto con el veneno no presentó ninguna reacción.

Los investigadores concluyeron que la reacción de los pacientes depende de factores relacionados con la constitución de las personas, como la sensibilidad de la piel a una toxina y a la cantidad de esa toxina, y del efecto de la sugestión, o lo que los pacientes piensan sobre la toxina. Pero en el 51% de los casos, la sugestión fue una fuerza más poderosa que la constitución. Reacciones de la piel, que no pueden distinguirse de las reacciones alérgicas reales, fueron inducidas por la *creencia* de estar en contacto con un veneno.

Creencias sobre el dolor y la discapacidad

Cada vez más, he llegado a rechazar la vieja noción de que la biología y las creencias están separadas. Ninguna puede ser completamente aislada para demostrar su poder; estas fuerzas son indivisibles. Miremos el estudio realizado en 1988 en Brown University, por el doctor John F. Riley y sus colegas. Ellos establecieron que pacientes con un diagnóstico de síntomas de dolor crónico tenían más probabilidades de estar impedidos, independientemente de la severidad del dolor, si creían que el dolor significaba impedimento.

El equipo de Riley observó que los pacientes con dolores crónicos suelen presentar una discapacidad que "invade todos los aspectos de su vida". Con frecuencia, estos pacientes experimentan dependencia de los químicos, perturbación emocional, ruptura marital o familiar, problemas laborales y tienden a sobreutilizar los servicios médicos en sus repetidos, y en ocasiones frustrantes, esfuerzos para mitigar su dolor.

Los investigadores encuestaron a cincuenta y seis pacientes que experimentaban dolor en varias partes del cuerpo — con una duración media del dolor de 35.1 meses — sobre sus actitudes hacia el dolor y la discapacidad. Les pidieron que llevaran un diario de su dolor, y examinaron su fortaleza física y su movilidad. Al final, independientemente de los niveles de dolor informado, los que creían que el dolor debía inhibir el movimiento fueron los más impedidos. En otras palabras, la creencia de que el dolor implica discapacidad está más relacionada con la discapacidad que el dolor mismo.

El equipo argumentó que los profesionales de la salud pueden contribuir al ciclo descendente que experimentan los pacientes con dolores crónicos, al reforzar la creencia de que la meta última es estar completamente libre del dolor. En realidad, el dolor crónico rara vez se cura del todo. El doctor Riley y sus colegas concluyeron que los trabajadores de la salud terminan enseñándoles a los pacientes a "atribuir el impedimento al dolor, bien sea directamente (por ejemplo, dando instrucciones de guardar reposo cuando tengan dolor), o bien indirectamente (tratando a los pacientes con intervenciones fuertes para aliviar el dolor)". La medicina — y una sociedad bombardeada con anuncios publicitarios que ofrecen soluciones rápidas y curas milagrosas — puede estar cultivando la discapacidad de las personas enfermas al promover una indebida expectativa de alivio. En lugar de esto, debiera ponerse énfasis en estimular la actividad y la movilidad.

Cuando al cuerpo se le alimenta con imágenes de discapacidad y desesperación, se le condiciona a aceptar estos límites como reales y a responder con impedimento. Éste es el efecto nocebo. Si, en lugar de eso, el cuerpo absorbe imágenes de actividad y movilidad, como si viera tarjetas en un juego de asociación de palabras, literalmente reconfigura su visión de sí mismo. Ésta es la memoria del bienestar.

A cada momento entra en el cerebro una gran cantidad de nueva información y de creencias, en una corriente dinámica y constante desde dentro y desde fuera. Estos estímulos no son sólo imágenes y sonidos, temperaturas y olores, alimentos y oxígeno sino también oraciones y pensamientos originales, libros que usted lee o conversaciones con amigos, cosas tranquilizadoras que le dice el médico o las directrices de su jefe, el contacto con la persona amada o el grito de la multitud en un partido de fútbol. El extraordinariamente complejo órgano del cerebro y sus conexiones con el sistema nervioso no sólo evalúan estos estímulos sino que cambian, literalmente se reconstituyen, como resultado de grabar o "recordar" estos estímulos internos y externos. A cada instante, este proceso se reproduce.

Las percepciones se vuelven realidad

Sin embargo, el cerebro no suele distinguir entre la "realidad" externa y la interna. Cuando usted sueña que lo están persiguiendo, su corazón late más rápido, como si realmente lo estuvieran persiguiendo. Para el cerebro y el corazón ésa es la realidad.

Recuerdo cuando vi la película *Lawrence de Arabia,* en un

teatro, en 1962. Como el filme era largo, se proyectaba en dos sesiones, con un intermedio entre ellas. Nunca olvidaré la cantidad de gente que se aglutinó alrededor de la confitería del teatro, y la inmensa demanda de bebidas durante el intermedio, después de haber estado expuestos, durante casi dos horas, a escenas secas y ardientes en el desierto. Más tarde supe que la venta de bebidas durante la película había batido records. Por supuesto, todos estábamos acostumbrados a impresionarnos con las películas tristes, o a segregar mucha adrenalina, también llamada epinefrina, y a experimentar latidos más rápidos del corazón durante filmes violentos o de suspenso; pero era impresionante ver cómo la sed que sentíamos era real, igual a la que habríamos tenido si hubiéramos estado en el desierto, al lado de Peter O'Toole y de Omar Sharif.

Las creencias pueden traer consigo reacciones severas. Me arriesgo a decir que todos hemos oído historias de personas que fallecen el día de su cumpleaños, o en una fecha muy próxima, o en otras fechas importantes para ellos. En medicina este fenómeno se conoce como la "reacción aniversario". Se dice que Platón y Buda murieron el día de su cumpleaños; mientras que Thomas Jefferson y John Adams murieron en el 50o. aniversario de la firma de la Declaración de Independencia de los Estados Unidos.

En su trabajo adecuadamente titulado "The Birthday: Lifeline or Deadline?", el doctor David Phillips y sus compañeros de la Universidad de California, San Diego, manifestaron que un estudio de cerca de 2 millones de personas reveló que las mujeres tienen más probabilidades de morir en la semana que sigue a su cumpleaños que en cualquier otra semana del año. En cambio, la mayor parte de la muerte de los hombres tiene lugar antes del cumpleaños, lo cual indica que esa fecha es algo así como un término para ellos. Las mujeres, argumentan los autores, tienden a creer que el cumpleaños es una fecha feliz en la cual se renuevan las relaciones con las personas a quienes ellas quieren. En cambio, los hombres pueden ver el cumpleaños como el momento de resumir sus logros, como plazos en los cuales deben haberse logrado ciertas metas. Con sus creencias, las mujeres parecen capaces de prolongar la vida para disfrutar estas ocasiones, mientras que los hombres sucumben al miedo del término que se acerca, o al deseo de superarlo.

La gente famosa parece ser la más capaz de invertir ambos efectos. El equipo del doctor Phillips cree que esto se debe a que tienen más posibilidades de recibir atención positiva durante su cumpleaños, ya que se sienten más satisfechos de sus logros.

Otras investigaciones han revelado que la mortalidad entre los chinos cae antes del año nuevo chino y se incrementa inmediatamente después, como sucede entre los judíos antes y después de la Pascua. Otro estudio revela que una mujer puede experimentar grandes molestias físicas y psicológicas cuando llega la que debía ser la fecha del parto de un embarazo fallido.

Eventos traumáticos y el efecto nocebo

Los eventos difíciles y traumáticos tienen un poder fantástico. El *New York Times* publicó la historia de una mujer que se quedó sorda después del terremoto de Kobe, en el Japón, en 1995. Aunque no había ninguna razón fisiológica para la sordera, la mujer perdió el oído después de tener que escuchar, sin poder hacer nada, los gritos de ayuda de un vecino, un veterinario atrapado en los escombros de un edificio. La mujer le había gritado que le ayudaría, pero ayudó a otros primero porque el veterinario le aseguró que estaba bien y que podía esperar. Sin embargo, antes de que ella pudiera volver por él, un incendio envolvió los escombros del edificio donde se encontraba el veterinario. La mujer no pudo hacer nada excepto esperar mientras los gritos del hombre aumentaban en desesperación y se convertían en agonía. Su única manera de enfrentarlo fue desear estar sorda.

Nuestro cerebro está condicionado por creencias y expectativas. Cuando éstas se activan, el cuerpo puede responder como lo haría si la creencia fuera una realidad, produciendo sordera o sed, salud o enfermedad. Antonia Baquero, la paciente de quien hablé en el primer capítulo, que fue tan adversamente afectada por la extracción de los depósitos de calcio del seno, llegó a creer que tenía cáncer porque lo sugirió una fuente indigna de confianza. Y aunque progresó bastante recordando la calma y la seguridad que había tenido antes de la cirugía, la opinión de otra persona le causó un retroceso.

Un poco después de que ella comenzara a provocar la respuesta de la relajación y a disfrutar de la tranquilidad de la oración de su madre, la señora Baquero dejó el país y se fue a vivir a Hong Kong durante varios meses. Mientras estaba allí, unas amigas la animaron a visitar con ellas a un médico chino. Apenas la vio, el médico le dijo que podía leer su cara y que no se veía bien. Ella recuerda: "Me dijo que tomara ciertas hierbas. Yo estaba muy perturbada. Estaba en un país extranjero, lejos de mis médicos. Me dio pánico, y otra vez sentí que estaba perdiendo el control". Su ansiedad frente a la posibilidad de un cáncer apareció de nuevo.

Sintiendo una tremendo malestar, la señora Baquero me llamó desde Hong Kong. Según sus recuerdos, yo le dije que no hiciera caso de una evaluación médica que había salido de la nada: "El doctor Benson me dijo que pusiera las hierbas en el inodoro, que las botara. Fue enfático. Aunque estaba tan inquieta, yo confié en él por la forma en que me lo dijo. Un año más tarde, volví a ver al médico chino que me había asustado, y me contó que había estado muy enfermo y que había sido poco cuidadoso en su diagnóstico. Cuando pensé en cuán firme había sido él, me di cuenta de que podría haberme hecho mucho daño". La observación de que la señora Baquero no se veía bien tocó sus peores temores y provocó la recurrencia de los síntomas de ansiedad que la habían molestado meses antes; pero su fe en otra opinión restauró su bienestar.

La Señora Baquero optó por tener más fe en la salud que en la enfermedad. Hoy, a sus cuarenta y seis años de edad, dice que está en excelentes condiciones; corre tres o cuatro millas tres veces a la semana, disfruta de clases de yoga y no toma medicinas. Ya no le produce pánico el riesgo de un cáncer.

Es responsabilidad de los médicos estimular la buena nutrición y el ejercicio, oponerse al cigarrillo y sus efectos devastadores, supervisar los medicamentos y asesorar a sus pacientes sobre un estilo de vida saludable. Esto incluye estimular el apetito de expectativas positivas y esperanzadoras, y apartar a los pacientes de creencias que puedan ser destructivas e, igualmente, de todas aquellas personas que puedan aprovecharse de la situación y manipular las creencias de los pacientes, anteponiendo el interés propio al del paciente.

Una vez más, éste es un papel que muchos médicos y otros profesionales de la salud entienden instintivamente y, a veces, valoran. Estoy seguro de que es la misma clase de instinto que me causó incomodidad con respecto a las repercusiones de los diagnósticos. Hemos visto que las creencias de un individuo pueden afectar significativamente a su estado de salud, y que el concepto de un médico puede producir cambios físicos cuantificables. Ahora examinaremos los mecanismos cerebrales que transmiten la memoria del bienestar y que permiten que las creencias produzcan un impacto tan marcado en la salud y en el bienestar.

IV

LA PRERROGATIVA DEL CEREBRO

El psicólogo y filósofo William James dijo que "si algo demuestra la historia de la humanidad es la lentitud extrema con que la mente académica y crítica reconoce la existencia de hechos que se le presentan desordenados, sin casillas ni compartimientos, o de hechos que amenazan romper el sistema aceptado". El doctor James no podría haber descrito mejor la lentitud con que la medicina occidental digiere la investigación cuerpo/mente.

Las casillas y los compartimientos han impedido el progreso. Y en mi intento de permanecer tan objetivo y tan distante como lo exige el sistema aceptado, hice una cosa que mucha gente piensa que es extraña: Aunque, junto con mis colaboradores, publiqué desde hace más de veinte años artículos científicos que establecían la eficacia y la confiabilidad de la respuesta de la relajación, yo rehusé provocarla en mí mismo regularmente hasta hace apenas cinco años. Ahora bien, aunque parece tonto para un científico probar los beneficios de una nueva e inofensiva droga y rehusar usarla cuando la necesita, el valor del cuidado de sí mismo y la memoria del bienestar son mucho más difíciles de vender a la comunidad médica, y yo tenía que estar seguro de mantener la distancia suficiente de mi investigación para ganar credibilidad entre mis colegas y mis pacientes.

Para probarles a los demás que las interacciones cuerpo/mente son reales, y que la medicina debe aprovechar las ventajas de esa conexión para sanar a las personas, era necesario mantener la objetividad. Yo creía que este conservatismo se justificaba porque generalmente la medicina considera importantes e innovadores los estudios sobre el cuerpo, mientras que considera impracticable o sin trascendencia la investigación de la mente y las creencias de la gente.

Esta dicotomía entre la mente y la materia puede encontrarse en pensadores tan antiguos como Platón; sin embargo, tales diferencias las estructuró mejor el filósofo y matemático René Descartes. Descartes fue el primero que indicó que el cuerpo no necesita de la mente para funcionar, lo cual hizo aumentar el respeto a las cualidades mecánicas del cuerpo, que se han convertido en el foco dominante en la medicina occidental.

Pero la lente de la tecnología moderna nos ha permitido finalmente establecer las semejanzas y las relaciones que hay entre el cuerpo y la mente. En este capítulo he resumido nueva e importante información acerca del cerebro. Con estas pistas, comencé a construir mi hipótesis de que el cuerpo humano fomenta un poder curativo interno.

El doctor Antonio R. Damasio, de la Universidad de Iowa, es un pionero en la investigación sobre el cerebro. En su libro *Descartes' Error* [El error de Descartes], magníficamente escrito y de gran profundidad científica, Damasio culpa a Descartes de retardar la comprensión biológica de la mente — un esfuerzo que según él apenas ha comenzado — y de inspirar la manera peculiar como la medicina occidental estudia y trata las enfermedades. Indica que si la medicina occidental quiere mejorar, no puede seguir excluyendo de su consideración las raíces físicas de las funciones mentales ni sus repercusiones. Damasio escribe:

> Éste es el error de Descartes: la separación abismal entre el cuerpo y la mente; entre lo medible y dimensionable, lo operado mecánicamente, lo infinitamente divisible, por una parte; y, por otra, lo inconmensurable, indimensionable, indivisible, materia mental; la idea de que el razonamiento y el juicio moral, el sufrimiento ocasionado por el dolor o por un trastorno emocional pueden existir separadamente del cuerpo. Especí-

ficamente: la separación de las operaciones más refinadas de la mente de la estructura y la operación del organismo biológico.

El decenio del cerebro

Casi como para compensar la irreverencia del pasado, el ex presidente George Bush declaró en su posesión que los años 90 serían "el decenio del cerebro". Y la ciencia del cerebro no ha sido nunca más prolífica. Pero aun a la luz de todo lo que hemos aprendido, el cerebro — una masa redonda que pesa en promedio 1.36 Kg, compuesto de cerca de un litro de tejido gelatinoso — sigue siendo un misterio. En apariencia, el cerebro se divide en dos hemisferios distintos, y hasta cierto punto — aunque menos de lo que los neurólogos pensaron al principio — el origen de las funciones físicas y mentales puede encontrarse en áreas definidas del hemisferio izquierdo o del derecho.

El cerebro es tan complejo y tan dinámico, tan polifacético y tan superconectado que todos nuestros esfuerzos por describir sus acciones son, por naturaleza, simplistas. Cada descubrimiento sólo contribuye a aclarar más cuán asombrosamente poderoso es el cerebro y cuán elaborados son sus circuitos — que nos dan vida y salud, movimiento y memoria, intuición y sabiduría. Al fin y al cabo, el cerebro se compone de 100 mil millones de neuronas o células nerviosas, aproximadamente (véase la figura 2). A un nivel microscópico, estas células nerviosas son comunicadores que llevan mensajes de un lado para otro. Pero reunidas en grupos — y estos grupos en grupos mayores — las células nerviosas forman un macrocosmos, un cerebro dividido en regiones que tienen controles y funciones identificables: una asegura la visión mientras otra registra las emociones; una nos permite flexionar los músculos en tanto que otras regulan los latidos del corazón. Las facultades que habitualmente llamamos "la mente", que interpretan señales y determinan lo que ellas significan, emergen de este macrocosmos.

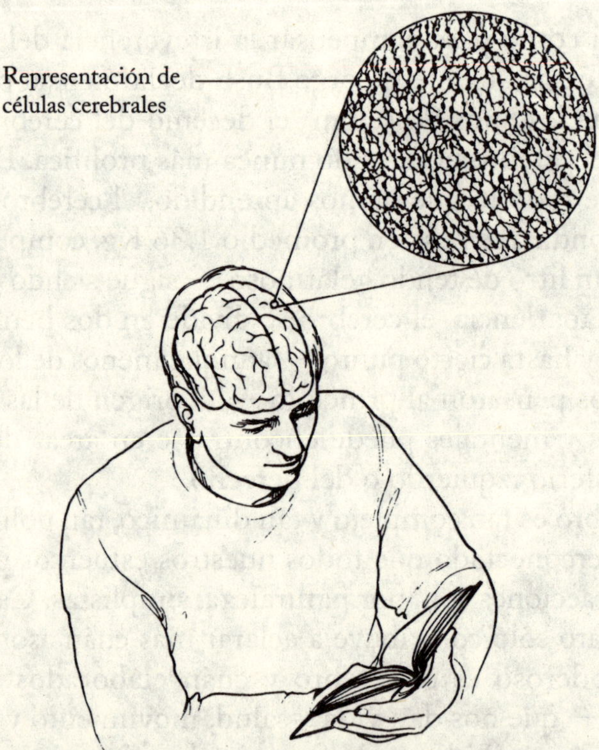

FIGURA 2

EL CEREBRO AMPLIADO

Si usted mira de cerca una ampliación de la sustancia del cerebro, verá una multitud de células nerviosas. Hay, en efecto, más de 100 mil millones de células nerviosas en el cerebro.

Cómo creen los científicos que funciona

El cerebro es como un conmutador extraordinario que recibe, transfiere, conecta, interpreta y devuelve simultáneamente un inmenso número de llamadas. Las células nerviosas les "disparan" o transmiten mensajes a otras constantemente, en proporciones de cientos de mensajes por segundo. Las células son microscópicas y parecen piezas tridimensionales de un rompecabezas, con extensiones fibrosas en los extremos, llamadas axones y dendritas (véase la figura 3). El axón les transmite mensajes a otras células nerviosas, en tanto que las dendritas reciben los impulsos de otros axones.

Las células nerviosas son seres bien conectados, capaces de comunicarse con otras 1 000 a 6 000 células nerviosas, que hacen unos 100 billones de conexiones en un momento determinado. Pero los axones no entregan todos estos mensajes personalmente, y más bien recurren a un mensajero químico llamado neurotransmisor.

Los axones emiten estos químicos en las sinapsis, esto es, los puntos donde se juntan las dendritas de una célula con los axones de las células vecinas (véanse las figuras 3 y 4). Cada célula nerviosa tiene entre 1 000 y 500 000 sinapsis. Cada pensamiento de usted, cada movimiento, cada sensación o emoción que experimenta, se deriva de estas conexiones; de los billones y billones de encuentros entre axones, neurotransmisores y dendritas que ocurren en cada fracción de segundo, a toda hora del día, cada vez que un mensaje se formula, se envía y se recibe.

Más de cincuenta neurotransmisores distintos han sido identificados hasta ahora. En este libro ya nos referimos al neurotransmisor adrenalina, que actúa en parte para estimular los latidos del corazón, como sucede en la respuesta huir o pelear. Algunos neurotransmisores están relacionados con desórdenes mentales — por ejemplo, la dopamina con la esquizofrenia y la serotonina con cambios en el estado de ánimo —, no obstante lo cual, son actores cruciales para el funcionamiento normal del cerebro, transfiriendo mensajes desde y hacia miríadas de células nerviosas.

Para complicar más las cosas, cada sinapsis puede comunicar con una intensidad diferente, así como la voz puede comunicar con diferente volumen. Como dice el profesor Paul M.

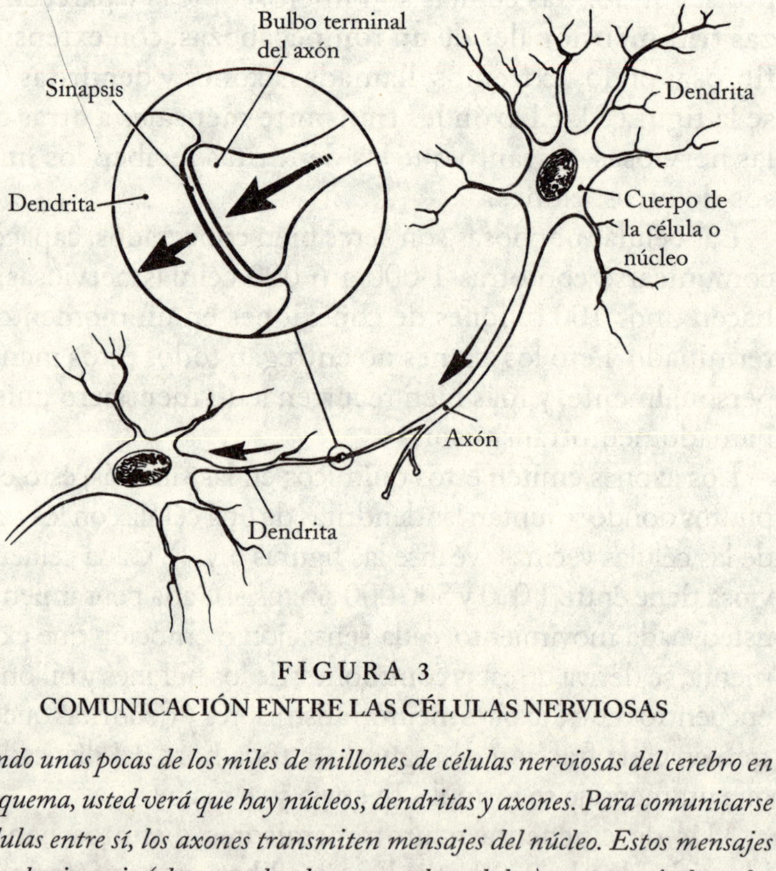

FIGURA 3

COMUNICACIÓN ENTRE LAS CÉLULAS NERVIOSAS

Aislando unas pocas de los miles de millones de células nerviosas del cerebro en este esquema, usted verá que hay núcleos, dendritas y axones. Para comunicarse las células entre sí, los axones transmiten mensajes del núcleo. Estos mensajes cruzan la sinapsis (el punto donde se unen las células) y son enviados a las dendritas de otras células. El detalle ampliado es una representación de una sinapsis. Las flechas indican la dirección del mensaje que se está transmitiendo. Cada milisegundo billones y billones de mensajes se envían y se entregan a través de este extraordinario sistema.

Churchland, de la Universidad de California, San Diego, en su libro *The Engine of Reason, The Seat of the Soul:* "Si suponemos, conservadoramente, que cada conexión sináptica puede tener una de diez intensidades diferentes, el total de las distintas configuraciones posibles de pesos sinápticos que el cerebro puede asumir es, en un cálculo muy aproximado, 10 elevado a la billonésima potencia, o $100^{1\,000\,000\,000\,000}$".

Cuando usted se quema un dedo

Veamos un ejemplo de cómo funciona el sistema de mensajes. Suponga que está encendiendo una vela y deja que el fósforo arda hasta muy abajo, y le quema un dedo.

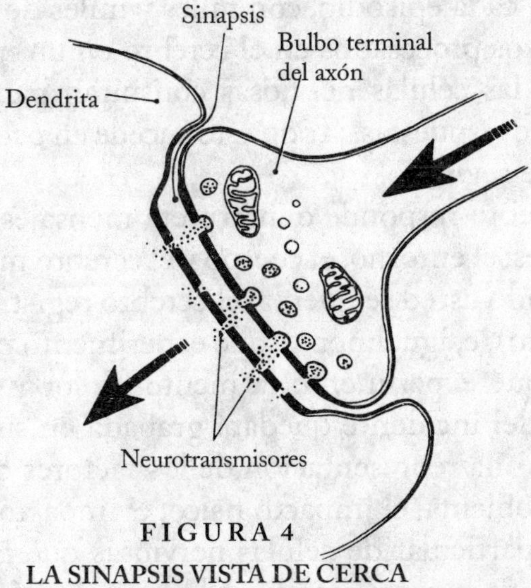

FIGURA 4
LA SINAPSIS VISTA DE CERCA

Los pequeños puntos que se liberan en la sinapsis representan a los neurotransmisores, que son los mensajeros químicos que viajan del axón de una célula a través de la sinapsis y se introducen en la dendrita de otra célula. De acuerdo con la cantidad de neurotransmisor que se libere y dependiendo de la receptividad de la dendrita que responde al neurotransmisor, la gradación de los mensajes que se transmiten es diferente.

La célula nerviosa del dedo reacciona, axón tras axón, enviando una señal tras otra, a través de neurotransmisores que cruzan una multitud de sinapsis para llevar el mensaje del dedo a la médula espinal y a las zonas conscientes del cerebro. Estas distintas zonas del cerebro, aún no identificadas ni comprendidas en su totalidad, son responsables de ciertas acciones: una interpreta los mensajes dolorosos y ordena mitigar el dolor, otra evalúa la importancia emocional del episodio y dispara reacciones emocionales.

Pero sin importar cómo se mezclan las células nerviosas, o cuantas sinapsis atraviesa el mensaje, o a cuáles regiones se dirige, el cerebro conserva un recuerdo de las activaciones de las células nerviosas y de las reacciones asociadas a la quemadura. En cada episodio, con miles y miles de millones de estos eventos procesados en el cerebro en un momento determinado, las células nerviosas conspiran para provocar una plétora de respuestas. ¡Todo esto sucede en pequeñísimas fracciones de segundo!

El cerebro responde e interpreta mensajes de tres fuentes diferentes: el entorno, el cuerpo y el cerebro mismo. De modo que cuando usted se quema, el cerebro registra qué lo quemó (el fósforo), e, igualmente, qué experimentó el cuerpo (la herida) y qué experimentó la mente (dolor y desagrado). La imagen del incidente quedará grabada en su memoria para siempre: una representación de los factores que contribuyeron al problema, el impacto físico, el impacto emocional y el circuito particular de células nerviosas que transmitieron la multitud de mensajes provocados por el incidente.

Obviamente, nuestros sentidos son los responsables de registrar muchos de los detalles de un incidente que van a los archivos de nuestra memoria. Pero el sentido que es particularmente agudo y dominante en una persona puede ser mucho menos activo en otra. Como ya probablemente usted lo sabe, algunos somos visualmente orientados; entonces, por ejemplo, al ver la espuma de una ola en una playa o las palabras en esta página, registramos en el cerebro impresiones mucho más claras que las que registraría una persona auditivamente orientada, que necesita el sonido de la ola o una grabación de estas palabras para que produzcan un impacto más profundo en su mente.

En mis tratamientos intento concertar estas diferentes tendencias sensoriales. Para provocar la respuesta de la relajación, por ejemplo, les enseño a mis pacientes a pensar en algo que les agrade. No importa que sea una grabación de sonidos del bosque, una tarjeta postal de la playa en que estuvieron el verano pasado, un papel con una frase que los inspira, el olor del incienso que evoca la iglesia, o lo que sienten cuando los zapatos golpean el piso cuando corren. Ellos seleccionan el pensamiento de mayor impacto, y probablemente practican con mayor regularidad la concentración mental porque la disfrutan más si se centran en cosas que para ellos son naturales.

El acto de concentrar la mente en una imagen visual se llama "visualización". Yo suelo recomendar que la gente recuerde algún lugar calmado y hermoso en que haya estado durante las vacaciones, o algún sitio agradable de su infancia. De la misma manera, recomiendo la utilización de "afirmaciones" o mensajes positivos que la gente se repite, bien en voz alta, o bien silenciosamente para sí, después de que ha provocado la respuesta de la relajación. En ambos casos la idea es introducir una nueva idea sensorial en el cerebro, especialmente cuando éste está acostumbrado a pensamientos negativos o de autocrítica.

Las tendencias sensoriales también pueden explicar en parte la razón por la cual la gente se siente atraída por símbolos de la Nueva Era y por terapias no convencionales, y por qué tanta gente encuentra que la aromaterapia es particularmente calmante, en tanto que otros compran cristales. Como seguiremos viendo, cuando usted sabe cómo conectarse con las terminales de su cerebro, éste puede llegar a ejercer bastante influencia.

No importa en qué forma estimule usted su cerebro: los detalles de sus experiencias, y también los sentidos que utiliza, son registrados en él. Lo que parece ser una masa vulgar de gelatina reúne y conserva notas de cada movimiento, cada suspiro y cada incidente que le ha ocurrido o le ocurrirá. Y, como discutiremos mucho más detalladamente, también lleva consigo la sabiduría de las distintas épocas, con pautas para la supervivencia ganadas a lo largo de la evolución de la vida humana.

De abajo hacia arriba, de arriba hacia abajo

Quemarse un dedo es un evento "de abajo hacia arriba", como lo es mirar un paisaje (véase la figura 5). Durante mucho tiempo, la ciencia observó la capacidad de cerebro para interpretar eventos de esta naturaleza, esto es, para reaccionar a estímulos del entorno o del cuerpo mismo. Sólo recientemente la investigación sobre el cerebro reveló que los eventos "de arriba hacia abajo" son también posibles. Éstos se originan en los pensamientos (véase la figura 6); son o bien recuerdos de episodios que el cerebro había registrado antes, o bien nuevos pensamientos que usted lleva a la mente. Imagine que usted toma con la mano un fósforo encendido, semanas después del accidente, o que recuerda el paisaje meses después de haberlo visto por primera vez. En el caso del fósforo, el recuerdo de la quemadura puede ser lo suficientemente vívido como para inducir una sensación retrospectiva y una proyección de la molestia que sintió. De la misma manera, al recordar el paisaje usted va a experimentar la misma ola de paz que sintió al verlo origi-

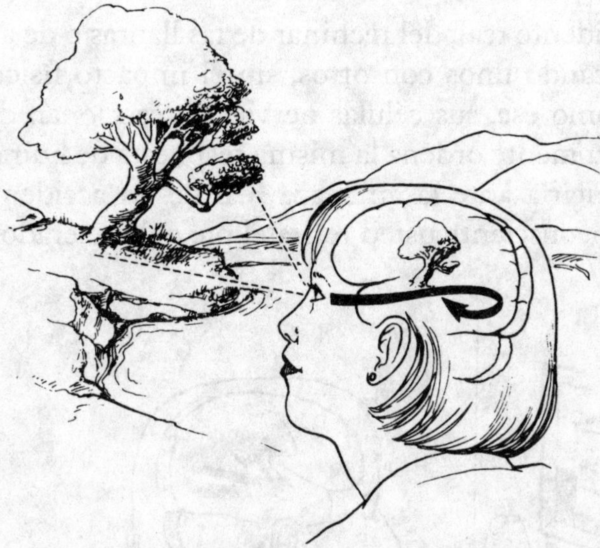

FIGURA 5
UN EVENTO DE ABAJO HACIA ARRIBA

La mujer observa una escena campestre. La escena es externa a su cuerpo, pero gracias a la acción de sus células nerviosas se convierte en una imagen registrada y en una memoria almacenada en el cerebro. Como la escena se origina por fuera de su cerebro y no desde "arriba", es decir, en sus pensamientos o imaginación, se llama un evento "de abajo hacia arriba". Otros eventos de este tipo se originan en el cuerpo, en sensaciones en los dedos, el estómago, los oídos o la nariz.

nalmente. El cerebro tiende a interpretar los mensajes de arriba hacia abajo de la misma manera que los de abajo hacia arriba, como si las imágenes que se recuerdan o que se proyectan fueran reales.

Los eventos de arriba hacia abajo son comunes. ¿Ha imaginado usted alguna vez un accidente mientras estaba conduciendo su automóvil? Es probable que cuando salga de ese lapso momentáneo, se dé cuenta de que ha disminuido la velocidad y que su corazón late más rápido. Sin los estímulos de un accidente real, del rechinar de las llantas o de automóviles chocando unos con otros, sin el impacto físico de un evento como ése, sus células nerviosas reaccionan de todos modos. Su mente ordena la misma respuesta de huir o pelear que produciría ante la amenaza real de un accidente, y de manera inconsciente usted retira el pie del acelerador.

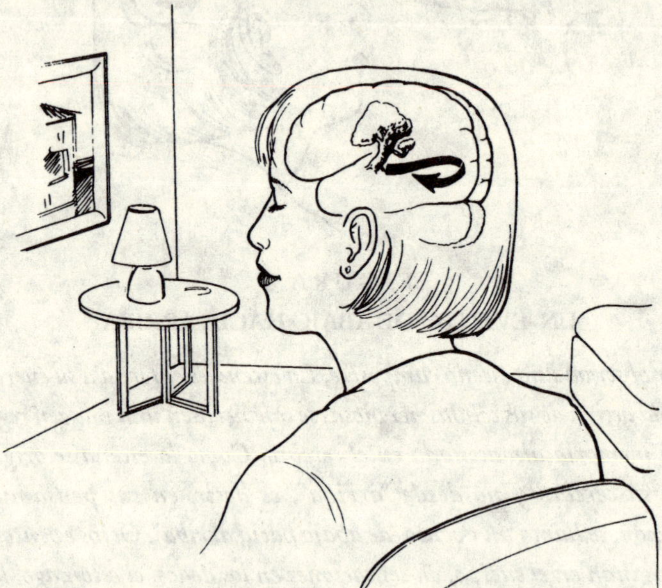

FIGURA 6
UN EVENTO DE ARRIBA HACIA ABAJO

La mujer está sentada en casa, con los ojos cerrados, imaginando la misma escena campestre que vio previamente. Su cerebro reconstruye la imagen almacenada en su memoria, recreando el patrón de actividad celular que tuvo lugar cuando vio la escena. Pero ahora la imagen se origina en su cerebro, en sus pensamientos y sus recuerdos. Éste es un evento "de arriba hacia abajo". Los sueños también son eventos de este tipo.

Memorias vívidas que actúan como gatillos

De la misma manera, los recuerdos pueden disparar eventos de arriba hacia abajo. Cuando yo era médico interno en Seattle, en lo que era entonces el Hospital de King County, tuve una poderosa experiencia con la reacción de huir o pelear, tan fuerte que permanece aún en mi memoria. Un día estaba trabajando en una clínica ambulatoria en la que se evaluaban personas con problemas médicos comunes y no urgentes. Un hombre asiático de alrededor de sesenta años vino a mi consultorio, y tuve una reacción instantánea y abrumadora. Comencé a sudar, sentí náuseas y el corazón me comenzó a latir rápidamente. Ese hombre me produjo un miedo absoluto, por alguna razón que no pude identificar.

Rápidamente recuperé mi compostura, tomé su historia clínica y lo examiné. Al final del examen le confesé al paciente: "Creo que no lo conozco a usted, pero tuve una reacción muy intensa y extraña cuando entró en el consultorio". El hombre sonrió, extendió la mano derecha con el puño cerrado, presionando con el pulgar de arriba hacia abajo, y dijo con una voz familiar y amenazadora: "¡Okay Yankee, ahora morirás!" Luego me explicó que en las primeras épocas de la Segunda Guerra Mundial, él fue el actor que interpretó el papel de Tokyo Joe en las películas de Hollywood, las cuales yo había visto cuando era un muchacho impresionable de seis o siete años. La escena que reinterpretó en el consultorio fue una en que hacía el papel de un piloto de guerra que, con la ametralladora de su avión, derribaba aviones americanos. Él siempre hacía el papel de villano, me dijo, y fue parte del reparto de las películas de Charlie Chan, que también yo veía cuando niño.

Almacenados en mi subconsciente, enterrados profundamente de donde no podía desenterrarlos, había recuerdos tan potentes que la aparición de él en mi consultorio provocaron en mí una respuesta de huir o pelear. Este hombre no representaba ninguna amenaza para mí, pero mi cuerpo reaccionó como si el villano hubiera saltado de la pantalla a la clínica en la que yo trabajaba, y fuera un peligro palpable e inmediato.

La magia del cine

Las películas vienen y van en este libro, y sospecho que esto se debe a que soy una persona visualmente orientada, en quien las películas ejercen un tremendo impacto mental. Estamos acostumbrados a pensar que el cine es poderoso porque se proyecta en grandes pantallas, en teatros oscuros y frente a audiencias que reaccionan en masa. Pero lo invito a que empiece a pensar en las películas del cine y la televisión, y en todos los estímulos externos de su vida en una forma completamente diferente. Cuando usted vea la manera como funciona el cerebro y entienda que la información con que usted lo alimenta le cambia su estructura biológica y afecta a su salud y a su bienestar, como se lo demostraré en este capítulo, los estímulos en su vida van a parecer mucho más importantes. A menudo se requiere un impacto físico para que la sociedad occidental entienda la importancia de los estímulos intelectuales y espirituales.

Sé que en mi caso y en el de muchas otras personas, las películas son tan vívidas que sentimos que conocemos a los actores y a las actrices porque sus imágenes llegan a materializarse físicamente en nuestro cerebro. Literalmente se vuelven parte de lo que somos. Y, como usted verá dentro de un momento, cuando hablamos de la increíble influencia de la emoción en el procesamiento y en la jerarquización de los pensamientos, y según sean las emociones que nos inspiran estos actores, ellos se convierten en protagonistas de un mundo cognitivo en el cual proyectamos imágenes de nosotros mismos, que cambian las señales físicas que transitan por el cuerpo y le dan instrucciones.

La realidad virtual es otro estímulo poderoso. Los videojuegos y otras herramientas suelen usarse en formas que parecen borrar la línea entre los procesos de pensamiento de abajo hacia arriba y viceversa. Los médicos, por ejemplo, ahora les ayudan a los pacientes a superar la acrofobia o el miedo a las alturas utilizando cascos de realidad virtual, de manera que los pacientes puedan ver, explorar y pararse en el borde de puentes, edificios y trampolines generados por computador, cuya altura es bastante impresionante. No quiero aparecer como haciendo juegos de palabras con la terminología de abajo hacia arriba y de arriba hacia abajo, pero con la ayuda de la realidad virtual, estos pacientes pueden registrar eventos del tipo de abajo hacia arriba en el cerebro, por ejemplo experiencias simuladas de altura. Gradualmente, como resultado de estas experiencias, el evento, o el pensamiento, de arriba hacia abajo de tener que ir al piso 40 de un edificio puede no provocar tanta ansiedad. Tampoco serán tan traumáticas las experiencias con alturas reales. Entiendo que después de un tratamiento con realidad virtual un paciente hizo un viaje en globo remontándose sobre la Tierra y disfrutando cada minuto del paseo sin ningún miedo o malestar físico.

Mi colaboradora Marg Stark y su marido tuvieron su primera experiencia con la realidad virtual en un parque de diversiones cuando ganaron una carrera de esquí que había sido filmada en una competencia olímpica real. Los sujetaron a la silla en una cabina oscura que se sacudía y se mecía de acuerdo con lo que se proyectaba en la película, siempre amenazando con lanzarlos sobre la multitud o a un precipicio. Aunque los movimientos de la cabina no eran lo suficientemente fuertes como para lastimarlos, ambos experimentaron fatiga muscular en la espalda y las piernas, similar a la que se siente después de un día de práctica real del esquí. Y también quedaron hambrientos, porque su metabolismo aparentemente entró en acción por el desafío físico virtualmente real que habían enfrentado. El cuerpo de ellos reaccionó así porque el cerebro no pudo distinguir los desafíos físicos reales de los que fueron generados por el computador.

El acto de recordar el bienestar

Las escenas que recordamos o imaginamos son en verdad reales para el cerebro. El doctor Stephen M. Kosslyn, un colega mío que es profesor de psicología en Harvard, dirigió un experimento en el cual se les pedía a las personas que miraran una red, una caja de líneas horizontales y paralelas interconectadas. Mientras lo hacían, el doctor Kosslyn y sus compañeros investigadores utilizaron un tipo de rayos X llamados TEP (tomografía por emisión de positrones) — una de las nuevas lentes de la tecnología a las cuales me referí anteriormente — para determinar las áreas del cerebro en que tiene lugar la activación de células. La TEP hace posible ver el cerebro en acción porque los pacientes reciben pequeñas dosis de sustancias radiactivas que identifican la actividad de la células nerviosas, reflejada en un mayor flujo sanguíneo. Con la ayuda de estos escanógrafos, el equipo del doctor Kosslyn identificó los semilleros de actividad cerebral que se producían cuando los pacientes miraban fijamente la red.

Posteriormente la red fue retirada y se les pidió a los participantes que cerraran los ojos y la visualizaran en su memoria. Mientras lo hacían se tomó otro conjunto de escanografías TEP, en las cuales fue posible observar que se utilizaban las mismas áreas del cerebro, y que se reproducían los mismos focos de actividad al recordar la red, sin verla realmente.

Una imagen se forma cuando se activa cierta constelación de células. Para recordar la imagen, el cerebro reconstruye la constelación de actividad que ocurrió la primera vez. Los patrones de actividad cerebral se almacenan y se recuerdan. Para revivir un recuerdo, en este caso el recuerdo visual de la red, el cerebro llama a los mismos actores — es decir, las células nerviosas, las sinapsis y los circuitos — que convergieron originalmente a ver la red. El patrón de actividad cerebral que se requiere para recordar tal imagen se conoce comúnmente como "impronta neural". Todos los eventos y las emociones de nuestra vida tienen una impronta neural, algo así como notas taquigráficas que el cerebro almacena y recuerda. Con estas notas y más notas acerca de sistemas y más sistemas, el cerebro y el sistema nervioso sostienen un diálogo constante que cultiva y preserva todos nuestros recuerdos, nuestras emociones, nuestra personalidad, e incluso nuestra ética y nuestros valores morales. Y como la vida de todos es distinta, cada uno tiene improntas únicas e inequívocas.

El increíble poder de las emociones

No estamos acostumbrados a pensar que las emociones y las características de la personalidad sean de naturaleza biológica. Creemos que las emociones vienen a nosotros de manera bastante arbitraria. Pensamos que la personalidad se forma en el curso de las experiencias de la vida y no porque ciertos circuitos en el cerebro se utilicen mucho, encerrándonos en patrones particulares de actividad y conducta. Pero esto es lo que la investigación más reciente sobre el cerebro está revelando. Las emociones son las manifestaciones y representaciones naturales del cerebro, en la medida en que éste tiene presente todo el conjunto del cuerpo y del mundo que lo rodea. Y son mucho más importantes en la función cerebral y en el estado de nuestra salud de lo que cree la sociedad, que privilegia el razonamiento objetivo.

¿Cuál es el papel de las emociones en los rápidos comunicados entre el cuerpo y el cerebro que ocurren cuando uno se quema un dedo? La mayoría de las veces uno puede continuar encendiendo velas y chimeneas y parrillas en el futuro sin ser intimidado por el miedo. El hecho de que usted pueda hacer esto a pesar del estímulo ambiental de la presencia del fuego y el recuerdo que su cerebro conserva del impacto de la quemadura anterior se debe, en parte, a que sus emociones le ayudan al cerebro a sopesar la importancia de estos eventos, y lo persuaden de que es un evento sin importancia para el cual no es necesario que movilice sus recursos para prepararse para una quemadura.

Para comenzar, los científicos creen que algunas reacciones emocionales entran en la actividad cerebral *antes*, y no después, de que hayamos tenido algún tiempo para pensar en algo y decidir lo que sentimos al respecto. Los psicólogos han desarrollado pruebas para evaluar estas reacciones instantáneas. Le muestran a la persona imágenes, sonidos y palabras sobre las cuales la gente manifiesta inmediatamente su gusto o desagrado.

"Todavía tenemos que encontrar algo que la mente vea con completa imparcialidad, sin ni siquiera un juicio leve sobre si le gusta o le disgusta", dice el doctor Jonathan Bargh, psicólogo de la Universidad de Nueva York que ha estudiado la manera como el cerebro considera las emociones, en un artículo reciente del *New York Times*. El doctor Bargh sostiene que "la gente valora todo según cómo lo perciba", y les concede valor emocional a cosas que nunca había enfrentado, como, por ejemplo, formas abstractas o palabras que no significan nada.

"Todo esto es parte del procesamiento preconsciente, la percepción mental y la organización de la información que tiene lugar antes de que llegue a la consciencia", explica el doctor Bargh. Y como estos juicios se realizan en una fracción de segundo y se convierten en parte de nuestra primera impresión, dice el doctor Bargh, "confiamos en ellos así como confiamos en nuestros sentidos", inconscientes de que ya adoptamos un prejuicio. Así, él y otros científicos concluyen que no hay objetividad, sino solamente el pensamiento objetivo que surge de una mente subjetiva.

Sinestesia

La emoción también ha sido involucrada en el fenómeno neurológico de la sinestesia, que el neurólogo Richard E. Cytowic, de Washington D.C., describe en su libro *The Man Who Tasted Shapes: A Bizarre Medical Mystery Offers Revolutionary Insights into Emotions, Reasoning and Consciousness*. Sólo diez personas por cada millón en el planeta son sinestésicas, esto es, capaces — gracias a su consciencia de un proceso cerebral normal — de decir que un pedazo de pollo sabe redondo, que una sinfonía suena verde o que una campana es chocolatosa.

Cuando hacen esto, los sinestésicos parecen hacer consciente un proceso fisiológico inconsciente para la mayoría de nosotros, o el procesamiento preconsciente que describí antes — agrupar y clasificar las señales o las impresiones — y que el cerebro ejecuta dinámicamente todo el tiempo. En otras palabras, a la primera mordida del pollo, o incluso al primer olorcillo de pollo que se está cocinando, un sinestésico puede reconocer la mezcla cognitiva que está ocurriendo en el cerebro, los sentidos que se están clasificando y ordenando a sí mismos.

El doctor Cytowic dice que las emociones actúan como una válvula, deciden qué atrapará y qué no atrapará nuestra atención. Pero las emociones tienen "su propia lógica", de manera que no es posible predecir de qué manera el cerebro "rotulará" las percepciones. Guiados por lo que el doctor Cytowic sospecha que son sus únicos impulsos emocionales, los sinestésicos, a quienes él llama "fósiles cognitivos", son obligados a procesar de manera consciente eventos multisensoriales, una capacidad que casi todos hemos perdido. Más importante aún, dadas las propiedades del cerebro, el doctor Cytowic indica que la autoconsciencia solamente es "la punta del iceberg" de lo que realmente somos. "Lo que creemos que es una conducta voluntaria, activada por el deseo, es realmente inducida por otra parte de nosotros". Así, concluye:

> Sabemos más de lo que creemos saber. La visión sinestésica y multisensorial de la realidad es sólo una de las cosas que estamos seguros de haber perdido. Puede haber mucho más. Si usted quiere tratar de recuperar algo de este conocimiento profundo, le sugiero que comience por la emoción, que, en mi opinión, parece residir en la interfase entre la parte del ser que es accesible a la consciencia y la parte que no lo es.

En este libro hablaremos bastante de este conocimiento interno, de las intuiciones y emociones y de cómo hacerlas respetar en una sociedad que nos presiona para que no las respetemos. Pero, por ahora, es suficiente establecer el hecho de que las emociones no son caprichos de un alma intangible. Son, más bien, mensajes del cerebro a medida que interpreta las experiencias cotidianas del cuerpo — tanto los desafíos del entorno físico como los valores, las preocupaciones y las historias que enriquecen nuestros encuentros. Ellas desempeñan un papel mucho más crucial en nuestra fisiología de lo que nos hemos dado cuenta hasta ahora.

Algunas de las claves más importantes para entender la contribución que hacen las emociones en el cerebro han sido proporcionadas por neurólogos que han observado la forma desapasionada como la gente con lesiones en el lóbulo prefrontal (justamente detrás de la frente y sobre los ojos) ve la vida después de sufrir un daño permanente en el cerebro. A un paciente al que el doctor Damasio se refiere como Elliot, en largos pasajes de *Descartes' Error*, tuvo que extirpársele del cerebro un tumor del tamaño de una naranja y después de ello siempre afrontó la vida con gran desprendimiento. Antes de la cirugía era buen esposo y buen padre, con un trabajo estable; después de la cirugía no pudo mantener ningún trabajo, invirtió en negocios aventurados y quebró, se divorció de su esposa y se casó con otra mujer, relación que terminó rápidamente en otro divorcio. Tratando de encontrar la causa del cambio, el doctor Damasio hizo que Elliot se sometiera a una serie de pruebas. En una de ellas, Elliot vio y reaccionó a imágenes muy impresionantes, como casas incendiadas o gente que se estaba ahogando en inundaciones. Aunque él sabía que estas imágenes lo habrían perturbado antes de la cirugía, le produjeron poca o ninguna emoción en su estado postquirúrgico.

Sobre esta increíble transformación, el doctor Damasio dice que "la frialdad del razonamiento de Elliot le impedía asignar distintos valores a opciones diferentes, y convirtió su panorama de toma de decisiones en algo absolutamente plano". Intrigado por el impedimento de Elliot para sentir emociones y tomar decisiones razonables, el doctor Damasio comenzó a centrarse en los mecanismos cerebrales del pensamiento racional, y descubrió que las emociones contribuyen a la toma de decisiones asignándoles valores a ciertos recuerdos o pensamientos. Hasta las emociones que nos han instado a que mantengamos a raya para que no obstaculicen el proceso racional de toma de decisiones se han convertido en un factor crítico para la asignación de prioridades y para tomar decisiones apropiadas. De acuerdo con el doctor Damasio, "la reducción de la emoción puede constituir una fuente igualmente importante de conducta irrazonable".

La permanencia del miedo

Pero, de todas las emociones que forman parte de nuestra vida, ¿cuáles son las más influyentes? El miedo parece ser una emoción particularmente fuerte, y a menudo sentimos el efecto del miedo en formas marcadamente fisiológicas. Los investigadores han estudiado el miedo más que cualquier otra emoción, y parece que los recuerdos asociados a miedos están permanentemente arraigados en el cerebro. Las fobias pueden entonces atribuirse a alguna disfunción de la amígdala, que contribuye a modificar las emociones en el cerebro. Estas pequeñas estructuras, localizadas profundamente dentro del cerebro, en ambos lados, ayudan a fijar los recuerdos de eventos y registran el contenido emocional de esos recuerdos en (de nuevo) improntas neurales o notas que le permiten al cerebro recordar los patrones de actividad de las células cerebrales asociados a los incidentes originales.

El miedo parece ser un factor significativo que contribuye al misterioso fenómeno de muerte súbita entre los refugiados Hmong, miembros del grupo étnico de Laos que huyó del sudeste asiático durante la guerra del Vietnam. El síndrome de muerte nocturna súbita e inesperada (SUNDS)* es alarmantemente común entre los refugiados Hmong varones de veinticinco a cuarenta y cuatro años de edad, y afecta a noventa y dos hombres por cada cien mil de este grupo. Para hacerle a usted una comparación, estas cifras convertirían al SUNDS en la quinta causa de muerte natural entre la población masculina en los Estados Unidos. Las víctimas parecen morir de raros trastornos en la conducción eléctrica del corazón, ocurridos durante el sueño; sin embargo, las autopsias no han revelado anormalidades cardíacas estructurales. La mayoría de las muertes tienen lugar entre los refugiados que han estado en los Estados Unidos durante dos años o menos, y el fenómeno no existe en Laos.

Hago una pausa para decirle que no tengo la intención de asustarlo con la utilización de ejemplos extremos del efecto nocebo como el SUNDS y la muerte vudú. En lugar de eso, estoy tratando de mostrarle en qué medida la mente puede afectar al cuerpo. Más adelante hablaré del otro extremo del espectro, los extremos positivos de creencias saludables y afirmativas.

Volviendo ahora a nuestra discusión del síndrome de la muerte súbita (SUNDS), el doctor Shelley Adler, de la Universidad de California, San Francisco, lo ha estudiado en el contexto de la cultura Hmong, y concluye que una reacción emocional como ninguna otra, una fiera combinación de "miedo, pavor y humillación", causa una "angustia psicológica cataclísmica" que conduce a la muerte súbita. ¿Qué causa este miedo insólito pero tan real? Los hombres que han sido revividos de paros cardíacos relacionados con el SUNDS dicen que experimentaron una pesadilla horrible, no precisamente un mal sueño, sino una versión extrema a la que ellos llaman *tsog tsuam*. Bien reconocida en su cultura, *tsog tsuam*

* Sigla de Sudden Unexpected Nocturnal Death Syndrome *(N. del Ed.)*.

es un espíritu maligno que visita a la víctima durante la noche y se sienta en el pecho del paciente, haciendo imposible la respiración hasta asfixiarlo.

Chía, uno de los pacientes entrevistados por el doctor Adler, estaba muy preocupado por su familia y su sostenimiento durante los primeros meses en los Estados Unidos. Dice el paciente:

> Recuerdo que pocos meses después de venir aquí, estaba dormido. Apagué la luz y todo lo demás, pero como que empecé a pensar, y a pensar, y a pensar, y entonces, de pronto, sentí que no me podía mover. Sólo lo sentía pero no veía nada. Entonces traté de mover la mano y no pude. Seguí tratando pero no me podía mover. Sé que es *tsog tsuam*. Estoy tan asustado que casi no puedo respirar. Yo me pregunto: "¿Quién va a ayudarme? ¿Qué pasa si muero?"

El doctor Adler cree que los hombres afectados por el SUNDS atraviesan un momento particularmente vulnerable en su vida. Suelen estar deprimidos porque, desde que llegaron a los Estados Unidos, se sienten incapaces de satisfacer las expectativas tradicionales de los hombres en los hogares Hmong. Sus esposas y sus hijos han comenzado a usurpar el poder y la importancia de que los hombres Hmong gozan en su casa, y ellos se sienten menos capaces de proteger a su familia de los espíritus malos y de los invasores, porque la sociedad americana se opone a su tradicional empleo de chamanes y a sus ritos y sacrificios religiosos.

Por supuesto que se trata de un ejemplo extremo pero, cuando el miedo es exacerbado por el sentido de la impotencia, puede convertirse en una emoción muy fuerte con severas repercusiones físicas. El miedo parece hacer una impresión particular en la amígdala del cerebro, cuyas consecuencias físicas pueden reducirse con el tiempo, pero nunca desaparecer por completo, a menos que haya daño en la amígdala. Algunos investigadores han estudiado el daño de la amígdala en las ratas, y han encontrado que en estos casos los animales sí olvidaron la sensación de tener miedo. El doctor Damasio y veintenas de otros investigadores han sido testigos de reacciones similares en casos de derrame o accidentes, y en otros pacientes con daño en áreas específicas del cerebro. De acuerdo con la lesión, estas víctimas experimentan cambios en la personalidad, algunos tan dramáticos que las familias, los colegas y los pacientes mismos tienen dificultades para adaptarse a ese nuevo "ser". Las personas que tienen daño bilateral en la amígdala pierden totalmente el miedo: andan solos a avanzadas horas de la noche sin darse cuenta de que puede ser peligroso, y se meten en todo tipo de problemas.

La memoria del bienestar y la emoción

Por qué es importante que entendamos el papel del miedo y de las emociones? Porque la memoria del bienestar es una memoria cargada emocionalmente, como lo son la muerte vudú y el efecto nocebo. Cuando recibimos un diagnóstico o un resultado médico, el cerebro asigna ciertos valores a estas noticias. Y resulta que la manera como las noticias nos hacen sentir puede ser mucho más importante para las señales que el cuerpo envía con respecto a la salud que el propio hecho objetivo. Cuando oímos hablar de tasas de supervivencia al cáncer, el registro que hacemos de esta información en el cerebro puede no ser tan fuerte como el recuerdo de una amiga que perdió todo el pelo y se debilitó, pero que finalmente desterró el cáncer de su cuerpo.

La vasta aglomeración de células nerviosas en la amígdala

y en otras regiones conserva todo tipo de recuerdos y les asigna emociones a todos esos eventos, basándose en la larga historia de influencias y experiencias vitales a las que la persona ha estado expuesta. Si sus contactos con la profesión médica han sido positivos, usted puede asignar reacciones positivas al tratamiento médico, y las células nerviosas involucradas en su impronta neural interactuarán con otras células nerviosas en el cerebro para transmitir y registrar su lectura positiva del evento. Si, en cambio, como en el caso del vudú, a usted lo maldice un brujo en quien usted y la gente de su aldea han depositado toda su fe, su miedo puede desencadenar trágicamente otras improntas neurales y producir la muerte súbita.

El doctor Stephen M. Oppenheimer, de la Escuela de Medicina de la Universidad Johns Hopkins, identificó una mancha pequeña en el cerebro llamada "corteza insular", que puede ser la responsable de las muertes súbitas habitualmente atribuidas a miedo extremo, como pasa en los casos de vudú, de víctimas de crímenes y de personas de quienes se dice que mueren de "pena moral". Activada por extrema desesperación o pánico, la corteza insular parece causar daño cardíaco, tal como lo hace en personas que sufren una peligrosa irregularidad cardíaca llamada fibrilación ventricular. Con estas dos intuiciones — una, que son posibles los eventos de arriba hacia abajo, o eventos inducidos por el pensamiento; y otra, que las emociones sirven para asignar prioridades y valores a los eventos que se almacenan y se recuerdan en forma de improntas neurales — podemos empezar a entender el potencial de la memoria del bienestar y, a la inversa, del efecto nocebo.

Diseño original y el deseo de vivir

Sin embargo, un componente importante para la comprensión de la memoria del bienestar es la prioridad última del cerebro, que existe en nosotros desde antes de nacer. Esta prioridad es sobrevivir, y la propensión a ella la llamamos "el deseo de vivir". Venimos al mundo con algunos elementos de fábrica, con improntas neurales ya impresas en el cerebro. Este "diseño original" de nacimiento le proporciona al cuerpo las pautas necesarias para desarrollarse bien, para asegurar el flujo de sangre y de oxígeno, el funcionamiento del sistema inmunológico, nuestra percepción de imágenes y sonidos y otros mecanismos básicos de supervivencia. Este diseño está determinado por los genes, esto es, por las contribuciones del óvulo y el espermatozoide en el momento de la concepción.

Una de las especificidades con que nacemos es el temor a las alturas. En un estudio, varios niños fueron colocados sobre una lámina transparente asegurada a una mesa. Aunque la lámina se extendía más allá de los bordes de la mesa en ambos lados, y no había diferencias táctiles en ella, los niños, al ser llamados por su madre, no avanzaban más allá de los bordes de la mesa. El temor a caer es inherente a ellos, aunque el peligro no exista en realidad.

Entre los humanos, el miedo a las serpientes es casi tan universal como el miedo a las alturas. No soy extraño a este fenómeno. Un otoño planté tulipanes en el patio trasero, y las ardillas no dejaron de molestar. Para asustarlas y mantenerlas alejadas, compré una serpiente inflable de seis pies de largo que, colocada cerca de los tulipanes, podía realmente engañar a cualquiera. Pero a la primavera siguiente, después de que capas y capas de nieve se habían derretido y sólo quedaban las capas de hojas del otoño, estaba rastrillando el jardín y desenterré mi falsa serpiente. Aunque se trataba de una impostora inofensiva, me asustó tanto que grité y salté hacia atrás y sólo me consoló la certeza de que nadie me había visto.

Atribuyo esta vergüenza a lo que algunos científicos llaman la "estructura dura", o las características innatas que buscan garantizar la supervivencia. Durante muchos decenios, los científicos han discutido si el miedo a las serpientes es innato o aprendido. El doctor Charles Pellegrino, arqueólogo y antropólogo, sostiene que nuestro miedo a las serpientes es innato, y que tiene sus orígenes en los ancestros mamíferos de los humanos de hace 65 a 100 millones de años. Los predadores de estos pequeños mamíferos eran enormes serpientes. De acuerdo con Pellegrino, este miedo innato es el que hace que el folklore asociado con dragones y serpientes sea común en muchas culturas.

Por supuesto que el doctor Sigmund Freud indicó que las serpientes son símbolos fálicos y que nuestros miedos pueden ser de naturaleza sexual. Pero revisando este debate en 1979, los doctores Edward J. Murray y Frank Foote, del Departamento de Psicología de la Universidad de Miami, sometieron a sesenta estudiantes universitarios a un cuestionario para calibrar su miedo a las serpientes y el condicionamiento que habían recibido sobre ellas (por ejemplo, leer o ver películas sobre ataques de serpientes o ser testigos del miedo de otros). Los doctores Murray y Foote concluyeron que cuantas más experiencias directas con serpientes habían tenido los participantes, menos propensos eran a sentir miedo, mientras que los participantes que habían tenido poca o ninguna experiencia con serpientes (la gran mayoría) demostraron sentir más miedo.

Como predominaba la fobia y rara vez había sido confirmada en la realidad, los investigadores indicaron que existe en los seres humanos "una tendencia a desarrollar el miedo a las serpientes". Podemos especular, como lo hace Pellegrino, que es la amenaza que las serpientes representaban para nuestros ancestros la que hace que este miedo forme parte de la estructura dura del cerebro. Como la evolución de la humanidad nos ha llevado a vivir en áreas en que las serpientes no representan una amenaza mayor, y estamos tranquilos porque sabemos que existen antídotos, es posible que este instinto neuronal haya disminuido, de manera que el miedo no es tan claro. No obstante, es fácilmente manipulado y se cultiva y se difunde en los cuentos infantiles.

Una nueva mirada a la reacción de huir o pelear

La reacción de huir o pelear también parece ser innata. El doctor Walter R. Hess, ganador del Premio Nobel, demostró que esta reacción era provocada por la estimulación de un área del cerebro, un descubrimiento hecho en animales, aplicable también a los seres humanos. Heredamos de generaciones anteriores la habilidad psicológica para pelear con éxito o huir del peligro, porque nuestros ancestros no habrían podido sobrevivir sin ella. De manera similar al miedo a las serpientes, aunque nuestras experiencias vitales difieran de las de quienes vivieron antes que nosotros, conservamos una sabiduría genética diseñada para asegurar nuestro futuro en la Tierra.

Desde hace mucho tiempo sabemos que los genes determinan el sexo y el color de los ojos. Y en lo que algunas veces es una revelación perturbadora, la ciencia está identificando rápidamente los genes que hacen que una familia sea vulnerable a ciertas formas de cáncer y a otras enfermedades. Pero últimamente, la investigación genética ha comenzado a señalar predisposiciones en una forma que parece amenazar la noción misma de libertad, al indicar que todo, desde la orientación sexual hasta la obesidad, desde el alcoholismo hasta la inteligencia, está determinado biológicamente. Les tenemos miedo a las alturas y a las serpientes porque nuestros genes lo ordenan. Tenemos tendencias violentas, indican algunos científicos, por una deficiencia de serotonina. Algunas de las diferencias entre los sexos resultan de la forma distinta en que los hombres y las mujeres utilizan el cerebro. Y las emociones humanas, la personalidad, y hasta las excentricidades y los caprichos, parecen no ser más que expresiones cotidianas de alguna secreción orgánica.

Pero para que no crea usted que la biología es la que manda y que la naturaleza predomina sobre la crianza, como se decía en aquel viejo debate, aquí hay una verdad notable. El cerebro es maleable y cambia constantemente, cada milisegundo, de acuerdo con nuestras experiencias vitales. Aunque nacemos con un conjunto de instrucciones y de improntas neurales, el cerebro recluta permanentemente nuevas células y patrones de actividad cerebral para manejar los insumos diarios: el cereal del desayuno, la sonrisa de su bebé recién nacido, el viaje a la oficina en un día lluvioso, y los plazos y el rendimiento que esperan de usted en su trabajo. Los detalles insignificantes de nuestra vida se absorben y se evalúan constantemente, y nuestro cerebro se modifica para manejar las amenazas que la vida diaria supone.

Entonces no es únicamente que el cerebro sea el depósito más grande del mundo, el cronista y bibliotecario cuya eficiencia y velocidad está lejos de ser imitada por cualquier computador; no solamente es el trampolín que lanza toda acción y pensamiento; no solamente está usted dotado de instinto de conservación desde el día de su nacimiento. El cerebro es también su propio artista, su propio químico e ingeniero, que está constantemente rehaciéndose y reconstituyéndose a sí mismo. Usted es, ahora mismo, un organismo muy diferente del que era y del que será en pocos segundos. Las estructuras de toma de decisiones de su cerebro dirigen toda esta circulación no sólo recurriendo a rutas probadas de activación celular, sino diseñando nuevas combinaciones de células nerviosas y neurotransmisores para permitirle a usted sobrevivir y ayudarle a aprender nuevas cosas.

La plasticidad del cerebro

Los científicos llaman "plasticidad" a esta capacidad para cambiar. Un estudio reciente demostró que las ratas criadas en jaulas con juguetes y laberintos desarrollaban más conexiones neuronales que las ratas criadas en jaulas vacías. Y gracias a la plasticidad del cerebro, lo mismo es verdad para los humanos. Los doctores Avi Karni y Leslie Underleider, del National Institute of Mental Health, realizaron un experimento en el que se les pidió a los participantes que practicaran un ejercicio durante diez minutos cada día a lo largo de varias semanas: golpear el pulgar secuencialmente con los demás dedos, desde el índice hasta el meñique. Los participantes se volvieron bastante buenos, duplicaron su velocidad y su precisión durante las cuatro semanas que duró el estudio. Periódicamente los voluntarios hicieron el ejercicio mientras se les hacía una escanografía del cerebro, esta vez mediante imágenes de resonancia magnética, que les permitía a los investigadores identificar las partes del cerebro que estaban siendo utilizadas. Cada vez que se les hacía la escanografía del cerebro, se les pedía a los voluntarios que ejecutaran la secuencia contraria (meñique a índice), actividad que no habían practicado.

En las escanografías que se hicieron al comienzo del estudio, los doctores Karni y Underleider encontraron que la secuencia original y la contraria producían una actividad del mismo tamaño en el área del cerebro llamada la corteza motora. Pero después de cuatro semanas de ensayo, la escanografía que se tomó durante la secuencia ensayada reveló un centro expandido de actividad, más amplio que el que se presentaba en la tarea ejecutada espontáneamente. Los investigadores concluyeron que la repetición de la tarea, la convocatoria de células nerviosas particularmente dispuestas, reclutaba otras células en la corteza motora y ensanchaba y cambiaba la conexión neuronal original.

Muy similar al vocabulario que utilizamos para describir el *hardware* y el *software* de los computadores, nuestros cerebros tienen una estructura dura y una blanda. Nuestro miedo a las alturas, y probablemente a las serpientes y a todo lo que amenazaba la vida de nuestros ancestros, está en la estructura dura. También reside allí la reacción de huir o pelear y la de rejuvenecer con la respuesta de la relajación. Pero también tenemos una estructura adaptable que nos permite aprender nuevas cosas y practicar nuevas maneras de pensar que pueden, con el tiempo, reemplazar a los patrones de pensamiento a que estaba acostumbrado el cerebro.

Todos tenemos improntas neurales definidas para el bienestar, la enfermedad, la fuerza y la resistencia, los dolores de cabeza y las náuseas, la movilidad y el placer, el dolor y la discapacidad, para los síntomas que asociamos a la artritis y a la angina, y para las características específicas que asociamos a todas las actividades y situaciones que se nos presentan en la vida. Como un mal hábito o, al contrario, como un buen hábito, los pensamientos recurrentes de arriba hacia abajo, conjuntamente con los correspondientes valores emocionales, involucran patrones de actividad celular utilizados previamente por el cerebro para instruir al cuerpo. Así es como nuestros pensamientos se convierten en profecías autocumplidas y nuestras creencias preparan el cuerpo para las excelentes oportunidades de la memoria del bienestar.

Todavía no podemos cambiar las predisposiciones ni los

instintos de la estructura dura simplemente con decisiones conductuales, por lo menos en el período de tiempo que nosotros o nuestros nietos, o incluso los nietos de ellos, serán capaces de percibir. Y mientras la ingeniería genética puede hacerlo posible, las implicaciones y la ética de alterar nuestra estructura original son otro asunto. Por ahora, logremos todo lo que podamos aprovechando las ventajas de la maravillosamente maleable estructura blanda.

Cuando cambiamos de parecer sobre algo, estamos haciendo mucho por nuestra salud. Claramente nuestro cuerpo y nuestra mente se componen tanto de predisposiciones genéticas como de adaptaciones inspiradas en la experiencia. La naturaleza y la crianza son inseparables e interdependientes, la predestinación y la libertad se mezclan naturalmente en nuestra vida. Dado que ambos elementos determinan nuestras improntas neurales — los cables del cerebro que nos permiten entender nuestro cuerpo y nuestra existencia —, los argumentos sobre el predominio y la superioridad del cuerpo o el alma son ridículos, discutibles.

Miembros fantasmas

Quizá no haya un ejemplo más fascinante de la interacción entre la estructura genética y la plasticidad del cerebro que la experiencia de los amputados. Un estudio sobre personas que han sufrido amputación de las manos demuestra que la parte del cerebro que registraba las sensaciones de la mano perdida desaparece. Y, sin embargo, el doctor Ronald Melzack, psicólogo de la Universidad McGill de Montreal, afirma en *Scientific American* que el 70% de los amputados afirma que tienen sensaciones en un "miembro fantasma" — quemaduras, calambres y dolores que atribuyen a la parte ausente. Estas personas también dicen que sienten presión, frío o calor, humedad, sudor, comezón, cosquillas o salpullido. La experiencia es tan real para los pacientes, según el doctor Melzack, que no sólo pueden describir vívidamente las sensaciones y su localización precisa sino que algunos intentan levantar una taza con la mano perdida, o saltar de la cama con un pie que ya no está ahí.

Una diversidad de funciones del sistema nervioso es responsable de este fenómeno que, a propósito, les ocurre también a niños que nacen sin brazos. Los miembros fantasmas y el dolor en ellos, de acuerdo con el doctor Melzack, disminuyen con el tiempo pero no desaparecen completamente, y a veces regresan muchos decenios después de que parecen haberse ido para siempre. Aunque el área del cerebro que registraba las sensaciones de ese miembro desaparece, es posible que otra célula nerviosa y circuitos del cerebro conserven el recuerdo del miembro. Muchos investigadores del cerebro creen que sentir los miembros es algo innato. En otras palabras, la imagen que tenemos de nuestro cuerpo, el hecho de que tengamos un cuerpo se debe a que el cerebro nos lo dice. O, como lo expresa el doctor Melzack, "no es necesario que tengamos un cuerpo para que sintamos uno".

Esta investigación propone una visión radicalmente diferente del mundo, un alejamiento de la idea, introducida por Descartes y adoptada sin reservas por la sociedad, de un cuerpo magníficamente mecánico y de una mente diminuta. El cerebro crea la experiencia del cuerpo no sólo interpretando estímulos internos y externos, sino también generando percepciones propias, independientemente del cuerpo y del entorno, e independientemente de lo que siempre hemos pensado que es "real". El doctor Damasio está de acuerdo con esto cuando escribe: "No sabemos, y es improbable que lleguemos a saberlo, cómo es la realidad absoluta". Explica que "todo lo que usted puede saber con certeza es que [las imágenes] son reales para usted, y que otros seres tienen imágenes similares".

De modo que nos conocemos porque el cerebro existe para decirnos quiénes somos, para transferir e interpretar las señales del mundo, las señales del cuerpo y las señales de nuestros pensamientos y nuestra imaginación. Y el cerebro considera que todos estos componentes son "reales" e importantes, y que las emociones y las imágenes no son menos vitales que el flujo sanguíneo o el sentido del tacto.

Dentro de nosotros hay un sistema de control en el que la estructura dura "sabe" lo suficiente como para dejar que la estructura blanda se adapte a las experiencias diarias a lo largo de la vida. Pero, al mismo tiempo, actuando como lo haría un padre con un hijo, la estructura dura ejerce influencia en la estructura maleable y establece pautas básicas que deben mantenerse para la supervivencia. Es extraordinario pensar que este diálogo rápido y simultáneo sucede dentro de nosotros, y que moldea y determina nuestro destino, fisiológicamente, como estamos acostumbrados a considerarlo, y completamente, como la investigación sobre el cerebro nos hace pensar.

Es posible movilizar nuestros pensamientos para cambiar la forma en que funciona el cerebro, para moldear las células nerviosas con experiencias y eventos que son satisfactorios emocionalmente y no amenazadores, y para aprovechar plenamente las ventajas del recientemente descubierto poder de las funciones cerebrales inducidas por el pensamiento, esto es, de arriba hacia abajo. Ésta es la memoria del bienestar, cuyo potencial parece ilimitado cuando nos damos cuenta de que podemos controlar la actividad cerebral, que podemos evaluar diagnósticos y conceptos médicos, y que podemos usar afirmaciones, visualizaciones y otros ejercicios para ampliar el foco de células nerviosas que disparan señales al corazón, los pulmones y los miembros.

¿Qué lo impide? Sólo una pesada dicotomía que separa la mente de la materia, un sistema aceptado que toda esta investigación acumulada superará con el tiempo. El sistema médico está en crisis, como veremos en el siguiente capítulo, y el mejor remedio puede estar en la promesa de la memoria del bienestar, y en los aún inexplotados recursos que nos presentan nuestro brillante cerebro y nuestra alma visceral.

V

LA CRISIS ESPIRITUAL DE LA MEDICINA

La velocidad del cambio en la medicina occidental es asombrosa. Hay, según cálculos recientes, más de 3 500 publicaciones periódicas médicas en el mundo, que semanal y mensualmente asedian a médicos e investigadores con nuevos descubrimientos, como la identificación del gene de la obesidad, la prueba de una mezcla de drogas que los investigadores esperan que un día impida el ataque del SIDA, teorías sobre cómo hombres y mujeres utilizan el cerebro de manera distinta, y avances hacia una mejor comprensión del cáncer de seno. Por otra parte, los médicos tienen que enfrentar cambios no científicos, como los trastornos en el financiamiento de la salud, recortes de personal y de recursos, y la reestructuración de los hospitales.

Desde que los aseguradores establecieron límites estrictos para las hospitalizaciones, los hospitales remiten los pacientes más saludables, y en condiciones médicas no tan precarias, a cirugía ambulatoria y a otras clínicas de servicio rápido. Los hospitales universitarios, como el Deaconess en Boston, donde trabajo, atienden más enfermos que requieren tratamiento mucho más intensivo o peligroso de los que atendían en el pasado. Y aunque la velocidad puede ser exagerada en la serie de televisión del doctor Michael Crichton *ER*, las exigencias para que el personal médico y el paramédico se mantengan al día acerca de avances y retrocesos, de proyecciones económicas y trámites, de "códigos azules" y precauciones con las agujas, o de límites de las aseguradoras, son colosales. Y temo que las cosas que llenan la vida de los pacientes — como los valores, los temores y las fuentes de alivio que vienen a la mente de inmediato cuando alguien se enferma — se desdeñen con frecuencia en medio de este remolino de cambio.

Mi búsqueda de algo duradero es, en parte, una reacción a este sistema médico y a su permanente agitación. Tanto a nivel macro y a nivel sistémico como a nivel personal, siento que se hace caso omiso de la influencia que los individuos y su mente, sus emociones y sus creencias pueden ejercer sobre su propia curación. Esto ha sido cierto durante mucho tiempo. Después de todo, pasé un mal rato en los años 60 persuadiendo a mis colegas de que el estrés podía ser un factor que contribuye a la presión arterial alta, como había demostrado en algunos de mis experimentos con monos. Y en 1968, cuando traje practicantes de meditación trascendental al laboratorio para estudiar la fisiología de la meditación, varios de mis mentores recomendaron que dejara a un lado cualquier exploración más profunda de la meditación trascendental. Dijeron que estaba echando por la borda una carrera promisoria.

He llegado a creer que este desprecio por el poder del paciente es síntoma de una gran crisis en la medicina occidental. Y para mitigarla, tuve que valorar los factores que contribuyen al malestar que tanto los pacientes como los profesionales de la salud están experimentando. Primero resumí los síntomas y los problemas, y después rastreé la historia de los efectos cuerpo/mente en la medicina. Usted verá cómo la medicina llegó a rechazar una facultad maravillosa de la fisiología humana que, estoy convencido, puede darles más salud tanto al sistema médico como a los pacientes mismos.

Una posición privilegiada

Sin embargo, desde el comienzo tengo que señalar que evaluamos y criticamos la comunidad médica desde una posición tremendamente privilegiada, porque la mayoría de los ciudadanos norteamericanos tienen acceso a un tratamiento muy superior al de la mayoría de los ciudadanos del mundo. Cualquiera que sea la crítica que hagamos del sistema de salud de los Estados Unidos en la actualidad, gozamos del sistema médico más avanzado y admirado en el mundo.

Doy testimonio de esto yo mismo porque hace tres años, en Halloween, tuve un accidente que casi me quita la vida. Acababa de cubrir con plástico las rejillas del aire acondicionado en el techo, para resguardar la casa de los vientos helados del largo invierno de Nueva Inglaterra. Me dirigía a la ducha cuando noté que una esquina del plástico no se había adherido a la rejilla en la cocina. Estúpidamente me subí en una silla con ruedecillas metálicas, y antes de que pudiera arreglar el plástico, la silla se deslizó y me arrojó hacia atrás como un misil. Al caer me golpeé la parte posterior de las costillas con el borde de una mesa. Cinco costillas se rompieron, un pulmón resultó perforado, y el lado derecho del pecho se llenó de sangre y de otros líquidos.

Al oír el golpe, mi esposa vino rápidamente y me encontró tirado en el piso en agonía, pues casi no podía respirar. Marcó el 911 [emergencia], los paramédicos llegaron prontamente y me llevaron a la Clínica Lahey, donde los cirujanos me introdujeron un tubo en el pecho para expandir el pulmón afectado y extraer los líquidos que se habían acumulado. Pude respirar otra vez, aunque todavía me esperaba una larga convalecencia a causa de las costillas rotas.

Haré una pequeña digresión para contar que cuando los paramédicos me bajaron por las escaleras de la casa, sentí la necesidad, como es mi inclinación, de restarle importancia a este terrible incidente. El dolor era tan agudo en ese momento que le dijè con voz áspera a mi preocupada esposa: "¡Esto es mucho peor que un parto!" La madre de mis dos hijos me miró con menos compasión y me dijo: "¿Y cómo podrías saberlo?" Con esto se acabaron mis esperanzas de tener la última palabra en estos dimes y diretes entre los sexos, y me limité entonces a dar quejidos ininteligibles a lo largo del camino de la casa al hospital.

Cuento esta historia por dos razones. La primera, porque habiendo hecho algo tan estúpido que me podría haber costado la vida, sentí la urgencia de escribir este libro y compartir lo que sé sobre la memoria del bienestar. La segunda, porque algunas personas pueden creer que fue este diálogo con mi esposa el que me ayudó a olvidar el miedo terrible que sentía en ese momento. Pero la verdad es que ninguna forma de memoria del bienestar podría haber revivido la función del pulmón y haberme salvado la vida. Necesitaba las herramientas de la medicina moderna para respirar adecuadamente. No había ningún sustituto.

Damos por sentado que los centros médicos rutinariamente arrebatan a la gente de las garras de la muerte, que los diagnósticos y las pruebas nos avisan con meses, o hasta con años de anticipación, que detengamos la invasión de una enfermedad, y que los antibióticos y las vacunas nos salvan de azotes que amenazaron a nuestros antepasados y que amenazan a la gente en muchos lugares del mundo hoy. Gracias a las maravillas de la medicina, la esperanza promedio de vida de los estadounidenses es mucho mayor que la de generaciones anteriores. En promedio, las mujeres blancas viven 79.6 años, las mujeres negras 73.8, los hombres blancos 72.9 y los hombres negros 64.6. No obstante, con todos estos años asegurados, esperamos que la medicina diga más sobre la calidad de la vida, y lamentamos que con tanta frecuencia ignore nuestra "alma".

Como un dios que ha demostrado ser menos divino, se ha comenzado a sospechar del poder de la medicina. Los fármacos y las tecnologías de los que esperábamos protección contra todos los hechos adversos de la vida han fracasado, por lo menos en los casos de muchas formas de cáncer, del SIDA y de otros males mucho más impenetrables. Cintas rojas y rosadas abundan en nuestras solapas, como recordatorio de que todavía no hemos conquistado todas las enfermedades, como la ciencia parecía asegurar.

Incluso el fantasma del éxito regresa y nos ronda. Las bacterias comunes han desarrollado resistencia a los antibióticos; han mutado en forma tal que eluden nuestras estrategias de ataque. Como afirmó recientemente el doctor Mitchell Cohen, de los centros para la prevención y el control de la enfermedad, ya existen bacterias resistentes a la droga en los hospitales, los ancianatos y, en cierta medida, entre el público en general, que están ocasionando infecciones en heridas quirúrgicas y en los tractos urinarios y respiratorios. Según el doctor Cohen, "este problema puede llegar a ser muy, pero muy serio... Ya tenemos algunas infecciones intratables, y algunas bacterias están sólo a un antibiótico de volverse intratables".

Retrocesos gigantescos

La medicina también es famosa por sus fracasos. Una vez los médicos estuvieron seguros de que una dieta baja en granos era el mejor tratamiento para una inflamación del colon conocida como diverticulitis, pero unos decenios después instaron a los pacientes a ingerir muchos alimentos de esta clase. Otra vez los médicos les aseguraron a las mujeres postmenopáusicas que la terapia de reemplazo hormonal no incrementaba la probabilidad de cáncer de seno, pero recientemente anunciaron un hallazgo completamente opuesto. Los editores del *New England Journal of Medicine*, la doctora Marcia Angell y el doctor Jerome Kassirer, han reconocido el problema y se preguntan: "¿En qué debe creer el público?"

Las personas conscientes de los problemas de la salud, dicen los editores, "se encuentran cada vez más rodeados de opiniones contradictorias. No acaban de conocer los resultados de un estudio cuando se enteran de otro con el mensaje opuesto". Por una parte, la doctora Angell y el doctor Kassirer culpan a la prensa y al público de crear "expectativas poco realistas" respecto de la ciencia médica; por otra, los epidemiólogos entrevistados en la revista *Science*, el 14 de julio de 1995, indican que los estudios epidemiológicos tienen desventajas inherentes. El encabezamiento del artículo y el subtítulo describen el problema: "La epidemiología enfrenta sus límites: La búsqueda de los vínculos sutiles entre la dieta, el estilo de vida, o los factores ambientales, y la enfermedad es una fuente interminable de miedo, pero a menudo ofrece pocas certezas".

En la medida en que la ciencia adquiere nuevos conocimientos, esperamos cambios en la prevención, el diagnóstico y el tratamiento. Sin embargo, últimamente hemos visto cambios de 180 grados. Esto, combinado con el hecho de que la medicina se practica de manera muy distinta incluso en los diferentes países del mundo occidental — por ejemplo, los médicos de los Estados Unidos recomiendan más histerectomías y puentes cardíacos que sus colegas europeos —, nos lleva a una conclusión perturbadora: la medicina es menos científica de lo que creíamos. Un artículo del *New York Times* del 25 de junio de 1995 llegó a afirmar que el supuesto social de que las modas médicas se apoyaban en evidencias irrefutables "es tan desacertado que la expresión 'ciencia médica' es prácticamente una contradicción de términos". Un investigador, el doctor David Eddy, del Jackson Hole Group, estima que no más del 15% de los tratamientos médicos están fundamentados en "evidencia científica confiable".

De hecho, la evidencia está muy influenciada por la cultura y la experiencia, e igualmente, por la emociones. Parte de la razón por la cual los experimentos se contradicen unos a otros es porque no podemos controlar todas las diferentes creencias y expectativas que los individuos traen consigo a los experimentos. Y, como ya lo indiqué, si la medicina buscara y controlara factores comunes y no universales — esto es, si aceptara que diferentes grupos de diferentes mentalidades producen resultados distintos, como ocurre entre dos personas diferentes — la ciencia podría lograr resultados más consistentes.

Error humano

Como todas las empresas humanas, la medicina también es susceptible de errores. El aforismo médico "Ante todo, no hagas daño" se ha deteriorado por el hecho de que 180 000 personas hospitalizadas mueren cada año en Estados Unidos a causa de errores del personal de los hospitales, de acuerdo con el cirujano Lucian L. Leape, de la Escuela de Salud Pública de Harvard, en el número de diciembre de 1994 del *Journal of the American Medical Association (JAMA)*. Esto equivale a tres choques de jets cada dos días. El público está horrorizado con historias de amputaciones de las piernas equivocadas o de dosis equivocadas de un medicamento, errores trágicos en los cuales están involucrados equipos enteros de trabajadores de la salud. Y el estudio de seis meses del doctor Leape sobre la prescripción y administración de drogas en los hospitales de Boston, publicado en *JAMA* en julio de 1995, reveló 334 errores (uno por cada quince pacientes). El 39% de esos errores fueron cometidos por médicos al formular drogas, el 38% por las enfermeras al administrarlas, y el resto por secretarias al transcribir las órdenes, o por farmacéuticos al prepararlas. Si bien la mayoría de los errores fueron identificados o no causaron ningún daño, la evidencia le exige a la medicina un mejor control de calidad.

Pero todavía más inquietante es el hecho de que la profesión médica mantenga una "actitud de avestruz" sobre estos errores, como dice el doctor David Blumenthal, profesor asociado de la Escuela de Medicina de Harvard. "Los errores siempre se tratan como si fueran poco comunes o atípicos, como si no requirieran un remedio diferente de los informes tradicionales de incidentes y conferencias sobre mortalidad y morbilidad", escribe el doctor Blumenthal en el número mencionado de *JAMA*.

La actitud de avestruz no es nueva. Como lo anota recientemente el especialista médico del *New York Times*, doctor Lawrence Altman, en respuesta a una andanada de errores médicos ampliamente publicados, "hace casi un siglo en Boston, el doctor Ernest A. Codman propuso medir la eficacia del cuidado médico enviando postales a los pacientes después de un año de haber sido dados de alta en el Massachusetts General Hospital. Sin embargo, sus colegas vieron la propuesta como una amenaza, y el doctor Codman, un hombre acomodado, tuvo que montar su propia clínica".

Las conferencias sobre morbilidad y mortalidad y las autopsias les han servido durante mucho tiempo a los médicos como calibradores primarios de control de calidad. En estos escenarios, los médicos les explican a otros médicos cómo fracasó el tratamiento, revisando informes de patología y, en caso de muerte, los resultados de las autopsias, para aprender de los errores y mejorar el tratamiento. Simultánea pero aisladamente, los administradores han encuestado a los pacientes sobre la limpieza de las habitaciones, la comida, la agilidad en la admisión y la salida, y la actitud del personal. Pese al hecho de que la evidencia ha demostrado que los pacientes satisfechos se curan más rápido, sufren menos complicaciones y salen más pronto, las tasas de enfermedad y muerte de esos pacientes rara vez han sido comparadas en escenarios hospitalarios.

Otras industrias de servicios han comprendido desde hace mucho tiempo que las relaciones con los clientes son tan importantes como los productos de primera calidad. Pero la medicina ha creído siempre que los problemas que soluciona — heridas o enfermedades — reemplazan a cualquier otra preocupación. Si usted se encuentra sangrando profusamente después de un accidente, se preocupará más por la rapidez y la habilidad del personal de urgencias que por el ambiente y la calidez. Los pacientes con cáncer quieren compasión, pero están dispuestos a aceptar una respuesta malhumorada o brusca si viene del mejor especialista en el campo.

Pacientes y médicos desencantados

La gran mayoría de los pacientes — los que buscan atención médica rutinariamente — parecen querer mejores relaciones con sus médicos. Y no es de extrañar que los médicos busquen lo mismo, especialmente el tiempo suficiente para desarrollar confianza con el paciente. Tres cuartas partes de los médicos dicen que la presión del trabajo les impide dedicarles tiempo suficiente a sus pacientes. Imagínese usted lo que es pasar ocho a trece años en entrenamiento médico, pagando grandes sumas de dinero en crédito educativo, sólo para terminar limitado en lo que usted más quiere hacer: cuidar bien de sus pacientes. Considere que la relación que los médicos quieren cultivar con sus pacientes suele ser vigilada por un tercero — una organización de conservación de la salud, una compañía de seguros o cualquier otro financiador — que impone límites al tiempo que los médicos tienen para escuchar, y que exige que el tema de la consulta tenga categoría y código de facturación apropiados.

Tan dolorosos y difíciles económicamente como han sido los tiempos para los hospitales, algunas cosas buenas han salido de la feroz competencia económica. Las instalaciones de los servicios de salud han sido obligadas a cuestionar y refinar sus métodos en formas que no tienen precedentes. Los departamentos médicos, y no solamente los de relaciones públicas o atención al cliente, han comenzado recientemente a buscar la satisfacción del paciente con más seriedad. Un artículo del *New York Times,* publicado el 24 de julio de 1995, revela que los hospitales están adoptando conductas frecuentemente asociadas a los hoteles. Algunos hospitales de Nueva York han ido tan lejos que hasta envían una canasta de frutas y champaña a los nuevos padres, y ofrecen té y música de piano en vivo en sus salas de admisión.

"Algunas veces nos perdemos en las trincheras y olvidamos cómo aparecemos y nos vemos frente al mundo exterior", dice Lorraine Tredge, la directora ejecutiva del North Central Bronx Hospital, que está tratando de mejorar sus servicios al cliente. "Ni siquiera sabemos cómo contestar los teléfonos. Somos demasiado bruscos. En lugar de contestar «North Central Bronx», debiéramos decir «North Central Bronx, ¿en qué podemos ayudarle?» Es un cambio pequeño que puede representar una gran diferencia en la percepción que tienen de nosotros".

Al mismo tiempo, los crecientes costos de la atención de la salud les imponen decisiones imposibles a la profesión médica y a la nación; por ejemplo: "¿Cómo negarle tratamientos costosos a una nación que siente que tiene derecho a ellos?" y "¿Cómo recortamos servicios que sabemos que contribuyen a la mejor calidad de la atención?" En términos humanos, estas preguntas son devastadoramente difíciles. ¿Una anciana necesita realmente un implante de cadera? ¿Merece un alcohólico un trasplante de hígado? ¿Debemos ahorrar dinero enviando a las madres a casa más rápido después del parto, aunque eso implique mayor tensión, menos tiempo para aprender sobre el recién nacido, y un riesgo mayor de muerte del bebé por deshidratación o ictericia no reconocidas o no tratadas? En general, ¿puede un sistema de salud permitir que sus pacientes pasen menos tiempo desarrollando buenas relaciones con las personas que los atienden?

Una crisis espiritual

El autor John Updike observó una vez que América no es una víctima de sus límites, sino de sus sueños: "Nunca hay suficiente. Ésa es una de las palabras que los americanos aprenden con dificultad: la palabra suficiente". Esto está en el centro del dilema de la medicina, en el que tanto el paciente como el profesional vacilan entre la negación amarga y el esplendor de los años 90 — el reconocimiento doloroso de los precios exorbitantes, de las flaquezas humanas y de los límites de nuestros sueños.

Se trata de una crisis espiritual. El dios de la ciencia, que una vez creímos que tenía el poder de borrar la enfermedad y aplazar la muerte, ya no es adecuado. La medicina científica puede haber transformado y reconfigurado la esperanza de nuestros antepasados — sorprendidos como estaban de que la inteligencia humana y los métodos científicos pudieran arrebatarle a Dios lo que antes era una decisión divina: quién debe vivir y quién debe morir —, pero los descubrimientos que una vez inspiraron reverencia ahora se dan por sentados en nuestra sociedad. Y tal vez lo más frustrante de todo sea que la medicina ha reducido su definición de "de qué estamos hechos" a células y huesos, y no tiene en cuenta la amplia gama de emociones e ideas, pasiones y valores que sentimos en nuestros huesos y que son, en alguna medida, controlados orgánicamente.

Una historia

No fue siempre así. De hecho, a lo largo de la historia la medicina tuvo que recurrir al espíritu humano y a otras fuentes misteriosas de milagros. Enfrentémoslo: al comienzo estaba el placebo, y para la medicina primitiva lo único que había era el placebo. La medicina antigua y toda la gama de personajes asociados a ella en las antiguas culturas — sacerdotes, curanderos, brujos y brujas, chamanes, parteras, yerbateros, médicos y cirujanos — confiaban exclusivamente en pociones y procedimientos no probados científicamente, la gran mayoría de ellos sin valor físico en sí, y algunos más dañinos que beneficiosos. El hecho de que algunos pacientes mejoraran tenía que ver más con el curso natural de su enfermedad y con el poder de las creencias, que con el poder intrínseco del medicamento.

El experto en el efecto placebo, doctor Arthur K. Shapiro, de la Escuela de Medicina de Mount Sinai, notó que antes del advenimiento de la medicina científica en el siglo XX, los pacientes toleraban "purgas, vómitos, envenenamiento, cortaduras, ventosas, ampollas, sangrías, congelación, calentamiento, sudores, sanguijuelas y choques", y aceptaban consumir "sangre de lagartija, estiércol de cocodrilo, dientes de cerdo, carne podrida, esperma de sapo, polvo de roca, sudor humano, gusanos, arañas, pieles y plumas". Casi todas las secreciones humanas y animales fueron consumidas o aplicadas en tratamientos médicos, como el musgo raspado del cráneo de un ahorcado. Todas esas generaciones de personas que temblaban antes de tragarse un remedio son quizá la fuente de una expresión que usamos hoy: "Si sabe tan mal, tiene que ser bueno".

La gente se sometía a tratamientos que hoy llamaríamos estrafalarios; por ejemplo, se aplicaban tatuajes sobre las áreas dolorosas. Los restos del llamado Hombre de las Nieves descubiertos en los Alpes tiroleses en 1991, y que datan de 5 000 años atrás, tenían marcas de tatuaje en la pantorrilla y en la parte inferior de las piernas donde, como lo revelaron los rayos X, había sufrido artritis ósea. De acuerdo con el doctor Torstein Sjovoid de la Universidad de Estocolmo, estos tatuajes se hacían de hollín y se labraban en la piel.

Hasta tiempos recientes, la medicina y la superstición estaban estrechamente vinculadas. Había un aura de misterio en torno a lo que eran, básicamente, tratamientos placebo. Como fue documentado por el profesor Wayland D. Hand, de la Universidad de California, en su obra *Magical Medicine*, los rituales de "paso" eran comunes en la medicina primitiva. Para ayudarles a los pacientes a "salir al otro lado de la enfermedad", los sanadores pasaban a los infantes por aberturas en árboles, o jalaban a la gente a través de huecos en rocas o de túneles en la tierra. Las intersecciones de los caminos eran vistas como puntos importantes para curarse, y los pacientes eran obligados a frotarse el cuerpo con sal, tirar cascajo, o a dejar una uña en un cruce de caminos para depositar la enfermedad. Para curar la malaria, el paciente tenía que caminar tres veces alrededor de una vasija que contenía un sapo; para algunos males de los ojos se le administraba al paciente orina de una "esposa fiel". A un paciente artrítico se le indicaba que encontrara una fibra hilada por una niña de menos de siete años. La medianoche siempre tuvo un poder especial, y se animaba a la gente a traer agua y arrancar hierbas medicinales de la tierra a esa hora.

Como estas supersticiones y leyendas eran aceptadas y pregonadas por los curanderos, ellos promovían la memoria del bienestar. Y hasta hace casi cien años, la memoria del bienestar era el tratamiento que se escogía. Algunos de los remedios herbarios antiguos, quizá el 25 o el 50 por ciento, contenían agentes activos que podrían haber contribuido a la mejoría, sostiene el historiador médico doctor Erwin H. Ackerknecht. No obstante, como esas hierbas se formulaban ampliamente y al azar, para muchas y distintas enfermedades y males, es poco probable que los agentes activos se utilizaran de la manera adecuada para que tuviera lugar la curación. Además, los ingredientes activos se perdían por la mala preparación, la falta de refrigeración y la combinación con ingredientes tóxicos.

La acupuntura, citada frecuentemente como un tratamiento antiguo con reconocimiento moderno, puede haber hecho más daño que bien a lo largo de su historia. Practicada en la China durante más de 2 500 años, es verdad que la medicina occidental ha demostrado su eficacia en el alivio de algunos dolores y del síndrome de abstinencia en casos de drogadicción — resultados éstos que pueden ser atribuidos a la memoria del bienestar. Pero como la acupuntura se practicó con agujas no estériles durante más de 2 500 años, es también indudable su contribución a las epidemias de hepatitis en la China.

La medicina iguala el efecto placebo

En buena medida la historia de la medicina es la historia del efecto placebo. Ya bien entrado el siglo XX, pese a la influencia que la ciencia había comenzado a ejercer en otros dominios del mundo en ese momento, la medicina ofrecía todavía más cuidados que curaciones, más atención que tecnología. Irónicamente, la reputación de la que han gozado los médicos a lo largo de la historia — privilegiados y apreciados en todas las culturas y épocas — se cimentó y afirmó en el éxito de la memoria del bienestar y en los tres modos de curación inspirada en la creencia: la creencia del individuo en el tratamiento, la creencia del profesional de la salud, o sus creencias en común.

Reconociendo esta tendencia a Galeno, el médico griego nacido alrededor del año 130 después de Cristo, se le atribuye haber dicho: "Él cura más a los que creen más". En la medicina antigua y en las culturas que se oponen a la influencia de la medicina científica occidental y que mantienen sus tradiciones, la relación entre el médico y el paciente es de naturaleza mística y sagrada. El médico africano usa prendas especiales, ofrece encantamientos y observa ciertos rituales, todo lo cual le da a la administración de la medicina un aura y una importancia especiales, superior a la de las píldoras y los procedimientos, pues parece estar conectada de manera más sustancial al mundo que la rodea. Josiah Gregg, un comerciante de Santa Fe, se encontró con indios comanches en los años 40 del siglo XIX, y tomó nota de la fe intensa que tenían en los médicos tradicionales de la tribu. Observó que la imaginación del paciente era invocada durante rituales que parecían agilizar la recuperación. Con verificación científica o sin ella, la tradición india, en la cual los cantos repetitivos se utilizaban para expulsar a los demonios de la enfermedad, parecía funcionar en favor del paciente.

Tradicionalmente, la gente Shona de Rodesia ha buscado la ayuda de un curandero conocido como *nganga.* La estimación mutua, el afecto y la solidaridad entre paciente y curandero, como lo informa el doctor Michael Gelfand, que practicó medicina en África durante muchos años, separa su tradición de la gestión estéril y apresurada de la medicina que tenemos en el Occidente.

Séneca, el filósofo latino que vivió del año 4 antes de Cristo al año 65 de nuestra era, valoró el papel de la esperanza cuando dijo: "Parte de la curación es querer curarse". Al fin y al cabo, a lo largo de la historia los individuos han sido responsables de su salud, y la gente ha tratado de vivir una buena vida para mantener el equilibrio de los humores — bilis negra y amarilla, sangre y flema — que aseguraba la salud del cuerpo y de la mente. Factores externos como el clima o el ambiente podían alterar ese equilibrio, pero las personas creían que ellos podían restaurarlo. Si no lo hacían y sobrevenía la enfermedad, entonces los médicos eran los llamados a hacer que los humores recobraran sus proporciones.

La enfermedad como juicio divino

En su libro académico *The limits of Medicine*, el historiador Edward S. Golub escribe que durante un período muy prolongado de la historia humana, se creyó que las enfermedades y las infecciones se presentaban cuando la persona caía en desgracia con Dios o con los dioses. Este sentimiento sobrevive en la actualidad en forma diferente. La sociedad moderna fomenta otra visión de la relación causa-efecto en el caso de las enfermedades: que los males son el resultado de un virus, una bacteria, un veneno, de la mala vida, demasiado alcohol, cigarrillo, alimentos equivocados, poco ejercicio o demasiado, o de no saber cómo manejar el estrés. Consciente o inconscientemente, muchas personas ven como una falla del carácter que alguien sucumba a la enfermedad o a la muerte. Y de manera similar, los médicos ven la enfermedad o la muerte como "fracasos profesionales". Posteriormente en este libro hablaremos de los accesos de culpa que acompañan este tipo de pensamiento. Pero por ahora, es suficiente decir que como antiguamente se suponía que la enfermedad era el resultado de algún designio divino, se consideraba que los médicos y los hospitales eran impotentes para interferir si la muerte era el mandato de Dios.

El autodiagnóstico y la autoformulación eran la norma. En Europa, hasta mediados de siglo XIX la aristocracia era la única clase con acceso a los médicos. Tanto los ricos como los pobres recurrían a elixires y ungüentos, fáciles de obtener de vendedores callejeros y tenderos. Pero ni la emergente profesión médica, ni la dama del vecindario con una gran cantidad de remedios caseros acumulados, tenían poder sobre la ruina y la muerte que había por toda Europa. Hasta el siglo XX, la cuarta parte de los niños morían antes de cumplir el primer año, y la esperanza promedio de vida era de treinta años. Las clases trabajadoras vivían en la miseria, sin baños, desagües o sistemas de alcantarillado, sin maneras de disponer de desechos humanos y animales, carnes o vegetales podridos, e incluso de cadáveres. En 1840, la aristocracia inglesa, cuyas casas tenían los mejores servicios sanitarios comparativamente, vivían en promedio hasta la avanzada edad de cuarenta y tres años, y los trabajadores morían a los veintitrés.

Higiene y ciencia

Con el movimiento hacia la higiene vino la consciencia en Occidente de que la enfermedad podía rastrearse hasta una fuente particular. La gente dejó de atribuir las enfermedades a humores cambiantes y a la voluntad de Dios, y comenzó a darse cuenta de que el agua contaminada y los alimentos podridos eran realmente el problema. En Europa, a comienzos del siglo XIX la construcción de acueductos y alcantarillados, la pavimentación de las calles, las normas sobre inhumación y disposición de desechos y la extensión de servicios de salud a los más pobres, trajeron consigo logros espectaculares sobre epidemias como el cólera y la fiebre tifoidea. En 1853, cinco años después de que se pusieran en marcha modestos cambios en 284 pueblos ingleses, la tasa de mortalidad entre las clases trabajadoras se redujo a más de la mitad, al caer de 30 por 1 000 a 13.

Cambios más radicales estaban por venir. La ciencia y la tecnología estaban entrando en todos los dominios de la vida, los motores de vapor movían el transporte y la industria, y la electricidad le proporcionaba a la civilización el telégrafo y las bombillas eléctricas. Verdaderamente, el mundo empezaba a tener más sentido, en la medida en que fuerzas antes misteriosas y todopoderosas eran domadas y manejadas. La vida de las ciudades era mucho más organizada y estratégicamente planeada de lo que habían necesitado las comunidades rurales. Con la Ilustración, nos enseña el doctor Golub, la gente adquirió el poder de "hacer", más que de pensar, de conquistar el entorno, más que de rezar para salvarse de él. Embriagada por el creciente dominio sobre los elementos, la gente empezó, por primera vez, a esperar curación y no sólo atención.

Cuando aprendió que la Tierra giraba alrededor del Sol, y no al contrario, y que una fuerza llamada gravedad nos mantenía sujetos al mundo, la gente comenzó a asignarle nombres a una realidad antes nebulosa y a dar explicaciones sobre ella. En el proceso, las creencias religiosas y el significado de la vida que habían sostenido a la humanidad a través de guerras, hambrunas, plagas y tantos períodos inexplicables de la historia, comenzaron a perder brillo. No había fin para las preguntas que hombres y mujeres se hacían sobre el universo, y aparentemente tampoco había fin para las respuestas en ese tiempo. De modo que, aunque las creencias y la memoria del bienestar eran incontenibles, se volvieron cada vez menos aplicables, y sus efectos en la condición humana comenzaron a verse como imposibles de medir y, por tanto, insignificantes.

Los grandes descubrimientos

Durante miles de años, la medicina descansó en la memoria del bienestar y produjo éxitos fortuitos. Pero parece que de la noche a la mañana, comenzando con los doctores Louis Pasteur y Robert Koch, el velocímetro saltó de 0 a 100 millas por hora, y el pedal se atascó. En 1854, el químico francés Louis Pasteur descubrió que la levadura era la responsable de que el azúcar destilado de la remolacha se fermentara y se convirtiera en vinagre. Pasteur lanzó la teoría moderna de los gérmenes, la comprensión de los organismos microscópicos que viven e interactúan en nosotros. Y en 1874, el médico rural alemán Robert Koch identificó la bacteria que causaba el ántrax en las ovejas. Más tarde, descubrió que tanto la tuberculosis como el cólera eran causados por bacterias específicas. Habiendo determinado qué bacterias causaban cuáles enfermedades, la meta de cada científico era especificar los problemas y desarrollar medicamentos para contrarrestar las bacterias, una visión de las causas y del tratamiento de enfermedades más precisa que la que prevalecía antes.

Por primera vez en la historia, el papel de las creencias en la activación de la memoria del bienestar pareció no importar. Si alguien se cortaba con una aguja oxidada, según el descubrimiento que hicieron en 1890 los doctores Emil Behring y Shibasaburo Kitasato, se le administraba una pequeña dosis de toxina de la bacteria del tétano para prevenir el tétano o la parálisis del maxilar. No importaba si esa persona creía en el tratamiento, no importaba que el médico que le administraba la droga se riera escandalosamente de la perspectiva del tratamiento, no importaba que la relación médico-paciente fuera hostil o despectiva, ¡el tratamiento funcionaba!

La medicina moderna llegó a esperar que cualquier curación pudiera lograrse con medicamentos específicos. No se necesitaba ya de dioses o espíritus porque la humanidad, por sí misma, con el descubrimiento de las vitaminas, estaba erradicando el azote del escorbuto, el beriberi, la pelagra y el raquitismo. Los diabéticos jóvenes — muchos de los cuales no vivían lo suficiente como para convertirse en adultos — pudieron, gracias al descubrimiento de la insulina por Sir Frederick G. Banting y los doctores Charles H. Best y John J.R. Macleod en Toronto en 1922, mantenerse vivos y en buenas condiciones con una inyección diaria.

En 1929, Sir Alexander Fleming se fue de vacaciones de su trabajo en el Hospital Saint Mary de Londres, y al regresar encontró que las bandejas que había dejado en el laboratorio estaban cubiertas de bacterias, pero que en las partes en que el pan tenía moho no había bacterias. De esta observación Fleming dedujo que el moho del pan producía penicilina.

Por esos días, la mitad de los adultos mayores de cincuenta años contraían neumonía y morían. El doctor Maxwell Finland, uno de mis profesores en Harvard, trabajaba en el Boston City Hospital a fines de los años 30, cuando el resultado del ingenio del doctor Fleming se introdujo en los pabellones médicos. El doctor Finland trataba de comunicarnos — tan inimaginable para mí y para mis condiscípulos era el mundo sin antibióticos — la metamorfosis que sufrió su pensamiento cuando pacientes suyos que él estaba seguro de que morirían durante la noche, estaban levantados al día siguiente, comiendo y charlando, después de una sola dosis de penicilina. Tan rara y costosa era la penicilina en ese tiempo que el personal recogía orina de los pacientes, la hervía y se la daba a otros pacientes para que ellos también se curaran.

Desde la antigüedad la salud había sido algo misterioso, y la enfermedad, algo ocasionado por un cambio extraño de fuerzas internas. Los curanderos se humillaban frente al destino y dejaban la recuperación en manos de Dios y de la persona. Pero en el siglo XX la medicina científica producía milagros, como en una línea de producción. Tal como lo prometía la Biblia, los ciegos pudieron ver, pero no sólo como resultado de la fe sino de una operación de cataratas.

Eliminando una amenaza constante

Cuando la ciencia y la higiene comenzaron a impedir la enfermedad y la muerte, las experiencias cotidianas de la gente se transformaron, e igualmente su visión del mundo. El doctor Golub cuenta que aun en la época de sus bisabuelos la muerte estaba tan asociada a la juventud que si una persona vivía hasta vieja perdía muchos de sus contemporáneos en el camino. Nos recuerda que durante muchos, muchos años, el nacimiento y el matrimonio eran hechos de la vida mucho menos notables que "la presencia constante de la muerte". Con los cementerios en el centro del pueblo, la muerte era la realidad central de la vida.

De todos los cambios que la ciencia introdujo a comienzos del siglo XX — bombillas eléctricas, transporte, fotografía, globos, telégrafos, fonógrafos, películas y rayos X — el doctor Golub dice que el más importante en la mente del público era que "la ciencia eliminaba la presencia constante de la muerte". Liberaba a la gente de la implacable embestida de imágenes, olores y sonidos de muerte y sufrimiento. Como resultado, dice, el público comenzó a idolatrar a los científicos, a respetarlos como si fueran trabajadores milagrosos. "Los hijos de ellos podían salvarse de morir de difteria; se conocieron las causas de la tuberculosis, el cólera, el tifo y la sífilis, la cirugía era más segura y la presencia constante de la muerte comenzaba a convertirse sólo en un recuerdo de los viejos".

No obstante, bien entrado el siglo XX la medicina mantuvo

algunas de las opiniones que habían predominado en la ciencia durante la época de "la muerte constante". El historiador Charles Rosenberg describe el modelo médico predominante a fines del siglo XIX y comienzos del XX como "integral, antirreduccionista, capaz de incorporar todos los aspectos de la vida del hombre en la explicación de su condición física". La enfermedad se trataba todavía como si fuera el resultado de un desequilibrio natural, como la interacción de factores biológicos, de comportamiento, morales, psicológicos y espirituales.

Los médicos solían formular regímenes multifacéticos que incluían medicamentos, dietas especiales, modificaciones en el comportamiento y cambios de localización — regímenes que se suponía reflejaban un conocimiento íntimo de la idiosincrasia personal del paciente y de la idiosincrasia de la familia. El doctor Rosenberg escribió: "Ningún médico de mediados del siglo XIX dudaba de la eficacia de los placebos (tan poco como dudaba de que la eficacia de una droga podía depender de su propia actitud hacia ella)". Y el doctor Richard C. Cabot, del Massachusetts General Hospital, escribió sobre su formación decimonónica en la Escuela de Medicina de Harvard: "Fui educado, como supongo que todo médico lo es, para utilizar lo que se conoce como placebos, es decir, píldoras de pan, inyecciones subcutáneas de unas pocas gotas de agua (que el paciente cree que es morfina), y otros medios para actuar sobre los síntomas de los pacientes a través de su mente".

El surgimiento de la tecnología

No obstante, la memoria del bienestar gradualmente fue cayendo en desgracia. Como mi colega el doctor Samuel S. Myers y yo escribimos en 1992, la enfermedad era cada vez más definida — en la medicina y en el mundo — no como un desequilibrio natural sino como una desviación de la norma, caracterizada por un número creciente de parámetros fisiológicos específicos y medibles. El reduccionismo convirtió en héroes de laboratorio a Koch y a Pasteur, y al cuerpo en una suma de partes cada vez más pequeñas y complicadas. La ciencia médica se dedicó a aplicar verdades universales para tratar a los individuos, en lugar de concentrarse en las particularidades de las personas. Y para muchas enfermedades para las cuales pudo identificarse una causa específica, este enfoque resultó maravillosamente satisfactorio.

Las condenas oficiales al uso de la memoria del bienestar llegaron rápidamente. En 1910 se publicó el Informe Flexner. La medicina alopática, antepasada de la medicina occidental actual, adoptó este informe, que establecía que únicamente las escuelas que enseñaran medicina científica podían formar médicos. La medicina alopática, como las formas más antiguas de medicina — homeopatía, osteopatía, hidroterapia, naturopatía —, había dependido totalmente de la memoria del bienestar; pero al adherir a la medicina de base científica, se diferenció de sus competidoras y rechazó la noción de que la mente puede influir en el cuerpo, proclamando en lugar de ello el concepto de que la enfermedad puede ser rastreada hasta fuentes específicas. Y en los años 30, las reacciones mente/cuerpo y la memoria del bienestar habían alcanzado tan baja reputación que el *Index Medicus*, la lista de todos los artículos publicados en revistas médicas, no contenía ninguna referencia al efecto del estado mental en la fisiología.

El único papel legítimo del placebo en medicina le fue asignado en los años 50, cuando se convirtió en una referencia para medir la eficacia de nuevas drogas y técnicas. En otras palabras, si una nueva droga o un nuevo procedimiento no era mejor que un placebo, el nuevo tratamiento se consideraba un fracaso. No importaba que los placebos fueran eficaces en un 30 a 90 por ciento; la atención se desviaba hacia la próxima terapia, más fuerte y agresiva, antes que a los ímpetus curativos de la mente. El efecto placebo se convirtió, esencialmente, en el peyorativo "Todo está en su cabeza".

A pesar de Vietnam y de Watergate, y de todos los cuestionamientos que la gente comenzó a hacerle al "establecimiento" en los años 60 y 70, la medicina y su énfasis en los remedios específicos permaneció en gran parte inexpugnable. Bien fuera que estuviera dominando la enfermedad o enviando al hombre a la Luna, la ciencia inspiró a la nación en tiempos turbulentos, y el progreso continuó siendo una fuente de orgullo. Pero uno sólo necesita comparar a aquel gigante de la atención personal, el doctor Marcus Welby de la televisión, con el delirio y la locura de *St. Elsewere*, o con los médicos maníacos del *ER*, para conjeturar que así como creció la fe en la medicina, disminuyó la fe en la capacidad de los médicos para cuidar de los pacientes.

Y, siguiendo al personal médico, *ER* perpetúa una mentalidad que es común entre médicos y enfermeras: que los triunfos y los fracasos son personales y profesionales antes que sucesos inevitables y naturales en una vida en la cual la gente a veces se enferma y se recupera, y a veces se enferma y muere.

La visión moderna

De acuerdo con la visión moderna, la naturaleza puede ser superada; y si usted ha visto en qué forma mueren muchos pacientes en los hospitales hoy, sabrá que hay muy poco de natural en ello. Al contrario, esperamos todo de la medicina — los milagros y las "salvaciones" imposibles, los tratamientos rápidos que nos proporciona la tecnología, la especialización y su acompañante, los altos costos.

En una sociedad orientada a ganar, a actuar y a resolver problemas, la medicina ha adoptado una actitud agresiva y "heroica", en la creencia de que, como dijo el escritor Luigi Barzini, "el propósito principal de la vida del hombre es resolver problemas". Es tanta la obsesión por la acción médica que la medicina ha adoptado términos militares para describir sus actividades — los médicos "ordenan" y "están de guardia" —, como lo anota Susan Sontag en su libro *Illness as Metaphor;* y el primer impulso de los médicos cuando los consultamos es formularnos algo. Además, la mayoría de la gente tiene dificultades en creer que el descanso, el reposo y la tolerancia respecto al tiempo puedan ser curativos; y en lugar de eso prefiere matricularse en todo tipo de clases de aeróbicos y gimnasios, todo acentuado por una dieta vegetariana baja en calorías. Pese al hecho de que el cuerpo es el más grande solucionador de problemas que existe, que en forma silenciosa y permanente sostiene la vida y supera miles de millones de obstáculos sin que reciba órdenes conscientes para hacerlo, no confiamos en él. Más bien buscamos los consultorios médicos, de donde esperamos salir con una fórmula en la mano.

Sin embargo, al mismo tiempo números récord de personas están gastando cantidades récord de dinero en medicinas no convencionales — como las de los quiroprácticos, los acupunturistas, los homeópatas y otros —, en las cuales confían porque sienten que se preocupan más por ellos como personas que como una suma de partes. Aunque algunos estudios muestran que los pacientes están contentos, el sistema médico actual, la atención organizada, con sus listas de proveedores y número de pacientes que un médico debe examinar por día, hace que cada vez sea más difícil preservar la relación entre el médico y el paciente.

La resistencia de los médicos

Aunque los médicos modernos viven adaptándose a cambios en cada una de las otras esferas de la vida, han sido lentos para resucitar la memoria del bienestar, que es lo que los pacientes nos están diciendo que quieren de la medicina tradicional. Los médicos están poco dispuestos a admitir que el efecto placebo contribuye al éxito de los tratamientos que recomiendan o practican, de acuerdo con el doctor Charles K. Hofling, de la Escuela de Medicina de la Universidad de Cincinnati, y con el doctor Shapiro, a cuyas extensas exploraciones del efecto placebo nos hemos referido antes. En sus estudios, los médicos dicen que aunque sus colegas estaban tres veces más dispuestos que antes a emplear el efecto placebo, los especialistas habitualmente excluían los tratamientos especializados cuando enumeraban los poderes del efecto placebo en medicina; los internistas creían que sus prácticas médicas estaban libres de los efectos del placebo; los psicólogos excluyeron la psicología; los psiquiatras, la psicoterapia y el psicoanálisis; y los cirujanos excluyeron la cirugía. Sin embargo, por la evidencia recopilada aquí, sabemos que cada especialidad y tratamiento se beneficia de las creencias afirmativas y de la memoria del bienestar, y que cada tratamiento es igualmente vulnerable a las repercusiones negativas del efecto nocebo.

¿Por qué un médico no querría reivindicar la memoria del bienestar? ¿Por qué no querría el crédito de haber establecido una relación terapéutica con sus pacientes y haber inculcado confianza en sus tratamientos? En primer lugar, porque al hacerlo, tendría poco reconocimiento de las compañías de seguros. Al finalizar su consulta, y para conseguir el pago del servicio que prestó, el médico llena un formulario en el que indica el diagnóstico y las medidas que tomó. Como puede usted imaginarlo, el formulario proporciona un espacio muy pequeño para escribir "problemas estomacales causados por la tensión de pasar un examen", o "malestar general después de la muerte de un amigo"; tampoco tiene espacio el formulario para "la memoria del bienestar" o para "se cura con el tiempo". En segundo lugar, el miedo a ser acusado de mala práctica o temor de *no hacer algo* le exige que perpetúe la práctica estándar, aunque sea poco eficaz.

Pero en otros casos, los médicos simplemente no entienden el efecto placebo, y todavía consideran que se trata de una anomalía científica o de algo totalmente acientífico. Algunos subestiman la influencia que tienen sobre los pacientes, y no se dan cuenta de cuánto ayuda un diagnóstico honesto y optimista o cuán terapéutico puede ser un trato amistoso. En otros casos, los egos intervienen, impidiendo que los médicos admitan que no lo saben todo y que no pueden explicarlo todo.

Con demasiada frecuencia, me temo, se cultiva en los médicos una actitud de saberlo todo. No somos formados para apreciar los aspectos invisibles o intangibles de la curación, ni estamos bien preparados para enseñarles a los pacientes a cuidarse a sí mismos. Comenzando la escuela de medicina, y más tarde durante el entrenamiento hospitalario, los futuros médicos son interrogados frente a sus compañeros y colegas de más experiencia; cada aspirante a médico es azotado desde temprano y con frecuencia por la vergüenza de no ser capaz de producir una respuesta o de no responder correctamente. Por supuesto, los currículos y los programas de entrenamiento más progresistas han tratado de concentrarse más integralmente en estudios de casos de pacientes y no en memoria repetitiva de enfermedades y partes del cuerpo. Pero en gran medida, el camino para llegar a ser médico es un continuo interrogatorio. En una carrera para dar respuestas de manera rápida y serena, estos médicos llegan a anteponer el acto de hablar al de escuchar, la interrupción a la quietud, la velocidad a la paciencia, y la acción a la espera.

Pese a la resistencia de los médicos a adoptar la memoria del bienestar, estamos, sin duda, en un momento decisivo en la historia de la influencia de las creencias en el proceso de curación. Claramente, el público va adelante de la medicina cuando expresa el vacío — la falta de atención a las distintas personalidades, a las creencias y a las prioridades que tenemos como individuos, y el desconocimiento de la calidad espiritual de la vida, que a veces es más importante para la gente que la realidad física. La medicina debe atender pronto esta sed de sentido, esta demanda generalizada de que la salud se defina como algo más que resultados de exámenes y signos vitales.

Siguiendo este camino cíclíco de las creencias, como lo hemos visto a lo largo de la historia, la humanidad ha tardado 150 años en cerrar el círculo — abandonar y después rescatar las creencias que contribuyeron a la supervivencia de hombres y mujeres desde el comienzo. Todavía venerables, en este libro usamos la "razón" y la ciencia para definir la importancia de las creencias en la supervivencia humana. Los académicos y las tecnologías que le robaron al concepto de la memoria del bienestar su preponderancia, son los mismos que la están restableciendo. Los significados que le damos a la vida a menudo se sienten irreales, pero son más grandes que la vida, una realidad trascendente. Sin embargo, al mismo tiempo nuestras creencias han seguido moviéndose dentro de nosotros, intensificando y preservando la vida de una manera real.

VI

LA RESPUESTA DE LA RELAJACIÓN

Usted recordará que la razón por la cual decidí echarle una mirada de cerca a la memoria del bienestar en primer lugar fue porque se me pidió que la diferenciara de la calma del cuerpo que yo llamo la respuesta de la relajación. Aunque yo, en una forma verdaderamente reduccionista, fui capaz de establecer que la respuesta de la relajación podía funcionar independientemente de la memoria del bienestar, sin los ímpetus y las creencias que hay detrás de ella, aprendí que ambas pueden converger en formas muy influyentes y significativas. De hecho, estos mecanismos se complementan entre sí bastante bien.

En este capítulo le presentaré a usted la respuesta de la relajación y su relación con la creciente fascinación que me producen las acciones físicas que ejercen las creencias en la salud de la gente. (Usted hallará más detalles acerca de la respuesta de la relajación en mi libro del mismo nombre, *The Relaxation Response.)* Usted verá que aunque la ciencia puede separar fácilmente la respuesta de la relajación de las creencias, con el propósito de hacer estudios, evaluaciones y replicaciones, los pacientes aplican fácilmente sus creencias, valores y significados a las técnicas de concentración mental. Esto crea un dúo dinámico de curación.

A las seis de la mañana de un domingo, hace varios años, un vecino me pidió ayuda. Pablo era un conocido diseñador de vestidos para hombre, y su esposa María era el centro de una familia italiana muy unida. Habíamos sido vecinos durante quince años, pero nos conocíamos muy poco, y nuestras conversaciones se limitaban al "¿Cómo está?" cuando entrábamos o salíamos de casa, o cuando nos encontrábamos ocasionalmente en una fiesta.

Pero una crisis nos reunió esta vez. A María le había sido diagnosticado un cáncer renal meses antes, y el tratamiento no había tenido éxito. Había vuelto a casa para estar rodeada de recuerdos felices y del amor y la atención de su esposo y sus hijas durante el tiempo que le quedaba de vida. Pablo me llamó esa mañana porque María estaba gritando de dolor, y él había agotado todos los métodos que le habían dicho que podían ayudar.

Encontré a María en una cama de hospital en el comedor. La familia había quitado todos los muebles del comedor para que ella pudiera estar en el "centro" de la casa, no tuviera que subir escaleras y estuviera cerca de la cocina y del baño. Cuando le hablé, María estaba exhausta y llorosa, tan atormentada por el cáncer y el dolor abdominal que no podía dormir. Pablo me llevó a la cocina llena de frascos de pastillas, todas diseñadas para aliviar el dolor pero ninguna de ellas eficaz. Se volvió hacia mí y me dijo: "Por favor, ayúdenos".

Sabiendo que la familia era católica, le pedí a Pablo que trajera un crucifijo que había en la alcoba y que lo pusiera en el comedor, sobre la cama de María. Le expliqué que quizá podríamos disminuir su sufrimiento si le enseñábamos a provocar la respuesta de la relajación. Cuando le expliqué que necesitaría una palabra o una frase en la cual concentrarse y que ésta podía ser de naturaleza religiosa si eso la calmaba más, se decidió por el rosario. Acostada, respirando profundamente y tomando mi mano, María se concentró en la recitación silenciosa del rosario. Gradualmente los surcos de dolor en la boca y los ojos se suavizaron, y su respiración se volvió más regular. A los diez minutos estaba dormida. Y Pablo también estaba aliviado, pues tendría una pausa, al menos temporalmente, en las horas de impotencia al lado de su esposa.

Pocos días después, Pablo me llamó a decirme que el alivio había sido notable y duradero. María recurría principalmente a las plegarias, y había suspendido casi todos los medicamentos para el dolor. Me contó que aunque María sufría de terribles dolores, se sentía libre de la inmensa fatiga que había sufrido antes. Y sin los medicamentos, su mente era más clara y su ánimo había mejorado. Inspirada en esta fuerza fisiológica interna y en el poder de sus creencias durante las últimas semanas de vida, María estaba en paz cuando murió.

Otro de mis pacientes, a quien conocí cuando él tenía siete años de edad, experimentó una liberación al evocar la respuesta de la relajación. A Andrés le habían diagnosticado migrañas congénitas. Las había sufrido desde el nacimiento, y cuando era un bebé lloraba constantemente. Apenas comenzó a hablar les dijo a sus padres que le dolía la cabeza.

Cuando lo vi por primera vez, Andrés estaba en tercer grado, pero se había atrasado en la escuela y tenía dificultades para conseguir amigos. Mucho de esto se debía a que tenía que pasar días enteros en habitaciones oscuras, pues sus migrañas se intensificaban si estaba expuesto a la luz. Sus padres estaban fuera de sí, porque habían intentado todos los últimos y más recomendados tratamientos, pero ninguno de ellos parecía dar buen resultado.

Andrés y su familia también eran católicos y escogimos una plegaria que él pudiera usar para activar la respuesta de la relajación. Andrés hizo un pacto conmigo que consistía en pasar 10 ó 20 minutos, dos veces al día, concentrado silenciosamente en la oración, y en hacer lo mismo durante uno o dos minutos a la primera punzada del dolor. En pocas semanas, Andrés logró acortar la duración de los dolores de cabeza y alargar los períodos entre jaquecas. Semanas más tarde, la severidad de los dolores disminuyó. Y pocos meses después, las jaquecas desaparecieron por completo. Sus calificaciones y su comportamiento social mejoraron, y no tardó en integrarse al equipo de hockey de la escuela. Cuando hablé con la familia la última vez, Andrés no estaba tomando ningún medicamento y las migrañas eran cosa del pasado.

Aunque las fuentes de dolor de Andrés y de María eran distintas, ellos experimentaron el mismo episodio físico: la respuesta de la relajación. Sin importar el método que utilicen las personas para provocarla, los cambios fisiológicos son los mismos. El cuerpo humano está preparado para reaccionar y proporcionar este estado de calma — el opuesto a la reacción de huir o pelear — siempre y cuando que la mente se concentre durante algún tiempo y excluya los pensamientos cotidianos. En otras palabras, cuando la mente se aquieta, el cuerpo le sigue.

Es tan poderoso este proceso que usted no necesita *creer*, y no necesita invocar la memoria del bienestar para generar la respuesta de la relajación. Los individuos no tienen que decir una plegaria o algo que evoque sus creencias; simplemente pueden usar una frase, un sonido, o una actividad repetitiva para concentrarse. Así como una inyección de penicilina cura las infecciones en la garganta y un rayo láser repara una retina, cualquiera que sea la forma en que usted practique el método para relajarse, provocará la respuesta, bien sea que usted crea o no crea que ocurrirá.

Mente de mono

Véalo de la siguiente manera: La respuesta de huir o pelear, las reacciones de su cuerpo al estrés son como las reacciones de una estación de bomberos respondiendo a una llamada. Todos los bomberos tienen que vestirse con trajes protectores y estar equipados y entrenados para combatir el fuego. El cuerpo y la mente de usted hacen ajustes dramáticos para lo que ven como un emergencia subsiguiente. La presión sanguínea, la velocidad de la respiración y del metabolismo se incrementan, y la tensión muscular y las ondas cerebrales son más intensas y frecuentes. En promedio, una persona sufrirá un incremento del 300 al 400 por ciento del flujo sanguíneo a los músculos de las piernas y los brazos, todo esto para que sea efectivamente capaz de huir o pelear.

Como por lo general no reaccionamos a una situación de estrés con esfuerzo físico, ni quemamos la energía que se genera en la respuesta de huir o pelear, nos sometemos a una legión de repercusiones negativas. Las demandas repetidas de mayor flujo sanguíneo en el cuerpo dan por resultado elevaciones sostenidas de la presión sanguínea. La presión alta trae consigo agrandamiento y tensión del corazón. También contribuye a la obstrucción de las arterias — arteriosclerosis — y al estallido de los vasos sanguíneos, lo cual ocasiona derrames y otras formas de sangrado interno. La misma adrenalina o noradrenalina puede ocasionar arritmias cardíacas (perturbaciones del ritmo cardíaco), disminuir la resistencia al dolor y contribuir a niveles mayores de ansiedad, depresión, ira y hostilidad.

Los budistas tienen un término maravilloso para nuestro agitado caos mental. Literalmente traducido, *papañca* significa "mente de mono". Como monos saltando de rama en rama, nuestra mente frecuentemente salta, sin descanso, de pensamiento en pensamiento. Cuando uno tiene mente de mono, la excesiva actividad cerebral puede recargar el sistema y dificultar la concentración, el aprendizaje de nuevas cosas y el sueño. Como les ordenamos repetidamente que lo hagan, los músculos adquieren con el tiempo el hábito de tensarse, no sólo en situaciones de estrés. Esa tensión muscular le envía una señal al cerebro y perpetúa así el ciclo vicioso de movilización física por la movilización física, sin ningún alivio a la vista.

Janet Frank estaba atrapada dolorosamente en este ciclo cuando vino por primera vez al Mind/Body Medical Institute hace dos años. La señora Frank tenía un severo problema de insomnio; podía darse por satisfecha si conciliaba el sueño a las 4 ó 5 de la mañana, aunque se hubiera acostado a las 11 de la noche. Nunca había sufrido de esto. En realidad era tan dormilona que es la única mujer que he oído que podía quedarse dormida en los estribos del consultorio del ginecólogo.

Sus trastornos de sueño comenzaron en 1980, como resultado de una experiencia muy traumática. Un día, su nieto de dieciocho meses cayó en la piscina y casi se ahoga; fue un accidente trágico que lo dejó física y mentalmente discapacitado. La señora Frank pasó semanas en la Ronald McDonald House con su hijo y su nuera, rezando y esperando la recuperación del niño. "Me atormentaban los pensamientos", recuerda, "sobre mi nieto, y sobre la difícil relación que tengo con mi hija. Eran como voces grabadas en mi cabeza. No podía apagarlas".

Al comienzo, la señora Frank sólo había tenido problema para dormir en lugares extraños, en casas de amigos o en hoteles, y gradualmente dejó de ir a otros sitios por miedo a no poder dormir. Infortunadamente, el problema empeoró. Al final no podía dormir ni siquiera en su casa, de manera que pasaba la noche oyendo la radio, haciendo *muffins*, planchando y caminando por la casa durante horas. Como su marido había muerto años antes y sus hijos habían crecido y vivían fuera de casa, no molestaba a nadie. Pero el problema era para enloquecer a cualquiera, y la fatiga la hizo muy propensa a enfermedades.

Había tomado prestado de la biblioteca mi libro *The Relaxation Response,* y había intentado practicar la meditación por sí misma. Pero cuando leyó en el boletín de su compañía de seguros que los tratamientos para insomnio en el Mind/Body Medical Institute estaban cubiertos por la póliza, vino a ver al doctor Gregg D. Jacobs, un colega que se especializa en el tratamiento del insomnio.

Antes de comenzar a provocarse la respuesta de la relajación, la señora Frank siempre necesitaba que el radio estuviera encendido para dormir, porque las voces de la transmisión acallaban las de su cabeza. Pero cuando se acostaba y recitaba para sí "el Señor es mi pastor", o "Dame la paz", su corazón dejaba de latir fuertemente como solía hacerlo, y ella podía quedarse dormida. Ella lo explica así: "Yo visualizo a Dios, y casi puedo verlo velando por mí. Dios me calma. Casi podría tocarlo, así es de real".

La señora Frank invocó el poder de la capacidad de arriba hacia abajo del cerebro para convertir en realidad su creencia. Entonces aplicó su creencia a un mecanismo de concentración mental que trae la relajación física que ella describe. Afortunadamente nuestros corazones no sólo están diseñados para latir rápidamente cuando estamos bajo estrés; también están diseñados para producir el efecto opuesto, un bálsamo que puede contrarrestar las consecuencias dañinas del estrés.

La respuesta de la relajación no se produce tan rápidamente como la de huir o pelear, que se necesita en emergencias. Tampoco viene, en la vida moderna, sin que la llamemos, aunque muchos la provocamos en nuestro cuerpo sin saberlo. Nuestros antepasados inconscientemente la evocaban con más frecuencia porque continuamente disfrutaban de los atardeceres o miraban el horizonte. No tenían Nintendos ni alquilaban vídeos para entretenerse o distraerse, ni formaban parte de una cultura que los mantuviera permanentemente excitados y alerta. Pero, aunque era más común para nuestros antepasados gozar de la tranquilidad y el solaz ininterrumpidos, conservamos la habilidad de provocar y cosechar las mismas satisfacciones que ellos conseguían de la relajación.

Cuando usted se concentra durante un período corto, apartando suavemente cualquier pensamiento intruso, su cuerpo y su mente se convierten en un hotel de cinco estrellas en el cual su recuperación y salud son la prioridad de todo el personal de servicio, cuya principal preocupación es aliviar los efectos nocivos del estrés. Este gran equipo de cazadores de estrés y relajadores surge cuando los pensamientos cotidianos y las preocupaciones se dejan a un lado. La tabla 2 muestra los severos contrastes entre los cambios corporales provocados por la respuesta de huir o pelear y los producidos por la relajación.

TABLA 2

COMPARACIÓN DE LOS CAMBIOS FISIOLÓGICOS DE LA RESPUESTA DE HUIR O PELEAR Y LA DE LA RELAJACIÓN

ESTADO FISIOLÓGICO	HUIR O PELEAR	RELAJACIÓN
Metabolismo	Aumenta	Disminuye
Presión sanguínea	Aumenta	Disminuye
Ritmo cardíaco	Aumenta	Disminuye
Ritmo respiratorio	Aumenta	Disminuye
Flujo sanguíneo a brazos y piernas	Aumenta	Estable
Tensión muscular	Aumenta	Disminuye
Ondas cerebrales lentas	Disminuyen	Aumentan

Características de la respuesta de la relajación

Un rasgo característico de la respuesta de la relajación es una disminución significativa del consumo de oxígeno por el cuerpo, o hipometabolismo. Las células de su cuerpo utilizan el oxígeno que toman del aire que usted respira para quemar los nutrientes de los alimentos que consume. Esto es el metabolismo, o el proceso por el cual el cuerpo quema o consume oxígeno y usa la energía generada para permitir el funcionamiento adecuado del cerebro, el corazón, los pulmones y de otras partes del cuerpo. Éste responde a las técnicas de relajación disminuyendo el metabolismo, haciendo que la máquina interna de energía tome un descanso del arduo trabajo. Para mantener el cuerpo en el estado de hipometabolismo, característico de la relajación, se requiere mucho menos combustible. El corazón no necesita latir tan rápido, ni bombear sangre tan vigorosamente. La respiración puede ser más lenta y más profunda, y los músculos, relajados, necesitan menos sangre. Los siempre alerta y activos órganos del cuerpo, que a veces son forzados a saltar a la máxima velocidad y productividad ante el solo anuncio de problemas, pueden disfrutar por un momento de un horario menos exigente en resultados y requerimientos. Es como hacer que un frenético niño de preescolar duerma la siesta.

Esta reacción es completamente opuesta a la de huir o pelear, en la cual el cuerpo eleva el ritmo metabólico promedio al hipermetabolismo. Cuando el cerebro recibe una señal para cambiar, adaptarse o reaccionar a una amenaza — proveniente del cuerpo o del entorno en forma de mensajes de abajo hacia arriba, o de un pensamiento o percepción en señales de arriba hacia abajo — el consumo de oxígeno y el metabolismo se aceleran para producir más combustible a fin de que el cuerpo pueda huir o pelear.

El cuerpo realmente cambia a un estado hipometabólico durante el sueño; y, casualmente, los animales experimentan hipometabolismo cuando duermen o cuando hibernan. Estos hechos me condujeron al comienzo a pensar que la respuesta de la relajación podía corresponder a una capacidad humana previa, no reconocida, para la hibernación. Pero una de las características que definen la hibernación animal, la baja temperatura corporal, no se presentaba en quienes provocaban la respuesta de la relajación.

Hasta donde sabe la ciencia, los efectos calmantes de la relajación no se pueden producir tan dramática o rápidamente por ningún otro medio. Ciertamente, el metabolismo del cuerpo disminuye cuando uno está acostado en una hamaca, cuando está viendo televisión o leyendo un libro. Pero no se reduce tan significativamente como durante la relajación o el sueño. Y el consumo de oxígeno disminuye mucho más rápido en la respuesta de la relajación que en el sueño. Cuando usted apaga la luz y se hunde en su almohada por la noche, el consumo de oxígeno disminuye gradualmente hasta cinco o seis horas más tarde, cuando se nivela (en promedio) en una tasa que es un 8 por ciento inferior a la tasa que usted experimenta cuando está despierto y descansando. Pero cuando se siguen las instrucciones para provocar la respuesta de la relajación, el descenso es espectacular e inmediato: disminuye (en promedio) un 10 a 17 por ciento en los primeros tres minutos.

Aunque todavía necesitamos saber más sobre la forma en que las ondas más lentas que se experimentan durante la relajación afectan al cerebro y al ánimo, sabemos que ritmos beta de la más alta frecuencia dominan el cerebro durante la mayoría de las horas de vigilia, cuando estamos en medio de nuestras actividades diarias y sometidos al estrés. Las ondas cerebrales lentas que se producen durante la relajación suelen relacionarse con sentimientos de placer. Parece que recurrir a ritmos y patrones cerebrales diferentes mejora nuestra disposición de ánimo y nuestra salud.

Los efectos a largo plazo

La práctica frecuente de la relajación es de enorme beneficio para su cuerpo. Al alejar las preocupaciones cotidianas y romper ese tumulto mental conocido como mente de mono, usted le da al cuerpo permiso de relajarse. Y así como la activación repetida de la respuesta de huir o pelear puede conducir a problemas permanentes en el cuerpo y en sus mecanismos, también la activación repetida de la respuesta de la relajación puede invertir esas tendencias y reparar todo el deterioro que el estrés produce.

Nuestro cuerpo está comprometido en una especie de tira y afloja entre el estrés en un extremo y la relajación en el otro. Pero por la cantidad de tensión que experimentamos todos los días, el ritmo rápido y las enormes expectativas que tenemos de nosotros mismos en estos tiempos, y en particular en la vida urbana, los equipos nunca han estado muy equilibrados y el estrés siempre supera a la relajación. Pero al producirse regularmente la respuesta de la relajación, los equipos se igualan y los efectos acumulativos de la relajación contrarrestan los efectos del estrés, lo cual hace posible un equilibrio saludable.

Cómo provocar la respuesta de la relajación

Los pasos para provocar la respuesta de la relajación no son necesariamente difíciles o insólitos. Para disfrutar la relajación, tanto sus efectos calmantes de corto plazo como su contribución de largo plazo a la salud, escoja una técnica que esté de acuerdo con sus creencias. La respuesta de la relajación puede provocarse con una gran cantidad de técnicas, que incluyen la meditación, las plegarias, el entrenamiento autogénico, la relajación muscular progresiva, correr, nadar, los ejercicios de respiración, el yoga, el tai chi chuan, el chi gong, y hasta tejer o hacer crochet.

Sólo hay que seguir dos pasos básicos: Usted debe repetir una palabra, sonido, oración, frase o actividad muscular; y cuando los pensamientos cotidianos comunes se inmiscuyan en su concentración, debe rechazarlos pasivamente y regresar a su repetición (vea la tabla 3).

La selección de lo que va a repetirse en la concentración depende del individuo. Usted puede escoger cualquier cosa, pero para aumentar los beneficios de la respuesta de la relajación con los efectos de la memoria del bienestar y asegurar que adquirirá la rutina de provocarla, el foco debe ser apropiado. Si usted es una persona religiosa, puede escoger una plegaria; si no lo es, seleccione un foco seglar. La respuesta de la relajación y la memoria del bienestar hacen una pareja muy potente, como lo discutiremos en el siguiente capítulo. Independientemente de la técnica o el foco que escoja, la respuesta de la relajación se producirá si usted sigue los dos pasos: la repetición del foco y el rechazo pasivo de pensamientos diferentes mediante el regreso al foco.

TABLA 3

PASOS PARA PROVOCAR LA RESPUESTA DE LA RELAJACIÓN

1. Repita una palabra, un sonido, una oración, una frase o una actividad muscular.
2. Pasivamente, rechace los pensamientos cotidianos que vienen a su mente y regrese a su repetición.

No hay "técnica Benson" para lograr la respuesta de la relajación. En realidad, mis colegas y yo le ofrecemos a la gente una buena cantidad de técnicas y focos de concentración. A veces los pacientes me dicen que les gusta que el instructor decida el foco, o que les asigne uno. Evidentemente, para esta gente el foco de concentración tiene más credibilidad si un médico, una enfermera, un clérigo u otro líder les ayuda a escogerlo. Una vez más, éste es un producto de la memoria del bienestar: la confianza que usted deposita en el médico incrementa el poder del proceso. El punto importante es que cualquier foco funcionará, y si le gusta el sonido del que le dan, pues pruébelo.

A continuación menciono focos de atención muy comunes: palabras, frases y oraciones que le pueden ayudar a empezar (vea las tablas 4 y 5).

TABLA 4

PALABRAS SECULARES USADAS PARA LOGRAR LA CONCENTRACIÓN

Uno	Océano	Amor	Paz	Calma	Relajación

TABLA 5

PALABRAS Y FRASES RELIGIOSAS USADAS PARA LOGRAR LA CONCENTRACIÓN

Cristianas (protestantes o católicas)

"Padre nuestro que estás en los cielos"
"El Señor es mi pastor"

Católicas

"Dios te salve María, llena eres de gracia"
"Señor, ten piedad de mí"

Judías

"Sh'ma Yisroel"
"Shalom"
"Echod"
"El Señor es mi pastor"

Islámicas

"Insha'allah"

Hindúes

"Om"

Si bien la práctica de los dos pasos — la repetición y el rechazo pasivo de pensamientos intrusos — evoca la respuesta de la relajación sin importar cómo y dónde lo haga, la que sigue es la forma general que les enseño a mis pacientes y que he utilizado para mí mismo durante muchos años:

Paso 1: Escoja una palabra o una frase corta que esté firmemente arraigada en sus creencias.

Paso 2: Siéntese en una posición cómoda.

Paso 3: Cierre los ojos.

Paso 4: Relaje los músculos.

Paso 5: Respire despacio y con naturalidad, y mientras lo hace, repita para usted mismo la palabra, la frase o la oración cuando espire.

Paso 6: Adopte una actitud pasiva. No se preocupe por cuán bien lo está haciendo. Cuando otros pensamientos vengan a su mente, simplemente dígase: "Ah, bien", y regrese suavemente a la repetición.

Paso 7: Continúe haciendo esto durante 10 a 20 minutos.

Paso 8: No se ponga en pie de inmediato; continúe sentado durante un minuto o algo así, dejando que retornen otros pensamientos. Entonces abra los ojos y quédese sentado durante otro minuto antes de levantarse.

Paso 9: Practique esta técnica una o dos veces al día.

En esta técnica yo le sugiero que se siente tranquilamente en una posición cómoda, cierre los ojos y relaje los músculos. Sin embargo, usted también puede hacerlo con los ojos abiertos, arrodillado, de pie y balanceándose, o puede adoptar la posición de flor de loto que mucha gente asocia a la meditación.

También puede trotar y conseguir la respuesta de la relajación, poniendo atención a la cadencia de sus pies en el pavimento — "derecho, izquierdo, derecho, izquierdo" — y cuando otros pensamientos vengan a su mente diga: "Ah, bien", y vuelva al "derecho, izquierdo, derecho, izquierdo". ¡Desde luego, tiene que mantener los ojos abiertos! Hemos encontrado que usando este enfoque, el corredor alcanza en la primera milla ese "éxtasis de los corredores" que suele presentarse en la tercera o la cuarta milla.

Hace varios años le estaba hablando a un grupo de capellanes de las fuerzas armadas en Texas, y conocí a un general, el clérigo de más alto rango en los Estados Unidos. Ese sacerdote católico me dijo que siempre había tratado de ser eficiente diciendo sus plegarias y haciendo ejercicio al mismo tiempo. Cuando trotaba, siempre repetía la oración "Señor, ten piedad de mí". Hasta nuestro encuentro, él no sabía que había logrado aun más eficiencia: hacer ejercicio, decir sus plegarias y provocar la respuesta de la relajación, ¡todo al mismo tiempo!

La caminata con concentración

Mi amigo George Harris, jefe de redacción de las revistas *Psychology Today* y *American Health*, y director de *Harvard Business Review*, ha colaborado con el escritor Linus Mundi para producir *Prayer Walking*, una pequeña guía que ofrece muchas ideas para las personas que están "en el camino que lleva a la salud del cuerpo y del alma". Disponible a través de Abbey Press, este pequeño volumen dice muchísimo sobre los beneficios de "salir de excursión"; no se trata de irse de vacaciones sino simplemente de hacer una corta pausa durante la cual nos alejamos de nuestro entorno cotidiano, en el que el cerebro está activo y el cuerpo agotado tratando de manejar situaciones estresantes.

Nuestra investigación ha demostrado que hacer un ejercicio en forma concentrada activa la respuesta de la relajación. En 1978 descubrí que si uno hace ejercicio y simultáneamente concentra la mente, el ejercicio es más eficaz — es decir, uno requiere menos energía para hacer trabajo físico. Además, en una investigación generosamente apoyada por mis amigos Ruth Strickler y su esposo Bruce Dayton, el doctor Youde Wang y otros colegas de la Universidad de Massachusetts encontraron que caminar y concentrarse al mismo tiempo reducía la ansiedad y disminuía los pensamientos negativos. Resultados similares se lograron durante un ejercicio de tai chi chuan desarrollado por la señora Strickler en su club de salud, The Marsh, en Minnesota. En las caminatas que no iban acompañadas de concentración no se lograron cambios de disposición tan positivos.

Por tanto, en lugar de la estación de radio que sintoniza en su *walkman*, intente silenciar el ruido del mundo al que está tan acostumbrado. Haciendo ejercicio y provocando la respuesta de la relajación usted cubre muchas de las bases para fomentar la buena salud.

Sentado o de pie, caminando o nadando, o hasta tejiendo o haciendo crochet, es la calidad repetitiva del ejercicio la que ayuda a crear la respuesta de la relajación. Así como un padre puede asegurarse un rato de descanso poniendo al bebé en un columpio automático, el cerebro y el cuerpo pueden aprovechar las ventajas del descanso inherente a una tarea fácil y repetitiva, creando una especie de efecto hipnótico. Hay dos etapas de la hipnosis: la fase de presugestión y la de sugestión, durante la cual, por ejemplo, se le puede pedir a una persona que "levite" o que levante un brazo. La etapa de presugestión es el mismo estado psicológico de la respuesta de la relajación. Y, tal como en la hipnosis, la gente que busca la respuesta de la relajación abre una especie de puerta, aclara y rejuvenece su cuerpo y su mente, y se prepara para nuevas ideas y sugestiones.

Silenciando el caos interior

Creo que el cambio en las ondas cerebrales al que me referí antes es, en parte, responsable del efecto de "abrir la puerta" que mucha gente experimenta como resultado de la respuesta de la relajación. La gente sale de la concentración mental con una mente más clara y pensamientos más lúcidos. El cerebro parece utilizar el tiempo de quietud para borrar lo escrito, de manera que pueden aparecer nuevas ideas y nuevas creencias. Muchos tratamos de mantener el cerebro tan ocupado y activo como sea posible, pero he aprendido que un período de concentración puede incrementar la productividad mental.

Las afirmaciones y las visualizaciones que mencioné antes son particularmente útiles cuando se usan después de producir la respuesta de la relajación. Parece que la mente fuera más receptiva y que uno pudiera reestructurar patrones negativos de pensamiento con estos ejercicios. Esto es reestructuración cognitiva, en la cual los pensamientos se reorientan para interpretar los eventos de la vida de manera más positiva y realista. Siendo tan dañina la negatividad (y este libro ya lo ha mostrado ampliamente) necesitamos estrategias para reprogramar la estructura blanda y cambiable del cerebro, con el fin de recordar el bienestar.

Ron Banister, un ex paciente mío y ahora colega que enseña concentración mental, da testimonio de esto. El señor Banister es músico y profesor de jazz en el Conservatorio de Música de Nueva Inglaterra, en Boston. Él provoca la respuesta de la relajación para silenciar el caos interno.

El señor Banister no usa una oración o frase sagrada, no invoca a Dios ni ninguna creencia religiosa. Invoca "el arte" para provocar la respuesta, frecuentemente utilizando el nombre del gran pianista de jazz Thelonius Monk como su foco o mantra. Éste es apenas un paso en un proceso de tres pasos para mejorar su salud y su habilidad profesional. El segundo es un ejercicio de "escucha concentrada", durante el cual centra su atención en sonidos distintos o en ciertos pasajes de música; y el tercero es tomar lo que él llama "vitaminas" — canciones de artistas favoritos como Ray Charles y Billie Holiday, que lo reaniman.

El "entrenamiento del oído" es un importante componente del entrenamiento musical, y es central para el trabajo del señor Banister y para su labor docente. Él les enseña a los jóvenes músicos a reconocer diferentes matices en música, poniendo mucha atención a la "violencia" de la música de las películas de gangsters o a los acompañamientos oscuros en un film negro, y a desarrollar memoria de largo plazo para varios movimientos de orquestas y grupos de jazz. Conseguir la respuesta de la relajación agudiza el oído del músico, según Banister, al darle a la mente un "foco concreto" y permitirle desechar pensamientos y sonidos extraños.

Ron Banister dice que la obtención de la relajación no sólo libera su mente sino que la lubrica, como si desatara una musa. Frecuentemente después de esto, Banister se sienta al piano e improvisa; deja que su subconsciente surja en el teclado, y se permite tocar lo que él llama "colores plenos", sin preocuparse por producir música. Algunas veces, dice, los resultados son sorprendentes e interesantes, otras son menos notables. No obstante, este "ir y venir entre lo abstracto y lo concreto" es saludable para él y para su música.

En su libro *The Man Who Tasted Shapes,* el doctor Cytowic describe su primera experiencia con una forma de meditación budista. Clark, un amigo en quien confiaba, lo había animado a sentarse al frente de una pared en blanco con los ojos abiertos, diciéndole: "No trate de pensar ni trate de no pensar. Cuando los opuestos se levantan, se pierde la mente del Buda.El solo hecho de sentarse sin ningún pensamiento deliberado es una parte importante del Zazen", el tipo de meditación que intentaban lograr. Como neurólogo, el doctor Cytowic protestó diciendo que él no creía que fuera físicamente posible "que nada sucediera en la mente de uno". Pero Clark lo animó a hacerlo: "Eso no es algo que uno pueda cuestionar porque no tiene una respuesta racional. Es simplemente algo que uno hace".

Entonces Cytowic lo hizo. Se concentró en la pared blanca hasta que tocó lo que él llama "el punto quieto". Y escribe:

"Mi mente cognitiva estaba sorprendida de que el diálogo interno pudiera suspenderse, mientras que el resto de mi ser saboreaba el sentido de tranquilidad que acompañaba esta proeza. Es algo que debe sentirse para poder entenderlo, porque no tiene explicación".

Me gusta la historia de Cytowic sobre su primera experiencia con la meditación precisamente porque explica muy bien lo que parece inexplicable, y porque su amigo Clark le dijo lo que frecuentemente tengo que decirles a mis pacientes sobre la tarea de concentrar la mente. Yo animo a la gente a hacer de la respuesta de la relajación una rutina diaria, pero no para aspirar a buenos resultados o para alguna finalidad específica. "Tan sólo hágalo", como dice el eslogan.

Es como cepillarse los dientes

Intente pensar en esta práctica como en el diario ritual de cepillarse los dientes, que a todos se nos enseñó antes de cualquier otra cosa. Como este hábito se formó hace tiempo, cuando éramos niños — tal vez nuestros padres se abstenían de leernos un cuento hasta que lo hiciéramos —, lo realizamos sin pensar. Lo hacemos como si fuera algo natural, a veces medio dormidos. Pero cuando terminamos, no calificamos la experiencia de "buena cepillada" o "mala cepillada".

Deje que su cuerpo se sane a sí mismo sin la interferencia de dudas y juicios generados por la mente. (Las dudas, las críticas y los juicios registran una amenaza en su mente, alertan a la mente y al cuerpo, e inician una respuesta de huir o pelear). Usted no criticaría su cepillado de dientes, de modo que tampoco analice este ejercicio. Deje que los 10 ó 20 minutos que usted planea en su rutina diaria, una o dos veces al día, se conviertan en algo que hace sin pensar, una pausa en medio del apresurado pensar con que realiza conscientemente otras actividades de su vida.

Sé que es difícil para muchos de mis pacientes, porque la gente que se preocupa lo suficiente por su salud y su bienestar como para aprender las técnicas de relajación, suele estar muy motivada y ser bastante disciplinada. Tal como la ciencia y la sociedad les han enseñado, buscan resultados medibles. Cuando los 10 ó 20 minutos han pasado, quieren que se les tome el pulso y tener un ritmo cardíaco menor, y es casi seguro que el ritmo cardíaco va a ser más lento.

Pero usted no podrá relajarse si interrumpe su concentración para preguntarse: "¿Lo estaré haciendo bien?", "¿Esto estará dando buen resultado?" Usted no logrará la calma si está siguiendo constantemente su progreso porque, inevitablemente, aunque sea sólo con el subconsciente, estará muy ocupado estimulando pensamientos para centrarse completamente en el foco de atención que trae la respuesta de la relajación.

La respuesta de la relajación funciona porque rompe el hilo del pensamiento cotidiano. Les da al cerebro y al cuerpo un respiro porque, durante pocos minutos, los mecanismos que se requieren para pensar, actuar, masticar u oler, se apartan del estado de plena alerta en que suelen funcionar. Si usted no deja ese estado de plena alerta, no cosechará los resultados.

Deje que las preocupaciones se vayan

Como miembros de una sociedad obsesionada con la autoayuda, casi todos estamos acostumbrados a que los médicos, dietistas, fisiólogos y otros consejeros nos digan que llevemos un diario o un gráfico de nuestros progresos. Esperamos resultados, si no inmediatamente en la balanza del baño, por lo menos en pocas semanas, cuando llegue la época de usar vestido de baño. Estamos acostumbrados a competir, si no con otros, al menos con nosotros mismos.

Marg Stark, mi colaboradora en este libro, recuerda sus primeras clases de yoga en las cuales tenía que adaptarse a un ejercicio en el que no había competencia. El yoga era completamente distinto de las clases de aeróbicos, en las cuales Marg siempre sentía la presión de mantenerse al ritmo del instructor y de otros miembros de la clase, aunque era una principiante, o aunque apenas pudiera caminar hacia su automóvil después de haberse esforzado demasiado en la primera clase. Con el yoga, Marg aprendió que los practicantes experimentados podían "ir más profundo" y se beneficiaban de los mismos ejercicios y estiramientos simples que se les enseñaban a los principiantes. Además, el yoga atraía a hombres y mujeres de todas las edades, y la idea no era verse bien con el traje de baño sino relajarse, aumentar la flexibilidad, aliviar el dolor y ganar fortaleza. El yoga era, en realidad, diferente de todos los esfuerzos deportivos que Marg había experimentado, tan libre de competencia y esfuerzo consciente que ya no tenía que luchar contra su propio orgullo para hacer algo bueno por ella.

El yoga y otros métodos de relajación tienen esto en común: Cuanto menos se preocupe uno por el resultado, mejor. Simplemente deje que ocurra. Una vez más, el consejo tiende a ser difícil de asimilar en una sociedad que hasta cierto punto premia la preocupación porque nos motiva y causa cargas de adrenalina que hacen que desempeñemos mejor nuestra profesión. Pero la verdad es que casi todos nos preocupamos demasiado por demasiadas cosas, en lugar de reservar la preocupación y el efecto del estado de alerta de la respuesta de huir o pelear para asuntos cruciales.

Yo animo a mis pacientes a orientar su preocupación sobre su estado de salud y su disciplina para seguir cualquier tratamiento, a la práctica de técnicas de relajación. Los animo para que usen esa preocupación inicial para asegurarse de que practicarán regularmente la rutina. "Sólo experimenten los efectos calmantes y déjenme a mí cuantificar los resultados", les digo.

Hágalo sólo por hacerlo

Ésta es una habilidad importante para aprender: provocar la respuesta de la relajación por el solo placer de hacerlo, y no porque uno haya sido condicionado para creer que debe lograr ciertas metas o informar de ciertos resultados. No es diferente de lo que sabemos instintivamente, por ejemplo, que es bueno caminar después de un día de estrés. Por lo general, no tenemos que analizar o calificar estas "cosas de la vida". Irónicamente, cuando lo hacemos arruinamos no solamente el goce y la experiencia de la vida sino también los resultados específicos y medibles que la ciencia nos dice que pueden entresacarse de esas actividades.

Hay otra concepción errada que puede obstaculizar los beneficios de la respuesta de la relajación: Mucha gente ha oído (y está condicionada para esperarlo) que la meditación y la oración producen una "consciencia alterada", o que pueden terminar en un "clímax" de iluminación espiritual o mística. De modo que si la relajación no tiene proporciones como para explotar la mente, pensamos que no funciona y que no está haciendo nada. Una vez más, les digo a mis pacientes que no esperen fuegos artificiales, sino que simplemente cumplan los diferentes pasos sin mayor reflexión o expectativas.

Usted recordará que la señora Frank utilizaba visualizaciones para relajarse, tratando de ver al Señor que invocaba en sus plegarias. Las visualizaciones son ejercicios mentales muy poderosos, como lo expliqué en la sección correspondiente a los pensamientos generados de arriba hacia abajo. Las visualizaciones envían señales al cerebro que provienen no del cuerpo mismo, ni del entorno, sino de su imaginación y de sus recuerdos. De manera similar, mucha gente utiliza afirmaciones después de producir la respuesta de la relajación, cuando la mente está abierta y lista para nuevos conceptos. Fisiológicamente, éste es el momento perfecto para que usted introduzca mensajes positivos, para que reestructure sus pensamientos, y para que libere su mente de los pensamientos destructivos que pueden atraer el efecto nocebo.

Una vez que la gente vuelve ese ejercicio parte de su rutina diaria, también la animo a usar sus "minis". Los "minis" son breves versiones de la respuesta de la relajación, el simple acto de respirar profundamente, liberándose de la tensión física y diciendo su palabra, su oración o su frase cuando exhala, cuando siente que el estrés está absorbiendo lo mejor de usted en medio del día.

Efectos acumulativos

En el Mind/Body Medical Institute le recomendamos a la gente que combine la relajación con otras técnicas de autocuidado, como nutrición, ejercicio y manejo de estrés. Este programa completo se describe en un libro que mi colega Eileen M. Stewart RN, C, MS, otros miembros del Instituto y yo recopilamos con el título de *The Wellness Book*. [El libro del bienestar]. La mayoría de las personas sienten los efectos de estos cambios en el estilo de vida casi inmediatamente, pero los mayores y más espectaculares efectos de la respuesta de la relajación son acumulativos. En el tire y afloje al que me referí antes, el cuerpo/mente necesita tiempo para equilibrar los equipos y contrarrestar la respuesta de huir o pelear con la relajación, durante un período prolongado en el cual el individuo produce la respuesta de la relajación todos los días.

Cuando lo conocí en 1986, Jimmy Burke había padecido durante dos años un largo ataque de angustia. Al principio, quizá dos o tres veces al año, experimentaba los síntomas clásicos del ataque de angustia — mareo, dolores de cabeza, presión en el pecho, dificultades respiratorias y a veces incluso hiperventilación — durante unos 5 minutos. Pero una mañana se levantó, y sintió un miedo intenso que lo agarró con fuerza y no lo abandonó durante minutos, horas, días, semanas, e incluso meses. Plomero de profesión, el señor Burke apenas lograba hacer su trabajo en los días que siguieron, y sentía que tenía los nervios de punta. Tomó tranquilizantes, se sometió a terapia, consultó a varios especialistas en Boston, pero no consiguió ningún alivio. Con el tiempo comenzó a beber muchísimo, y se apoyó en el alcohol para que lo calmara como pudiera.

"Estaba buscando cualquier cosa", recuerda el señor Burke. "Estaba desesperado". Un día en el trabajo, alguien le preguntó si había probado la meditación y le dio mi nombre. Cuando vino a verme, le expuse el progreso que podía esperar como resultado de la relajación, basándome en la experiencia de otros pacientes.

Como él lo recuerda, "el doctor Benson me dijo que durante seis meses trataríamos de reducir los medicamentos que estaba tomando a una tercera parte, y que dentro de un año no tendría que tomarlos en absoluto. Yo quería creerle. Era el único médico que parecía seguro de poder ayudarme".

El señor Burke participó en un programa del Instituto durante el cual conoció a otras veinte personas con distintos problemas médicos. Recuerda que, además de la respuesta de la relajación, aprendió sobre la autoestima y el pensamiento positivo. Al comienzo nos veíamos una vez a la semana.

Pocos meses después de su primera visita, los ataques de angustia que el señor Burke había sufrido durante dos años empezaron a ceder. Cuenta que algunas veces, después de un día difícil, sacaba un poco de tiempo para un "mini" y que se sentía con tanta energía, como si hubiera tomado una siesta de tres horas. Hoy, casi tres años después, se ríe cuando la gente le dice lo "tranquilo" que parece, y dice que está "curado en un 95 por ciento", recordando que le dije que podría tardar diez años en contrarrestar e invertir la increíble influencia del estrés en su cuerpo.

"¡Pensar que me senté frente a un terapeuta durante meses y meses!", exclama. "Nunca averiguamos lo que producía los ataques. Es lo mismo que una úlcera. Nadie sabe qué la produjo. Sólo son cosas de la vida... Una vez estaba en la sala de espera del doctor Benson, y había un comerciante con los mismos síntomas que yo había tenido. Me dijo que no tenía tiempo para el ejercicio de concentración, y yo le respondí: '¡Usted no ha tenido tiempo para no hacerlo!'"

Cambios en la vida

Muchos de mis pacientes informan de un cambio en el estilo de vida, una calma que se extiende durante largo tiempo después de que la relajación ha terminado. Mi colega John Hoffman, Ph.D. y yo encontramos que, después de haber sido expuesto a la respuesta de la relajación, el cuerpo requiere más noradrenalina para aumentar el ritmo cardíaco y la presión arterial — un efecto bloqueador que antiguamente se conseguía sólo en parte con el uso de ciertas drogas, llamadas alfa-bloqueadores y beta-bloqueadores. Pero estas drogas causan efectos secundarios y no producen los cambios positivos que ocurren con la respuesta de la relajación. Ésta elimina, hasta cierto punto, la acción de la noradrenalina, de manera que el cuerpo no reacciona tan radicalmente a eventos moderadamente estresantes, pero conserva la habilidad de responder inmediatamente a amenazas mayores. De esta manera, personas con hipertensión pueden esperar una mejoría de largo plazo con la respuesta de la relajación.

Para todos los pacientes, la respuesta de la relajación no es sólo un beneficio de corto plazo sino un bálsamo de largo plazo. En el Instituto, mis colegas y yo hemos acumulado evidencia de la gran diversidad de condiciones médicas que la relajación, junto con otras estrategias de autocuidado como la nutrición, el ejercicio y el manejo del estrés, puede sanar o curar. (Los nombres de los investigadores principales aparecen después de cada estudio; el doctor Richard Friedman, director de investigación del Mind/Body Medical Institute, hizo importantes contribuciones a la mayoría de estos proyectos.)

- Pacientes hipertensos experimentaron reducciones significativas de la presión sanguínea y llegaron a requerir menos o ningún medicamento en el período de tres años del estudio (Eileen M. Stewart, RN, C, MS).
- Pacientes con dolor crónico experimentaron dolores menos severos, mayor actividad, menos ansiedad, menos depresión, menos ira; y visitaron el centro de cuidados (donde recibieron atención en los dos años que siguieron a la finalización del programa) con una frecuencia inferior, en un 36 por ciento, a la que solicitaban antes del tratamiento (Margaret A. Caudill, MD, Ph.D.).
- El 75 por ciento de los pacientes con insomnio predormicional (que no podían quedarse dor-

midos fácilmente) se curaron, y su sueño se normalizó. El sueño del restante 25 por ciento también mejoró, y la mayoría redujo significativamente el consumo de medicamentos (Gregg D. Jacobs, Ph.D).

- El 36 por ciento de mujeres con infertilidad sin explicación quedaron embarazadas dentro de los seis meses que siguieron a la finalización del programa (Alice D. Domar, Ph.D).
- Pacientes con quejas calificadas por el personal de admisiones como psicosomáticas y que eran usuarios frecuentes de un centro de salud, redujeron sus visitas en un 50 por ciento (Caroline J.C. Hellman, Ph.D.).
- Mujeres que sufrían de síndrome premenstrual experimentaron un 57 por ciento menos de severidad en los síntomas. Cuanto más severo el síndrome, más efectivo era el alivio con la respuesta de la relajación (Irene L. Goodale, Ph.D.).
- Pacientes con cáncer y SIDA experimentaron síntomas menos severos y controlaron mejor la náusea y el vómito ocasionados por la quimioterapia (Ann Webster, Ph.D.).
- Pacientes con arritmia cardíaca experimentaron menos síntomas (Herbert Benson, MD).
- Pacientes que habían sufrido de ansiedad o depresión moderada, sintieron menos ansiedad, depresión, ira y hostilidad (Herbert Benson, MD).
- Pacientes sometidos a procedimientos dolorosos de rayos X experimentaron menos dolor y ansiedad, y requirieron una tercera parte de las

medicinas que utilizaban antes del tratamiento (Carol L. Mandle, RN, Ph.D.).

- Pacientes que habían sido sometidos a cirugía de corazón abierto, presentaron menos arritmias postoperatorias y menos ansiedad después de la cirugía (Jane Lesserman, Ph.D.).
- Pacientes con migraña y dolores de cabeza llegaron a tener menos dolores y dolores menos intensos (Herbert Benson, MD).
- Estudiantes de secundaria mejoraron su autoestima (Herbert Benson, MD).
- Trabajadores presentaron síntomas menos severos de depresión, ansiedad y hostilidad (Patricia Carrington, Ph.D.).
- Trabajadores presentaron menos síntomas médicos, menos ausencia por enfermedad, mejor desempeño y presión sanguínea más baja (Ruanne F. Peters, SD).

En la medida en que cualquier condición puede ser causada o empeorada por el estrés, la respuesta de la relajación y los tratamientos basados en esta técnica que se practican en el Deaconess Hospital pueden ser eficaces para curarla o mejorarla. Esto es de suma importancia porque el 60 a 90 por ciento de las consultas médicas están relacionadas con el estrés, y caen en el territorio de males que la medicina cuerpo/mente puede aliviar. Estas condiciones son deficientemente tratadas por dos de las tres patas del banco, a saber, medicamentos y procedimientos quirúrgicos.

Aunque es evidente que todos tenemos habilidad para evocar sus efectos, no sabemos con precisión cuál es el mecanismo cerebral que hace posible la respuesta de la relajación. Y aunque ésta ha resistido todas las distinciones que exige la ciencia y ha comprobado que es distinta de la memoria del bienestar, estas distinciones no son naturales para los pacientes, como exploraremos en el siguiente capítulo. Como se mezclan fácilmente, es como si estuviéramos diseñados para experimentar la combinación de las dos. Así, mi búsqueda continuaba.

VII

EL FACTOR FE Y LA EXPERIENCIA ESPIRITUAL

Como usted pudo ver en el capítulo anterior, yo suelo sugerirles a mis pacientes que escojan palabras o frases calmantes o placenteras para concentrar su mente y producir la respuesta de la relajación. También leyó que los pacientes suelen escoger palabras o frases de naturaleza religiosa o espiritual. Aunque quería que los pacientes disfrutaran la técnica para que se aficionaran a esta práctica, y quería que cosecharan las recompensas de la respuesta de la relajación creyendo en la técnica, me sorprendió la tendencia de la mayoría a escoger una plegaria como foco, porque a medida que yo trataba de poner énfasis en los beneficios fisiológicos de la respuesta de la relajación, mis pacientes inculcaban en mí las cualidades espirituales de la experiencia. Esto condujo a mis proyectos científicos hacia el dominio no científico de la religión.

En este capítulo continuaré demostrando cómo los pacientes combinan naturalmente la respuesta de la relajación y la memoria del bienestar. Pero no se trata solamente de la creencia en sí mismos o en la técnica de concentración; frecuentemente también se trata de fe religiosa. Por eso denominé la combinación de estos poderes fisiológicos "el factor fe" (daré una definición completa dentro de un momento). Como usted podrá comenzar a vislumbrar en este capítulo, mi identificación del factor fe tenía tremendas repercusiones. Cada vez más, estaba siendo arrastrado hacia algo físicamente duradero y verdadero sobre los seres humanos. Pero, simultáneamente, estaba cerca de definir el papel biológico de la fe en Dios, una línea de indagación que no sabía con seguridad si los científicos o los teólogos sabrían valorar.

Un médico enseñando a rezar

Hace algunos años, T George Harris, a quien usted recordará porque lo mencioné en el capítulo anterior, me presentó al capitalista y filántropo Laurance S. Rockefeller. Harris me dijo que el señor Rockefeller era una persona profundamente espiritual y que indudablemente estaría interesado en mis descubrimientos; por eso fui invitado a cenar a Pocantico, el complejo Rockefeller situado en el valle del río Hudson, en el Estado de Nueva York. Allí le hablé a Rockefeller de mi trabajo; más específicamente, le dije que el 80 por ciento de mis pacientes escogían plegarias como foco de concentración, bien se tratara de judíos, cristianos, budistas o hindúes. Como la mayoría de los pacientes decidían complementar la terapia médica con su fe, frecuentemente me encontraba en una posición muy peculiar: la de un médico que le enseñaba a la gente a rezar.

El señor Rockefeller se interesó mucho en esto, y manifestó su interés en respaldar algunas conferencias sobre la materia (hablaré sobre esto más tarde en este capítulo). También le describí la investigación que condujo a la no buscada consecuencia de haberme convertido en un médico que le enseñaba a la gente a rezar. Porque no era sólo que el 80 por ciento de mis pacientes escogieran un foco religioso para su ejercicio de relajación, sino que cerca del 25 por ciento de ellos decían que se sentían "más espirituales" como resultado de producir la respuesta de la relajación, bien fuera que escogieran un foco religioso o seglar. Y nuestro 25 por ciento puede ser conservador, si consideramos que en 1994 una encuesta de *Newsweek* reveló que el 45 por ciento de los entrevistados habían "sentido lo sagrado" durante la meditación.

Una tendencia espiritual

En algunos aspectos, esta propensión a la "espiritualidad" me recuerda la tendencia de la gente a describir las experiencias de casi-muerte como espirituales. La medicina puede, hasta cierto punto, explicar el proceso físico que hace que la gente que está a punto de morir "vea luz" y experimente alegría y paz: la falta de oxígeno en el cerebro hace que la células comprometidas en la visión registren túneles de luz, y la liberación de endorfinas produce sensaciones placenteras. No obstante, la gente está convencida de que las experiencias de casi-muerte son religiosas.

Estas tendencias me intrigaban porque todo lo que había aprendido sobre la memoria del bienestar me enseñaba que creencias de toda clase podían influir en la salud. Y una vez más, las dicotomías entre mente y materia, ciencia y religión, parecían ir contra el centro de las reacciones naturales de la gente y, de especial importancia para mí, contra las interacciones de dos activos fisiológicos verificables: la memoria del bienestar y la respuesta de la relajación.

Comencé a preguntarme: ¿Por qué son las experiencias espirituales o místicas algunas de las más deseadas y buscadas entre las experiencias vitales? Había habido algunos eventos en mi vida que podrían considerarse proféticos. Por ejemplo, mi madre dice que cuando era muy niño, una de las primeras palabras que pronuncié fue "doctor". Tan improbable es esto que llegué a creer que resultó de mucho entrenamiento. Otras veces pensé que mamá había revisado la historia para hacer que mi elección profesional pareciera algo predispuesto. Pero siempre fue fiel a su historia, de modo que, con los años, llegué a aceptar su versión de mi "llamado" para la medicina.

Seguí teniendo encuentros extremadamente fortuitos e improbables. Un incidente ocurrió cuando tenía dieciséis años de edad, al día siguiente de haber acampado en Jones Beach,

Long Island, con mi amigo Howard Rotner. De acuerdo con los estándares modernos, puede parecer insólito que una playa, situada a media hora de Nueva York, pudiera ser tan segura que nuestros padres nos permitieran pasar allí la noche. Pero en esos días la playa estaba abierta, y era completamente segura hasta para adolescentes sin la compañía de adultos, y nada nos gustaba más que esta experiencia nocturna en el verano.

Temprano por la mañana, habiendo pasado la noche despiertos en una aislada y húmeda extensión de arena, yo estaba jugando en la playa con una tira de algas, rompiéndola a pedazos para saber qué había por dentro. Se me acercó una anciana, vestida con un traje de algodón que le llegaba a los tobillos y un chal negro de macramé, y apoyada en un bastón. Parecía que hubiera saltado de un cuento de hadas, perfectamente adecuada para su papel de pitonisa. Esta extraña se me acercó y me dijo: "Algún día serás médico", y sin decir nada más siguió caminando por la playa hasta que desapareció de mi vista. Que yo supiera, nunca había visto a esa mujer, y nunca la volví a ver. (A propósito, mi amigo Howard Rotner también se volvió médico.)

Fui también el sujeto de otro suceso inverosímil durante mi primer año en la escuela de medicina. Salí con una mujer que no hizo sino denigrar la medicina, terriblemente desanimada con mi elección de carrera. Nos sentamos en el césped, a la orilla de un riachuelo, cerca del campus de la escuela de medicina por donde habíamos estado caminando, cuando de ninguna parte cayó un pájaro a la hierba cerca de donde estábamos. El pájaro, un estornino, estaba todavía vivo; intentaba volar, pero sólo podía moverse unas cuantas pulgadas. Lo levanté con mucho cuidado y, como por instinto, reparé lo que parecía ser un ala dislocada. Puse al pájaro en la hierba y lo miré mientras alzaba vuelo. Yo estaba muy sorprendido. Pero mi amiga estaba pasmada, y con amabilidad se retractó de lo dicho minutos antes sobre los limitados méritos de mi "llamado".

Experiencias espirituales

En un momento o en otro, estoy seguro de que todo el mundo experimenta eventos extraordinarios y mágicos como éste, una convergencia del tiempo y las circunstancias que desafía de tal manera a la lógica que uno no puede menos que sentir que estos episodios son de inspiración divina. Puede ser un encuentro casual con un viejo amigo al que no veía hace tiempo, un cambio que sucede exactamente en el momento en que lo necesitaba, o una imagen que ve en una formación de nubes. Puede ser un sermón de un sacerdote que es particularmente aplicable al problema que uno ha estado viviendo, algo tan dramático como escuchar una voz inspiradora que le habla, o tan tranquilo como una felicidad que lo envuelve de pronto. Cualquiera que sea la forma, cuanto más significativo sea para usted el evento, más tenderá a asignarle status sagrado en su vida. Sacudimos la cabeza y preguntamos: "¿Cuáles son las posibilidades?", y sentimos al mismo tiempo un profundo eco interior: quizá la vida no sea el resultado del azar, tal vez éstos sean signos tangibles de que una fuerza mística circunda las experiencias de nuestra vida.

Pero es posible que el eco interior que uno siente cuando ocurre una experiencia que califica de mágica o espiritual sea no sólo emocional sino también físico. Mi investigación — y la de mis colegas — no solamente reveló que el 25 por ciento de las personas se sienten más espirituales como resultado de producir la respuesta de la relajación, sino que esas personas presentaron menos síntomas médicos que quienes informaron no haber tenido una experiencia espiritual.

El factor fe

Decidí llamar a la fuerza combinada de estas influencias internas el factor fe — la memoria del bienestar y la invocación de la respuesta de la relajación. Pero llegó a ser claro para mí que las convicciones religiosas de una persona o su filosofía de la vida intensificaban los efectos promedio de la respuesta de la relajación de tres maneras: 1) Las personas que escogían un foco apropiado, que lo extraían de sus convicciones filosóficas o religiosas profundas, eran más aptas para aficionarse a la rutina de la relajación, la deseaban y la disfrutaban. 2) Las creencias positivas de cualquier clase traían la memoria del bienestar, reviviendo en el cerebro patrones de actividad celular de arriba hacia abajo asociados al bienestar. 3) Cuando estaba presente la fe en una fuerza eterna y trascendente, las personas parecían beneficiarse al máximo de la memoria del bienestar, debido a que la fe es una creencia suprema que alivia y aparta las preocupaciones y la lógica malsana.

Yo ya sabía entonces que al producirse la respuesta de la relajación se "desconectan" las preocupaciones y los pensamientos cotidianos, y que el cuerpo y la mente se calman más rápido y en un grado imposible de lograr de otra manera. Pero parecía que el hecho de sumarle las creencias a la respuesta de la relajación extasiara la mente y el cuerpo todavía más espectacularmente, y acallara las preocupaciones y los temores mucho mejor que la sola respuesta de la relajación. Además, llegué a la conclusión de que la fe religiosa era más influyente que cualquier otra creencia.

Estando muy joven, Ana Frank escribió en el diario que llevaba cuando se hallaba escondida de sus posibles captores nazis: "Quien tiene coraje y fe no perecerá en la miseria". Empecé a creer que ella tenía razón, que la creencia en Dios proyectada por el cerebro tiene un enorme poder calmante sobre el cuerpo.

Quiero poner énfasis en que los beneficios del factor fe no son dominio exclusivo de los devotos. La gente no necesita profesar una determinada creencia para cosechar las recompensas físicas y psicológicas del factor fe. Con el doctor Jared D. Kass, profesor del Lesley College Graduate School of Arts and Sciences de Cambridge, Massachusetts, mis colegas y yo desarrollamos un cuestionario para cuantificar y describir los sentimientos espirituales que acompañaban la respuesta de la relajación, y para documentar su frecuencia y sus potenciales efectos sobre la salud.

Basándonos en las respuestas, calculamos "puntajes de espiritualidad". Pero como prácticamente todos los que respondieron dieron cuenta de "una creencia en Dios", esta expresión no pudo utilizarse para diferenciar a las personas, pues era simplemente el sentimiento de espiritualidad el que podía relacionarse con el bienestar físico y psicológico. No obstante, hay un grupo más inclinado a los encuentros espirituales; en efecto, las mujeres obtuvieron puntajes de espiritualidad más altos que los de los hombres, por razones que aún no comprendemos.

Efectos inmediatos y acumulativos

Nuestros estudios han demostrado que la gente siente un crecimiento de la espiritualidad en forma relativamente rápida después de la respuesta de la relajación, y que estas sensaciones crecen con la práctica prolongada de la rutina. Como las recompensas físicas que hemos medido, la espiritualidad también parece ser acumulativa; crece con el tiempo cuando la gente practica la relajación con regularidad.

Una vez más bajo el liderazgo del doctor Kass, nuestro grupo de investigación encontró que las personas que experimentaban la respuesta de la relajación con regularidad durante más de un mes tenían puntajes de espiritualidad más altos. No importaba que fuera un novicio o un experto, religioso o no; los efectos y las recompensas del factor fe demostraron que eran posibles para muy diversos individuos.

Pero exactamente ¿qué experimentaba la gente que era espiritual para ellos? Cuando recopilamos los resultados, surgieron algunos temas comunes. La gente que dijo ser más espiritual después de la respuesta de la relajación, expresó dos cosas sobre la experiencia: 1) la presencia de una energía, una fuerza, un poder — Dios — que estaba más allá de ellos mismos, y 2) la presencia era cercana. Y fue la gente que "sintió esta presencia" la que mostró mejores resultados médicos. Independientemente de la fe que profesaran, las personas que con la respuesta de la relajación experimentaron esas sensaciones — una energía que parecía interna y, a la vez, estar en el exterior de su cuerpo, y que las hacía sentir bien — obtuvieron mejores resultados en su estado de salud.

La fuerza de la energía

Mucha gente me pregunta si yo atribuyo esta fuerza al "chi", la energía que los médicos chinos tradicionales y otros médicos orientales creen que circula dentro de nosotros y en el mundo natural. Los científicos occidentales no reconocen estas energías, aunque algunos estarían de acuerdo en que hay una fuerza vital, un espíritu, o un alma que sopla vida en nuestro cuerpo. Los antiguos egipcios la llamaban "Ka", los hawaianos "Mana", y los hindúes "Prana". En estas culturas, la gente cree que los médicos pueden dirigir y restaurar estas fuerzas curativas.

Utilizando métodos científicos estándar, he tratado de aislar y medir el chi, o esta energía a la que tantas culturas le atribuyen beneficios medicinales, pero nunca he tenido éxito. Parece que el estado físico provocado por el tai chi chuan y el chi gong, los movimientos en apariencia lentos que usted ha visto a hombres y mujeres practicar en el parque, y que han comenzado a ser muy populares entre los occidentales, es la respuesta de la relajación. El doctor Huang Guozhi, de la Universidad de Ciencias Médicas de Sun Yat-sen de Guangzhou, China, informa que el chi gong produce cambios psicológicos coherentes con la respuesta de la relajación. Sin embargo, no sé si esta llamada energía se relaciona con las capacidades curativas descritas en este libro, pero estoy seguro de que comprende una combinación de memoria del bienestar y respuesta de la relajación.

Fuera de los cambios fisiológicos que he descrito, no pude encontrar la fuente de la energía que los pacientes describían, ni pude decir si proyectaban un sentimiento de espiritualidad en la experiencia. Con frecuencia, todo lo que pudieron decir sobre la experiencia fue que la sentían como intrínsecamente sagrada para ellos. No pudieron explicar qué había sucedido primero, si la reacción física o la emocional. Y sabiendo algo sobre el funcionamiento del cerebro — que la emoción es un contribuyente natural de la función mental y, en consecuencia, de la función física — tiene sentido que las dos sensaciones estén interrelacionadas y que las personas no puedan distinguir entre ellas. Una vez más, la gente parecía dispuesta a invocar la creencia en un poder superior para calmar los efectos físicos.

El misticismo común a todos nosotros

Karen Armstrong, quien durante siete años fue una monja católica antes de obtener su grado de la Universidad de Oxford, escribió un libro académico y muy popular titulado *A History of God: The 4000-Year Quest of Judaism,*

Christianity and Islam. En él rastrea la experiencia espiritual común producida por "la contemplación silenciosa", un método que fue utilizado por diversas comunidades religiosas durante milenios. Karen Armstrong califica de "mística" la experiencia de Dios que surge de la contemplación silenciosa, porque, a diferencia de la lectura de las Escrituras y de otras formas de culto de base racional, esta experiencia es intuitiva y no verbal. La presencia de Dios que uno puede sentir durante la contemplación silenciosa es más mística, mucho menos clara o identificable, porque a esta experiencia no se le imponen ni "palabras" ni teologías. Escribe ella:

> La experiencia mística de Dios tiene ciertas características comunes a todas las creencias. Es una experiencia subjetiva que comprende un viaje interior, no una percepción de un hecho objetivo que está fuera de uno; se experimenta con la parte del cerebro que construye las imágenes — habitualmente llamada imaginación — más bien que con la facultad lógica, más cerebral. Finalmente, es algo que el místico crea en sí mismo deliberadamente: ciertos ejercicios físicos o mentales producen la visión final; no siempre llega de improviso.

"Los ejercicios físicos o mentales" que Karen Armstrong describe han sido ya documentados científicamente. No son otra cosa que los pasos para producir la respuesta de la relajación, combinados con las creencias de la persona. Mi hipótesis es que "la experiencia mística común a todas las creencias" que Karen Armstrong describe es la misma que mis colegas y yo hemos identificado en pacientes que sintieron "la presencia de una energía o una fuerza cerca de ellos".

Los rasgos comunes a las experiencias espirituales y sus manifestaciones físicas, por encima de los efectos de la memoria del bienestar y la respuesta de la relajación, me intrigaron. También recordé un trabajo que escribí para un curso de religión cuando era estudiante de pregrado en la Universidad Wesleyan, de Connecticut. La arrogancia de la juventud salta a la vista ahora, tantos decenios y experiencias después, pues titulé mi trabajo "¿Existe Dios?"

Para la tarea leí el libro de William James *Varieties of Religious Experience*, un libro trascendental en mi vida. Argumentaba James que personas de distintas culturas y procedencia tienen experiencias comunes, al rendir culto a un ser supremo. En gran parte como resultado de esta lectura, concluí en mi ensayo que, o bien una enfermedad mental masiva impregna todas las sociedades, o bien esta experiencia de Dios, la experiencia de una deidad, cualquiera que sea su nombre, es universal.

Casi veinte años más tarde, me encontré reconsiderando este ensayo. Pero como el 80 por ciento de mis pacientes escogían oraciones para sus ejercicios de relajación, como una cuarta parte de ellos describían una experiencia de Dios o de espiritualidad y como esta experiencia se traducía en mejoras significativas de salud en ese grupo de pacientes, sentí más profundamente las implicaciones de mi hipótesis de la universidad. ¿Puede ser la religión tan buena para nosotros como los teólogos han estado diciéndonos todo el tiempo?

¿El bienestar de Dios?

Es de presumir que la esperanza puesta en la ayuda de Dios funcione como funciona la esperanza puesta en la ayuda de un medicamento, un procedimiento o un médico. Así lo afirma el doctor Jeffrey S. Levin de la Escuela de Medicina de Eastern Virginia, en un artículo publicado en 1994 en *Social Science Medicine:*

> La sola creencia de que la religión o Dios contribuye a la buena salud puede ser suficiente para producir efectos saludables. Esto es, las relaciones significativas entre las medidas de religión y salud... pueden presentar, en parte, efectos similares a los del efecto placebo. Los libros sagrados prometen salud y curación para los creyentes, y los efectos fisiológicos de creencias esperanzadoras como éstas están siendo documentados por investigadores de la medicina cuerpo/mente.

Las escrituras sí prometen curación, y durante milenios una persona sana era alguien que había demostrado tener fe. Consideremos, por ejemplo, las numerosas curaciones que relata la Biblia. Marcos 5:25-34 y Lucas 8:43-48 contienen el relato de una mujer que había estado sangrando durante doce años, pero que apenas tocó el manto de Jesús quedó curada. Cuando Jesús se volvió y vio quién lo había tocado, dijo: "Hija, tu *fe* te ha sanado; vete en paz". De manera similar, diez leprosos son sanados en Lucas 17:12-19 y corren a mostrarles a otros su condición. Uno de ellos regresa a Jesús a darle las gracias por haber sido curado; Cristo le responde: "Levántate y vete que tu *fe* te ha curado".

A la vera del camino que lleva a Jericó, un ciego pide misericordia, y los caminantes son sordos a su ruego con excepción de Jesús, que le ordena al hombre que se acerque. En Lucas 18:42, Jesús le dice: "Recobra la vista; tu *fe* te ha salvado". Y en Hechos de los Apóstoles 14:9, uno de los discípulos de Jesús, Pablo, oye en Listra los ruegos de un cojo de nacimiento que nunca ha caminado. "Habiendo percibido su *fe* en la curación", Pablo le ordenó que se pusiera de pie, y el hombre saltó y caminó.

Lo que quieren decir los autores del Evangelio es claro: la fe cura y hace el cuerpo sano. En su libro *The Uncommon Touch*, Tom Harper dice: "Un estudio del Evangelio revela que está dedicado enteramente a la curación". Y los Evangelios no son los únicos que proclaman el poder curativo de la fe. En el Corán encontramos: "Y curo al ciego y al leproso, y les vuelvo a dar la vida a los muertos, con el permiso de Alá, y le digo a usted lo que debe comer y almacenar en su casa; con seguridad hay un mensaje aquí para vosotros los creyentes".

Un sacerdote que estudió las curaciones de Lourdes, la afamada gruta católica en Francia, dijo que la gente se equivocaba al pensar que "los milagros producen fe". Todo lo contrario, dice: "La fe produce los milagros". Uno de los padres de la medicina estadounidense moderna parece estar de acuerdo con esto al proclamar ampliamente la importancia de la fe en la curación. El doctor William Osler, primero profesor de la Universidad Johns Hopkins y posteriormente profesor de Medicina de la Universidad de Oxford, escribió en 1910: "La fe en St Johns Hopkins, como lo llamábamos, la atmósfera de optimismo y las enfermeras alegres, producían las mismas curaciones que Esculapio en Epidauro" (Esculapio era el dios griego de la medicina). Sin importar cuál dios se invocaba, de acuerdo con el doctor Osler, las curaciones eran las mismas.

La respuesta de la relajación y el clero

Para continuar el seguimiento de los beneficios para la salud que se desprenden de la combinación de la memoria del bienestar con la respuesta de la relajación, comencé a estudiar el factor fe en muchos pacientes y profesiones religiosas alrededor del mundo. Con el apoyo del señor Rockefeller, como lo mencioné antes, mis colegas y yo patrocinamos una serie de conferencias, en las cuales ministros, rabinos, sacerdotes, monjas y líderes de varias organizaciones religiosas y escuelas teológicas, fueron iniciados en las aplicaciones de la respuesta de la relajación a la oración y sus efectos terapéuticos.

A petición del señor Rockefeller, cuya familia había apoyado durante mucho tiempo el Sloan-Kettering Cancer Medical Center en la ciudad de Nueva York, nuestra primera conferencia de clérigos reunió a los capellanes y a otros miembros del departamento de atención pastoral. Uno de los aspectos más impresionantes de esta primera conferencia, y de las que vinieron después, fue lo mucho que estos ministros necesitaban el bálsamo de la respuesta de la relajación. En gran parte, estos líderes religiosos, representantes de una gran variedad de credos y denominaciones, tenían una cosa en común: trabajaban demasiado y les pagaban muy poco; su trabajo era muy tensionante y no solían tener oportunidad de recibir consejo y apoyo. Una y otra vez, los clérigos y la conferencia nos demostraron que su trabajo era muy absorbente y que ellos no tenían tiempo para la devoción. ¡La mayoría había dejado de rezar! Estos miembros del clero se regocijaron de haber redescubierto la oración como un medio para evocar la respuesta de la relajación.

Realizamos otras ocho conferencias de esta clase, todas patrocinadas por Laurence Rockefeller, dirigidas a líderes de escuelas teológicas y seminarios, que pudieran enseñar estos preceptos en sus propios campos y compartir la buenas nuevas: que el cuerpo y la mente, que el Oriente y el Occidente, y que la medicina científica y la religión están estrechamente relacionados. El efecto cascada funciona, pues estos contactos iniciales han llevado a estos líderes a incorporar nuestros hallazgos en sus sermones y en el plan de estudios de los seminarios. Con el tiempo, comencé dar conferencias regularmente en la Escuela de Teología Andover Newton, de Newton, Massachusetts, en donde en la actualidad soy profesor de media jornada.

Aprendí mucho de los clérigos que les prestan servicios religiosos a los pacientes de los hospitales. Pero el doctor Babinsky, el director de pastoral al que me he referido, asistió a una de las primeras conferencias porque había notado que los pacientes a quienes visitaba con regularidad parecían recuperarse más rápido que otros pacientes. "Podría decir que su aspecto era satisfactorio, y que manejaban de mejor manera la cirugía o los tratamientos a que estaban sometidos", dice.

El doctor Babinsky, ministro protestante, recuerda haberse sentido inseguro de tocar el tema de la meditación con los pacientes. "Parecía tan radical. Como capellán protestante, nunca estaba seguro de si los pacientes querían oraciones tradicionales, e hice *eso* con mucho miedo y perturbación. En el cristianismo, la tradición de la meditación se ha perdido, aunque los sacerdotes católicos se sentían más cómodos con ella porque siempre han tenido la oración como foco de concentración".

Pero el miedo del doctor Babinsky cedió rápidamente, cuando se dio cuenta de la forma en que los pacientes acogieron la respuesta de la relajación. Ella vencía la ansiedad y los temores, de modo que él podía trabajar con los pacientes en "su deseo de vivir". Explica que "cuando a los pacientes se les da un diagnóstico o cuando son hospitalizados, al comienzo es muy traumático y su estado psicológico es muy frágil. Cualquier retroceso, por pequeño que sea, parece enorme para ellos. Entonces necesitan ayuda para reconsiderar la situación".

Antiguas técnicas de meditación

Mientras los religiosos encontraban un nuevo significado en la oración, gracias a la respuesta de la relajación, yo comencé a cultivar mis relaciones con los monjes budistas del Tíbet, en los montes Himalaya de la India, cuya práctica de la meditación a lo largo de la vida los convertía en sujetos óptimos para mis investigaciones. Junto con mis colegas, hice cuatro expediciones para estudiar a los monjes tibetanos, la más reciente de ellas en 1988. Los relatos de las primeras tres expediciones y mis primeros encuentros con Su Santidad el Dalai Lama pueden encontrarse en mis libros *Beyond the Relaxation Response* y *Your Maximun Mind.* Por ejemplo, nuestros equipos documentaron el hecho de que los monjes podían secar con el calor de su cuerpo sábanas mojadas y heladas a temperaturas de 4 grados centígrados. Tres o cinco minutos después de haber cubierto la piel de los monjes con sábanas empapadas, éstas empezaban a echar vapor. En treinta o cuarenta minutos, estaban completamente secas, y podían repetir el proceso otras dos veces.

En otra observación, el equipo viajó a los monasterios de Hemis y Gotsang, en Ladakh, que están construidos sobre los más increíbles precipicios, a 5 000 metros sobre el nivel del mar. Allí los monjes, cubiertos sólo con chales de lana delegados y sandalias en los pies, pasaron la noche del 5 de febrero de 1985, a 5 800 metros, con una temperatura de 18 grados centígrados bajo cero. Estaban cómodos con el calor que generaba la práctica del g Tum-mo yoga, "hembra salvaje" o calor yoga. Quienes lo hacen, provocan la respuesta de la relajación y luego visualizan en sí mismos un canal interno que sale del centro del cráneo y pasa por todo el torso, por el que viaja el calor que se extrae del universo, quemando las suciedades y los pensamientos inapropiados. Así como una hembra salvaje protege a sus pequeños, el calor quema las suciedades y entonces se alcanza la pureza.

Nuestra expedición a Sikkim

En 1988, nuestro equipo debía regresar a Ladakh, en el límite oriental de la meseta tibetana, con objeto de documentar los efectos de la energía que les permitía a los monjes generar calor suficiente para sobrevivir en circunstancias tan extremas. Obtuvimos financiación de organizaciones como el Institute of American Studies y el Fetzer Institute, se nos dio permiso del monasterio y de determinados monjes, y contamos con el apoyo continuo de Su Santidad el Dalai Lama. Pero cuando llegamos a Nueva Delhi en nuestra misión de dos semanas, con cuarenta piezas de equipaje llenas de equipos médicos y de campamento, supimos que el líder del monasterio de Ladakh acababa de morir y que, para ser estudiados, los monjes requerían la aprobación del nuevo líder, y éste no había sido designado aún.

Tratamos de salvar la misión al saber que otro grupo de monjes practicaban esta clase de yoga en el monasterio Rumtek en Sikkim, un reino pequeño que había sido independiente, situado entre el estado de Assam, en India, y Nepal. Entonces, gracias a la terca perseverancia, a una suerte notable y a un montón de buenos deseos y amigos con gran influencia política, al doctor Phillip E. Schambra, agregado científico de la Embajada de los Estados Unidos, a los ministros de educación y cultura de la India, pudimos superar dificultades enormes y conseguir permiso para ir inmediatamente a Sikkim. Se trataba de un área restringida, porque fue allí donde los chinos habían invadido a la India en una disputa fronteriza en 1962. El ingreso al área sólo se autoriza a turistas y viajeros que deben solicitarlo por lo menos con seis meses de anticipación.

Después de lo que parecía ser un permiso imposible en tan pocos días, Indian Airlines hizo arreglos especiales para que pudiéramos volar a un aeropuerto militar en Bagdura, desde donde viajamos en automóvil, durante siete horas, por caminos traicioneros y bordeando precipicios de 600 metros de profundidad. Los caminos eran tan angostos que la compañía de autobuses contrataba hombres para que se asomaran por la ventana para asegurar que un bus que viniera en sentido contrario no se acercara tanto como para arrancar el espejo retrovisor. Hicimos este viaje horripilante con todas las esperanzas puestas en que los monjes Sikkim, con quienes no habíamos tenido ningún contacto previo, nos permitieran observarlos y medir sus ejercicios de g Tum-mo yoga.

Cuando por fin llegamos al monasterio, nos reunimos con los monjes de mayor jerarquía, que nos ofrecieron té tradicional del Tíbet, saborizado con sal y mantequilla de yak, y nos dijeron que nuestro viaje había sido en vano. El intérprete, un representante del Dalai Lama, el Venerable Karma Gelek Yuthok, nos dijo que los monjes no practicaban ya el ritual de secar la sábanas y que no querían que los observaran en sus meditaciones sagradas.

A la hora de la cena, comimos huevos cocidos y sándwiches de mantequilla de maní con mermelada, sentados en el piso de tierra de la habitación cubierta de basura en la casa de huéspedes del monasterio. Cada uno de nosotros expresó su desilusión porque después de tantos años de planes y de haber superado tantas dificultades, la expedición había resultado un fracaso. Pero antes de ir a dormir, uno de los monjes que había asistido a nuestra reunión, el Venerable Bakar Rinpoche, vino a vernos y aceptó que lo estudiáramos, una decisión que convenció a otros dos monjes, el Lama Chonyl Dondup y el Lama Gyaltsen, de que aceptaran.

De modo que finalmente pudimos hacer lo que habíamos venido a hacer: medir los signos vitales de estos hombres que utilizaban la antigua meditación tibetana para producir la respuesta de la relajación, con la cual ya estábamos tan familiarizados. Durante su meditación, descubrimos que experimentaban un consumo de oxígeno o metabolismo exageradamente bajo. Los pacientes que habíamos evaluado en Boston experimentaron una caída promedio del 10 al 17 por ciento en el metabolismo con la respuesta de la relajación, mientras que Bakar Rinpoche experimentó una reducción del 64 por ciento, el nivel más bajo que haya sido documentado de un ser humano. Yo había oído historias de yoguis hindúes que sobrevivían horas después de haber sido enterrados vivos, y aunque los monjes Sikkim no hacían cosas como ésta, supimos cómo era posible que los humanos sobrevivieran a este ritual. Los yoguis pueden sostenerse reduciendo dramáticamente su metabolismo, lo suficiente como para extraer el oxígeno necesario del suelo que los rodea.

Hazañas sobrehumanas

Habiendo documentado las pasmosas hazañas físicas que los monjes lograban gracias al factor fe, tenía curiosidad de saber cuán lejos podría llegar la fe. Con una fe tan fuerte empujando a los creyentes, y canalizada a través de técnicas comprobadas de concentración mental, me pregunté si otras proezas sobrehumanas eran posibles. En otras expediciones habíamos tratado de confirmar las legendarias versiones de que los monjes tibetanos podían levitar, levantarse y quedar suspendidos en el aire durante la meditación. Pero cuando nos permitieron ver a los monjes levitando, en la aldea montañesa de Chail, parecía sólo un acto de agilidad física considerable en el que los monjes, en posición de loto, saltaban unas cuantas pulgadas por encima del piso. No quedaban suspendidos en el aire. Cuando le pregunté a uno de los jefes si estar suspendido en el aire era posible me contestó, por medio del intérprete, que los sabios de antes podían hacerlo. Cuando pregunté si era posible en la actualidad, me dijo con un guiño: "No hay necesidad. Tenemos aviones".

No creo que sea posible suspenderse en el aire o ejecutar otras hazañas que desafíen la física de Newton. No me malinterprete: el factor fe es un rasgo sobresaliente de la fisiología humana. La mente ciertamente es capaz de tener una increíble influencia en la fisiología, como hemos visto en el caso de los monjes tibetanos en la India. En efecto, muchos atletas se apoyan en el factor fe durante las competencias, y experimentan la alegría a la que se llega cuando se está "inspirado". Un tenista citado por el *New York Times* describió esta sensación como "tan completa e intensa, que evoca un estado casi semiconsciente de euforia, que muchos creen que se parece a la hipnosis y que permite que un buen atleta alcance su mayor grado de desempeño".

Los psicólogos deportivos dicen que los atletas que están "inspirados" experimentan una gran felicidad, un sentido de eternidad, de poder hacerlo todo sin esfuerzo alguno, y de pensamiento positivo. Habitualmente *esperan* ganar. El grande del tenis, ya retirado, Chris Ebert Lloyd lo confirma: "Uno juega 'en la zona', por encima de la cabeza, donde todo es como un sueño. Cuando uno juega partidos así, quiere jugar más".

Experiencias de éxtasis

Esto es muy similar a los "éxtasis", o experiencias religiosas que la gente a veces atribuye a la meditación o a la oración. Siempre me ha parecido difícil entender qué quieren decir los que hablan de estas experiencias. Pero el doctor Stanley R. Dean, profesor de psiquiatría de la Universidad de Miami y de la Universidad de Florida, capturó lo que yo quiero decir cuando me refiero a experiencias de éxtasis, cuando escribió que "producen una transmutación sobrehumana de la consciencia que desafía cualquier descripción. La mente, intoxicada divinamente, literalmente da vueltas y viaja sobre sí misma; busca a tientas y lucha por encontrar palabras que expresen suficientemente el júbilo y la grandeza, a fin de reproducir la visión trascendental. Y ni siquiera así tenemos palabras adecuadas".

Usted tal vez recuerde que en el capítulo anterior dije que no suelo animar a mis pacientes a esperar éxtasis, o efectos interna y externamente espectaculares que se asocian a la meditación o a la oración intensa. Es, como he explicado, derrotista esperar fuegos artificiales porque esas expectativas obstaculizan el foco que se requiere para producir la respuesta de la relajación.

Suele ser difícil convencer a la gente de esto porque nuestra sociedad está cautivada por la idea de los encuentros con Dios y con la inmortalidad, y nos tiene especialmente intrigados la idea de que lo divino se manifiesta en formas fantásticas y conspicuas. En resucitaciones y servicios de culto, en grupos motivacionales y seminarios, hay individuos que sufren desmayos y convulsiones, echan espuma por la boca, hablan en distintas lenguas, sostienen serpientes venenosas, caminan sobre carbones ardientes y dicen que levitan. Escuchamos historias de personas que sienten que renacen, ven estatuas de la Virgen llorando, o son llamadas por la voz de Dios, Satanás, o un pariente muerto para darles un mensaje importante.

Durante mis veinticinco años de estudio de pacientes que producen la respuesta de la relajación, he encontrado que las experiencias tan espectaculares son relativamente raras. Si lo insólito y lo extraordinario es posible, parece que un amplio espectro de sensaciones tranquilizantes y vigorizantes se facilitan con la respuesta de la relajación, muchas de las cuales resisten cualquier intento de descripción; una parte de ellas trasciende la experiencia cotidiana y se sienten de naturaleza espiritual. Todas estas experiencias, desde las moderadas hasta las fantásticas, parecen ser igualmente curativas fisiológicamente.

En un mundo que las busca, es maravilloso saber que las experiencias espirituales y sagradas de todas las clases, algunas de éxtasis pero la mayoría simplemente tranquilizantes y restauradoras, están a nuestro alcance. La revista *Newsweek* del 28 de noviembre de 1994 afirmó que fuera de la iglesia, el 45 por ciento de los estadounidenses sentían lo sagrado durante la meditación, el 68 por ciento de ellos sentían lo mismo al nacer un niño, y el 26 por ciento, durante el acto sexual. Esta encuesta demuestra que las experiencias sacras son bastante accesibles.

Por la manera como funciona el cerebro y por el factor fe que maximiza la respuesta de la relajación, comencé a entender que la espiritualidad que nuestro mundo desea tan ardientemente vive dentro de nosotros y se puede provocar fácilmente. Si usted quiere, puede aplicar sus creencias religiosas para producir la respuesta de la relajación y ejercitar lo que puede parecerle algo así como un músculo espiritual. Cualesquiera que sean las creencias de usted, cuando produzca la respuesta de la relajación estará ejercitando un mecanismo cuerpo-mente que tiene méritos fisiológicos comprobados.

VIII

LA FE CURA

En su libro *A History of God*, Karen Armstrong cuenta la historia de un grupo de judíos en el campo de concentración de Auschwitz que decidieron, una tarde, hacerle un juicio a Dios. Se le acusó de crueldad y traición, y los argumentos en favor y en contra comenzaron. A pesar de creer que Dios combate el mal y sirve de consuelo a los humanos, esta corte improvisada en un campo de muerte no encontró evidencia de intervención divina en ese mundo horrible, ni ninguna circunstancia atenuante que eximiera a Dios de culpabilidad. El rabino anunció el veredicto: Dios es culpable de los cargos que se le imputan y, probablemente, merece la muerte. Entonces miró a todos los que estaban reunidos y les dijo que el juicio había terminado. Era la hora de la oración.

Vimos en el capítulo anterior cuán natural es que las personas combinen la memoria del bienestar con la respuesta de la relajación, en una fusión que yo llamo el factor fe. Encontré que mis pacientes se acostumbraban a este tipo de oración como si se tratara de una segunda naturaleza. Comencé a buscar más evidencia de que la fe era tan poderosa como difícil de tratar en la fisiología humana, como lo indicaban las primeras investigaciones. Recurrí a la literatura médica para encontrar la evidencia existente de que la espiritualidad y la vida religiosa son beneficiosas para la gente. Estos hallazgos son la sustancia de este capítulo.

La fe a lo largo de la historia

Aprendí rápidamente que no hay civilización alguna que no tenga fe en Dios o en dioses. Durante milenios, la fe ha sido importante para todo el mundo, pero cuando en el Occidente comenzaron a dividir las esferas del cuerpo y de la mente, y confinaron la fe y la razón en ángulos opuestos, a la fe no le fue tan bien como a la razón, pues se convirtió en un asunto privado y personal, mientras que la razón se convirtió en un bien público. Las batallas territoriales han sido amargas, como lo demostró ampliamente Martín Lutero cuando dijo: "La razón es el mayor enemigo de la fe; nunca viene en ayuda de las cosas espirituales sino que con muchísima frecuencia combate la Palabra divina, tratando con desprecio todo lo que emana de Dios".

Demasiado potencial humano ha sido desperdiciado en este asunto. Los científicos han despreciado a Dios, y por ello rara vez la fe religiosa ha sido objeto de estudio científico. En su revisión de las siete publicaciones más importantes sobre cuidado primario, el doctor Robert D. Orr y el reverendo George Isaac de la Universidad de Chicago, encontraron que de 1 066 artículos, sólo doce, apenas un 1.1 por ciento, valoraban las consideraciones religiosas. De todas las características de los pacientes que se podían estudiar y se estudiaron, la religión y la fe fueron desdeñadas por completo.

En otra excelente revisión de literatura, el doctor Levin y el doctor Preston L. Schiller, también de la Escuela de Medicina de Eastern Virginia, encontraron un poco más de doscientos estudios realizados durante los últimos doscientos años, en los que *se evaluaban* descubrimientos relacionados con la religión, en publicaciones en lengua inglesa. Pero si pensamos que en doscientos años sólo doscientos de los centenares de miles de artículos especializados publicados en inglés se molestaron en investigar la fe, eso demuestra que en la historia reciente de la medicina occidental Dios se ha convertido en un tabú.

El doctor Levin explica que "la biomedicina occidental, de la cual forma parte la epidemiología, está todavía luchando contra un dualismo cuerpo/mente que escapa al consenso; de este modo, para la mayoría de los epidemiólogos la solución del pluralismo cuerpo/mente está sencillamente más allá de cualquier consideración". Y, concluye el doctor Levin: "Como resultado, la idea de que las experiencias religiosas previas puedan influenciar la salud de alguna manera está relegada al folklore y al margen de la comunidad científica".

Pero esto está comenzando a cambiar. Los científicos están explorando la investigación más antigua en busca de evidencia, y se están iniciando nuevos estudios. Y así como sucedió con mi investigación sobre la memoria del bienestar, la evidencia que existe sobre los beneficios de la fe en la salud ha sido convincente. En uno de los resúmenes más importantes, el doctor Levin revisó cientos de estudios epidemiológicos y concluyó que el hecho de creer en Dios disminuye las muertes y aumenta la salud. Y en 1995, el doctor Thomas E. Oxman y sus colegas de la Escuela de Medicina de Dartmouth informaron que pacientes de afecciones cardíacas mayores de cincuenta y cinco años, a quienes se les había practicado cirugía de corazón abierto, bien de una arteria coronaria o bien de una válvula aórtica, y que habían recibido el solaz y el consuelo de sus creencias religiosas, tenían tres veces más probabilidades de sobrevivir que los que no los habían recibido.

En la mayoría de los estudios científicos del pasado, los investigadores se centraron en los beneficios de la participación en religiones organizadas. Indudablemente lo hicieron así porque era más fácil medir la participación que las creencias. Excluyendo a los pacientes que no practicaban públicamente sus creencias, presumieron que éstas no eran influyentes. Pero en la medida en que la investigación sobre prácticas y creencias menos públicas ha comenzado a acumularse, los resultados son los mismos. Mi revisión de la literatura indica que independientemente de cuán tradicional sea la práctica de las creencias religiosas, siempre que hay fe se desencadena la memoria del bienestar, y la salud puede mejorar.

La salud y el compromiso religioso

De acuerdo con una encuesta Gallup realizada en 1990, el 95 por ciento de los estadounidenses dicen que creen en Dios, y el 76 por ciento de ellos afirman que rezan con regularidad. Y en una revisión muy completa e impresionante de la literatura científica sobre el efecto médico de las experiencias espirituales, el doctor Dale A. Matthews, el doctor David D. Larson y la señora Constance P. Barry encontraron evidencia de que los factores religiosos ejercen una influencia amplia y profunda en la salud (vea la tabla 6). En su síntesis académica, *The Faith Factor: An Annotated Bibliography of Clinical Research on Spiritual Subjets*, encontraron que había factores religiosos comprendidos en mayor supervivencia; menos uso de alcohol, de cigarrillo y de drogas; menos ansiedad, depresión o ira; presión sanguínea reducida; y mejor calidad de vida para pacientes de cáncer y de enfermedad cardíaca.

En un interesante experimento del doctor Peter Pressman, de la Escuela Médica de la Universidad Northwestern y sus colegas, fueron estudiadas treinta mujeres de edad, convalecientes de cirugía de cadera, para establecer la relación que había entre sus creencias religiosas y su salud médica y psiquiátrica. Las que tenían sólidas creencias religiosas pudieron recorrer a pie una distancia mucho mayor, y tuvieron menos probabilidades de depresión. Aunque las pacientes recorrieron una distancia mucho mayor porque estaban menos deprimidas, los resultados son impresionantes. El compromiso religioso está invariablemente asociado a mejor salud. Cuanto mayor sea el compromiso de una persona, menores son sus síntomas psicológicos, mejor es su

TABLA 6
LA INFLUENCIA DE FACTORES RELIGIOSOS EN LA SALUD*

Condición	Número de estudios	Efectos saludables	Porcentaje de efectos saludables
Menos consumo de alcohol	18	16	89
Menos consumo de nicotina	6	6	100
Menos consumo de drogas	12	12	100
Mejoras en síntomas psicológicos, incluyendo adaptación y capacidad de enfrentar problemas	15	14	93
Menos depresión	17	12	71
Menos hostilidad	4	4	100
Menos ansiedad general	11	8	73
Menos ansiedad respecto de la muerte	15	10	67
Mejor estado general de salud	5	4	80
Presión sanguínea reducida	5	4	80
Mejor calidad de vida en pacientes de cáncer	8	7	88
Mejor calidad de vida en pacientes de enfermedad cardíaca	6	4	67
Mayor supervivencia	9	8	89

* Los datos anteriores son un resumen de: D.A. Matthews, D.B. Larson y C.P. Barry, *The Faith Factor: An Annotated Bibliography of Clinical Research on Spiritual Subjects,* Vol. 1 (John Templeton Foundation, 1994).

salud general, más baja su presión sanguínea y mayor su supervivencia. De extremo a extremo del espectro, bien fueran grupos de distintas edades, etnias y religiones, con distintas enfermedades y condiciones, el compromiso religioso trae una vida entera de beneficios.

La religión suele promover comportamientos y estilos de vida saludables. Entre otros, los mormones y los adventistas del Séptimo Día disuaden a sus miembros de fumar, de consumir alcohol o de tener relaciones sexuales extramatrimoniales (asociadas a un mayor riesgo de enfermedades de transmisión sexual) y fomentan dietas saludables y ejercicio. Los adventistas del Séptimo Día, que están en contra del consumo de alcohol y el tabaco, presentan tasas inferiores de cáncer — especialmente de los pulmones, de la vejiga y del colon — cuando son comparados con la población general, incluso con los que se abstienen de consumir alcohol. Estos practicantes religiosos, lo mismo que los clérigos de todas las creencias, son más saludables, física y mentalmente, que el promedio de los estadounidenses.

Las personas religiosas expresan invariablemente mayor satisfacción con la vida, más bienestar, más altruismo y más autoestima que las personas que no son religiosas (vea la tabla 7). Por todo lo que sabemos sobre la memoria del bienestar y sobre el impacto del estrés y de la confusión en la salud, la felicidad y el contento que la fe engendra son una prueba de que ésta es una extraordinaria contribución a la buena salud.

En 22 de 27 estudios, la asistencia a servicios religiosos estaba correlacionada con un mejor estado de salud. Los servicios de culto tienen un gran potencial de elementos curativos: la música, el entorno estético, los rituales familiares, la oración y la contemplación. Además, distraen de las tensiones cotidianas y brindan oportunidades para la socialización, la amistad y la educación.

TABLA 7
LA INFLUENCIA DE FACTORES RELIGIOSOS EN LA PSICOLOGÍA*

Condición	Número de estudios	Efectos saludables	Porcentaje de efectos saludables
Mayor satisfacción con la vida	13	12	92
Mayor satisfacción marital	3	3	100
Mayor bienestar	16	15	94
Mayor altruismo	5	3	60
Mayor autoestima	4	2	50

* Los datos anteriores son un resumen de: D.A. Matthews, D.B. Larson y C.P. Barry, *The Faith Factor: An Annotated Bibliography of Clinical Research on Spiritual Subjects,* Vol. 1 (John Templeton Foundation, 1994).

El ritual religioso

La memoria del bienestar hace del ritual religioso un mecanismo muy poderoso. Hay algo muy influyente en el hecho de invocar un ritual que uno practicó por primera vez en la niñez, y en el de regenerar los patrones neuronales que se formaron en su experiencia temprana de la fe. En mi práctica médica, esto ha demostrado ser cierto incluso, debo decir, en el caso de muchos adultos que han rechazado la religión que practicaron cuando niños. Si usted experimenta un ritual desde una perspectiva completamente distinta de madurez e historia de vida, las palabras que lee, las canciones que canta, las plegarias que recita lo calmarán, así como lo calmaban en lo que era, quizá, la época más sencilla de su vida. Aunque usted no aprecie conscientemente que hay un drama real o una emoción en el ritual, el cerebro conserva el recuerdo de la constelación de actividades asociadas al ritual, tanto del contenido emocional que le permite al cerebro sopesar su importancia como de la actividad de las células nerviosas, las interacciones y las reacciones químicas que se activaron en primer lugar.

Durante el tiempo que he estado enseñándole a la gente la respuesta de la relajación y animando a los pacientes a personalizar las técnicas de concentración mediante la adopción de palabras, oraciones, frases o mantras que sean significativos para ellos, nunca ha dejado de impresionarme el impacto de los rituales familiares. Hace años, Sally Nash, una benefactora del Mind/Body Medical Institute, aunque nunca había recurrido a él, desarrolló un cáncer de ovario. La mujer se resistió completamente a creer que el cáncer fuera su ruina, y desdeñó durante un tiempo los tratamientos que la medicina convencional le ofrecía, las drogas y los procedimientos, que corresponden a dos de las tres patas del banco de tres patas que se necesita para lograr buenos resultados. En lugar de todo eso, se embarcó en una rigurosa dieta macrobiótica y practicaba fielmente la respuesta de la relajación. Pero con el tiempo, sus intestinos se obstruyeron a causa de la metástasis de los tumores malignos, y yo le exigí, como médico y amigo, que permitiera una inmediata intervención quirúrgica para aliviar la obstrucción. Sin la operación, ella habría muerto con toda seguridad. Pero pese al gris pronóstico, la señora Nash aceptó con dificultad la operación, siempre y cuando que yo estuviera con ella cuando llegara al hospital y en el momento de ser anestesiada.

Por supuesto que accedí. Más tarde ese día, estábamos en la antesala del Hospital Deaconess de Boston, donde se le iba a administrar la anestesia y a preparar para la operación. El anestesiólogo era un hombre enorme, con el tamaño y la estatura de un jugador de fútbol americano, de porte tranquilo y muy profesional. Ya con las máscaras puestas, nos reconocimos, y él indicó que era el momento de administrarle la anestesia. Ella me pidió que la tomara de la mano y la condujera por los pasos de la respuesta de la relajación, utilizando las mismas palabras que había estado usando, el comienzo del Salmo 23: "El Señor es mi pastor".

Mientras el anestesiólogo le administraba la anestesia, yo repetía en voz alta, junto con ella: "El Señor es mi pastor... El Señor es mi pastor... El Señor es mi pastor... El Señor es mi pastor" en cada una de sus espiraciones, hasta que le hizo efecto la anestesia y quedó inconsciente. Cuando miré al anestesiólogo, a quien minutos antes le encontré parecido con Dick Butkus, él estaba temblando suavemente y con la máscara empapada en lágrimas. Para la mujer, recitar un salmo familiar con un médico en quien confiaba era una profunda fuente de calma. Pero el ritual tuvo en sí mismo un poder que yo no había previsto: provocó en este sencillo y responsable anestesiólogo una profunda respuesta emocional.

La autora Karen Armstrong también destaca la importancia de los rituales religiosos cuando escribe:

> A muchas de las personas que asisten a servicios religiosos en nuestra sociedad no les interesa la teología, no buscan nada exótico y no les gusta la idea del cambio. Encuentran que los rituales establecidos les proporcionan un vínculo con la tradición y les dan una sensación de seguridad. No esperan ideas brillantes en un sermón, y se confunden con los cambios de liturgia. Más o menos de la misma manera, a muchos de los paganos de la antigüedad les encantaba adorar a los dioses ancestrales como lo habían hecho las generaciones que los precedieron. Los viejos rituales les daban una sensación de identidad, celebraban las tradiciones locales y parecían ser una garantía de que las cosas continuarían como estaban.

Obviamente, ésta es la razón por la cual los cambios litúrgicos son tan traumáticos para los feligreses. Aunque los rituales parezcan formales y anticuados para el pensamiento moderno, son misteriosos, evocan temor reverencial y dejan marcas indelebles en el cerebro de la gente. Por eso he encontrado que muchos de mis pacientes católicos, los que han experimentado una religión inclinada a los rituales, abrazan rápidamente la respuesta de la relajación. Si están inclinados a ello, los animo a rezar el rosario o a rezar en la lengua en que aprendieron a rezar o escucharon las oraciones por primera vez, sea latín, español, italiano o cualquier otra. Pese al hecho de que ahora hablan inglés la mayor parte del tiempo, el recordar una lengua nativa les produce una reverencia especial y les ayuda a mantener su práctica.

Ésta puede ser una lección importante para otras comunidades religiosas que intentan mantener un delicado equilibrio entre el ritual y la innovación, que conservan tradiciones significativas pero que se despojan de prácticas anacrónicas o poco atractivas. Los rituales religiosos son particularmente conmovedores, y las tradiciones patrióticas y otras tradiciones seculares funcionan de la misma manera; el cerebro conserva desde la niñez un activo recuerdo visceral de las canciones, los símbolos, las palabras y los gestos, de manera que el cuerpo se vigoriza y se nutre cuando se recuerdan.

La amistad

La amistad que se ofrece a la gente en sus comunidades religiosas es igualmente restauradora. De acuerdo con el doctor Levin, la historia de los estudios epidemiológicos indica que el apoyo social, el sentido de pertenencia y la amistad y la convivencia que la religión engendra "sirven para atenuar los efectos adversos del estrés y de la ira, tal vez por caminos psiconeuroinmunológicos". El doctor Levin cree que la participación en estas actividades puede desencadenar una serie de procesos biológicos que conducen a una mejor salud. Por supuesto que existen otras muchas maneras de recibir apoyo social y amistad, distintas de los círculos religiosos. Pero la religión representa para muchos una fuente importante de socialización, y en un estudio que publicó el *American Journal of Epidemiology*, sobre cerca de 7 000 hombres y mujeres de treinta a sesenta y nueve años de edad en Alameda County, California, los investigadores encontraron que el aislamiento social tiene consecuencias negativas en la salud. Los altos grados de conexión social están relacionados de manera invariable con la disminución de la mortalidad, sea una conexión familiar o de amistad, o una vinculación a algún grupo o iglesia. Este importante hallazgo de la doctora Lisa F. Berkman, de la Universidad de Yale, y del doctor Leonard S. Syme, de la Universidad de California en Berkeley, estableció que las tasas de mortalidad, una medida clara y precisa, estaban influenciadas por los niveles de apoyo social.

Jean-Paul Sartre dijo una vez que el infierno son los demás; pero, al menos cuando se trata de la salud física, de la habilidad para superar la enfermedad y vivir más tiempo, las personas necesitan de otras personas. Durante mucho tiempo, los médicos han sabido que los casados tienen mejor salud que los solteros, los divorciados o los viudos. Durante más de un decenio, científicos de la Universidad de Michigan estudiaron a 2 754 personas en el área de Tecumseh, Michigan, y encontraron que los hombres que hacían menos trabajo voluntario, que tenían menos contacto social y eran relativamente sedentarios tenían más probabilidades de morir mientras duró el estudio que los que hacían trabajo voluntario con regularidad y tenían más contacto social.

Y en un estudio citado con frecuencia, el doctor David Spiegel y sus colaboradores de la Escuela de Medicina de la

Universidad de Stanford y de la Universidad de California en Berkeley, demostraron que en evaluaciones hechas tras diez años de tratamiento de cáncer de mama, las mujeres que participaron en grupos de apoyo vivían en promedio dieciocho meses más que las mujeres que no tuvieron esta experiencia. En el estudio que hizo la Escuela de Medicina Dartmouth sobre pacientes sometidos a cirugía del corazón, al cual me referí antes, los pacientes que participaron en grupos sociales y comunitarios, como los que recibieron el solaz de sus creencias religiosas, tenían tres veces más probabilidades de sobrevivir. Pero los que simultáneamente participaron en actividades sociales y recibieron el solaz de su fe religiosa, ¡tenían diez veces más probabilidades de sobrevivir!

Sin embargo, los hospitales y las clínicas no pueden proporcionarles a sus comunidades la plétora de oportunidades de encuentros sociales y de apoyo que patrocinan la mayoría de las iglesias y las organizaciones religiosas. Bien sea por medio de servicios semanales en iglesias o sinagogas, de misas diarias o de templos dedicados a la oración varias veces al día, del estudio de la Biblia o de las noches de bingo, de las clases para la confirmación o de la preparación para la ceremonia bar mitzvah o bat mitzvah, de los grupos juveniles, de los encuentros matrimoniales o de los campamentos, de la escuela dominical o de las cocinas comunitarias, las instituciones religiosas aseguran que sus miembros obtengan dosis generosas no sólo de fe sino de saludables relaciones sociales.

Altruismo

La religión tradicional siempre ha fomentado entre los creyentes el ayudar a los demás, ser altruista, pagar diezmos, difundir la palabra. Pero el proceso de compartir lo que se tiene también redunda en una mejor salud.

Mi amigo Allan Luks, a quien conocí cuando era el director ejecutivo del Institute for the Advancement of Health, es ahora el director ejecutivo de Big Brothers/Big Sisters en la ciudad de Nueva York. Luks dedicó un libro a documentar el poder curativo de obrar bien *[The Healing Power of Doing Good]*. En una encuesta de miles de voluntarios a lo largo y ancho de la nación, Luks descubrió que las personas que ayudan a otros siempre tienen mejor salud que sus pares en el mismo grupo de edad. Muchos admitieron que su salud mejoró significativamente cuando comenzaron a hacer trabajo voluntario.

Luks llama a este fenómeno "la felicidad del que ayuda". Cerca del 95 por ciento de los encuestados indicaron que el hecho de ayudar a otros con regularidad les producía una sensación física agradable. El 90 por ciento de ellos identificaron características específicas de esa sensación física o afán, incluyendo afecto súbito, más energía y una sensación de euforia. También calma y relajación a largo plazo.

El hacer el bien no sólo trae consigo esta satisfacción. El 80 por ciento de los voluntarios dijeron que los beneficios de salud regresaban cuando más tarde recordaban la buena acción (como en la memoria del bienestar). Es importante notar que las recompensas identificadas en la encuesta de Luks se obtenían por ayudar a extraños, no solamente a la familia o a los amigos. Aunque las causas eran diversas, el acto generoso de ayudar a otros siempre daba por resultado mejor salud; por ello, el altruismo es una forma viable de autocuidado.

Interceder por otros y el toque terapéutico

Algunos estudios indican que interceder por otro, esto es, rezar por otra persona, es eficaz, aunque se necesita más investigación sobre esto. Sin embargo, es interesante ver que interceder por otros puede haber funcionado en el siguiente estudio porque los pacientes no sabían que alguien estuviera rezando por su recuperación. Así, si las plegarias fueron eficaces, no puede haber sido como resultado de la memoria del bienestar. Casi 400 pacientes que habían sido hospitalizados en una unidad de cuidados coronarios de San Francisco fueron estudiados durante diez meses. A la mitad de esos pacientes se les asignó alguien que rezara por ellos, y a la otra mitad, no. Los pacientes por los cuales intercedieron otros presentaron menos episodios de falla cardíaca congestiva, menos espasmos coronarios, menos neumonía, y requirieron menos diuréticos y antibióticos.

Durante mucho tiempo, las congregaciones religiosas han mantenido cadenas de oración y líderes laicos que visitan a los feligreses hospitalizados pero, con las noticias sobre los beneficios de la respuesta de la relajación, la oración y "la imposición de manos" se han convertido en esfuerzos mucho más serios. Las enfermeras han adaptado la tradición religiosa de imponer las manos a un campo llamado "el toque terapéutico", relacionado con disminución de dolores postoperatorios y disminución de la necesidad de tomar analgésicos; y en un estudio, con menos dolores de cabeza en el 90 por ciento de los pacientes con dolores por tensión. Los médicos descubrieron que las tasas de curación de heridas mejoraban significativamente cuando se utilizaba el toque terapéutico, y otras investigaciones han demostrado que pacientes hospitalizados que recibían esta terapia experimentaban una reducción significativa de sus niveles de ansiedad.

Quienes practican el toque terapéutico dicen que transmiten una energía, a la cual me referí en el capítulo anterior, y el tratamiento puede incluir o no incluir el toque físico real. En actitud meditativa cuando cuidan de sus pacientes, los que lo practican creen que aunque no se haga contacto, su campo de energía curativa establece la conexión con los pacientes.

Una vez más, como dije antes, no he podido verificar la existencia de campos de energía en mis trabajos científicos; pero sí creo que la memoria del bienestar funciona en el toque terapéutico. Y, adicionalmente, en casos en los cuales se da el contacto físico, los pacientes pueden estar beneficiándose de lo que creo que será establecido científicamente, esto es, los beneficios curativos del contacto humano. Con frecuencia he oído a los pacientes observar lo mucho que para ellos significa que el cirujano o el anestesiólogo les tomen la mano cuando están perdiendo la consciencia como resultado de la anestesia. Y sabemos que los bebés a quienes se les niega el afecto y no se les carga durante los meses formativos sufren efectos prolongados por haber sido privados del contacto físico. Más adelante en este libro haré algunas distinciones entre la medicina convencional y la no convencional; pero, por ahora, es suficiente decir que creo que la ciencia encontrará finalmente el valor curativo inherente al contacto humano, y que esto puede reivindicar el valor de terapias propias de la medicina no convencional, incluyendo el masaje.

Mis intentos por cuantificar el poder curativo de la fe

Hace más de una década, decidí estudiar un autodenominado "sanador". En el pasado se me habían acercado algunos de ellos, que después de leer Th*e Relaxation Response*, creían que ése era el efecto que ellos producían durante sus curaciones. Tan fascinado como estaba con sus afirmaciones, siempre dudé en comenzar esos estudios, preocupado porque pudieran llevar demasiado lejos mis intereses en la memoria del bienestar y amenazar mi credibilidad en el campo. Pero Lady Raeburn, ex campeona olímpica de esquí por Gran Bretaña, esposa del gobernador de la

Torre de Londres, y descendiente de una distinguida familia de oficiales navales británicos (parienta lejana del almirante estadounidense de la Segunda Guerra Mundial William "Bull" Halsey), estaba recorriendo los Estados Unidos con su esposo, cuando me solicitó una cita para pedirme que estudiara su poder de curar. Esposa de un prominente político, Lady Raeburn me aseguró que si yo aceptaba realizar ese estudio, ella mantendría nuestro trabajo en secreto.

Lady Raeburn me contó que había notado por primera vez su capacidad de curar cuando tenía diecisiete años, y pudo calmar a una tía de ella en medio de un persistente y violento "ataque de nervios". Más tarde, mientras esquiaba, se fracturó un hueso de la pierna, y ella misma pudo ayudarse, utilizando sus recursos curativos y otros de un autodenomiado sanador. Continuó sanando animales y compañeros atletas que sufrían fracturas en los miembros. Y con el tiempo, comenzó a curar personas que tenían desórdenes de todo tipo.

Si yo aceptaba, ella donaría su tiempo y viajaría desde Londres para las pruebas. Acordamos realizar algunos experimentos, prometiendo que no diríamos nada si nada importante surgía de nuestros hallazgos.

Encontré un laboratorio en la Escuela de Medicina de Harvard, que accedió a nuestra solicitud de discreción. Mi hipótesis era que si un sanador podía influir en formas tan simples — animales que no tienen un sistema nervioso altamente desarrollado, o plantas —, quizá sería posible establecer la existencia de la "energía" del sanador; si existía, esta energía tenía que demostrar efectos distintos de los de la memoria del bienestar, y como lo que Lady Raeburn hacía era imponer las manos, yo no podía pensar en ningún experimento con humanos que estuviera libre de creencias.

Comenzamos nuestros experimentos con semillas de maíz que retoñaban fácilmente en el agua. Básicamente, envenené las semillas sumergiéndolas en una solución salina para inhibir su crecimiento. Lady Raeburn puso las manos sobre un grupo de semillas envenenadas, y, asombrosamente, germinaron más rápidamente que las otras que habían sido envenenadas.

Posteriormente trabajamos con planarias, gusanos que se regeneraban cuando se les cortaba por la mitad. Utilizamos los ojos para distinguir los cuerpos regenerados por completo. Una vez que cortamos todos los gusanos, la planaria que Lady Raeburn sostuvo en las manos se regeneró rápido, y los ojos de los gusanos que ella "sanaba" aparecían más rápido que en los otros gusanos.

Estos resultados eran muy interesantes. El problema fue que nunca pude replicarlos en una segunda o tercera ronda de experimentos. Lady Raeburn y yo hemos sido amigos durante muchos años, a pesar del misterio que nunca pudimos explicar.

Y aunque una revisión de literatura aplicable realizada por el doctor David J. Benor, en Londres, Inglaterra, cita los efectos de curaciones espirituales en levadura, bacterias, plantas y animales, la mayoría de estos resultados no han podido ser replicados por otros investigadores. Y como la réplica ha sido imposible en mis experimentos, soy cauteloso sobre estos resultados.

A través de los años he oído hablar de muchos ejemplos de reacciones de animales caseros a los estados contemplativos de sus amos cuando evocan la respuesta de la relajación. Hace más de veinte años, el jefe del Departamento Médico de New York Telephone, el doctor Gilbeart H. Collings, Jr., con otros colegas y yo, realizamos un estudio de los efectos de la relajación regular en un grupo de supervisores de AT&T que en ese momento estaban a cargo de las quejas de los suscriptores y sufrían altos grados de estrés como resultado de esta actividad. Collings me llamó un día para decirme que había sido alertado por algunos de los supervisores de que sus animales caseros, generalmente distantes, querían estar con ellos durante la práctica: arañaban la puerta, querían entrar en la habitación y sentarse cerca de ellos, y después demostraban una actitud afectuosa que no era habitual. Esta misma reacción me ha sido relatada tantas veces durante años que denominé el fenómeno "el efecto San Francisco", recordando la leyenda según la cual el santo domó a un lobo salvaje y atraía a los pájaros y a otros animales.

El efecto San Francisco

Un ejemplo mucho más espectacular del efecto San Francisco proviene de una mujer de un grupo de empleados públicos a quienes les di una charla en Concord, New Hampshire. La mujer contó la historia de dos hermosos gansos egipcios que tenía en su granja. Estas aves magníficas, macho y hembra, eran muy ariscas e indiferentes, todo el tiempo se mantenían a prudente distancia de ella y nunca se acercaban más de unos cuantos pasos, ni siquiera a la hora de comer. En la primavera, a la mujer le gustaba meditar sentada a la orilla del estanque. Un día de mayo, estaba meditando con los ojos cerrados, cuando abrió los ojos y vio a los gansos justo en frente de ella, con sus cabezas a unas cuantas pulgadas de su cara. Estaba alarmada, pero cerró los ojos otra vez, y regresó a su meditación. Después de un minuto, abrió sus ojos y encontró a estos hermosos animales todavía cerca, esta vez saltando y extendiendo las alas y las patas, como si estuvieran danzando. La mujer estaba sorprendida, pero continuó su meditación y minutos más tarde sintió que los gansos se sentaban, uno a cada lado, y apoyaban la cabeza en su regazo. Para su asombro, nos dijo, los gansos descansaron allí durante un rato.

Siempre he atribuido el efecto San Francisco a las feromonas, o aromas de los humanos (y animales) que disminuyen cuando se reduce el estrés y los cuerpos están en calma. Parece que cuando estamos relajados, secretamos menos olores de los que generalmente disuaden a los animales de acercarse a nosotros. Los buenos veterinarios y los entrenadores de animales entienden bien esto. Una vez leí que las mujeres en la ciudad de Nueva York, que está entre las más apremiantes, más excitantes y más estresantes del mundo, usan más desodorante que cualquier otra población comparable del país. Aunque no acostumbramos pensar en la secreción permanente de olores del cuerpo cuando estamos estresados, los efectos son cuantificables.

El doctor Larry Dossey, una vez internista y ahora escritor de tiempo completo con cinco libros sobre espiritualidad y curación en su haber, argumenta que la oración es potente no sólo para la gente sino también para animales, plantas y organismos inferiores. (Esto puede dar crédito, por supuesto, a los jardineros que insisten en que si se les habla a las plantas, se desarrollan mejor.) Al doctor Dossey indudablemente le agradaría la investigación adicional que yo creo que es necesaria para probar que hay un vínculo entre las creencias y la fisiología de las plantas y los animales.

La evidencia del poder curativo de la fe

Aunque los efectos de la fe en las plantas y en los animales son todavía un interrogante, no dudo de que el aura que les atribuimos o la reverencia que los humanos les rendimos a los médicos evoca la memoria del bienestar. Esto no quiere decir que debemos venerar a quienes cuidan de nuestra salud o llenar nuestra vida de supersticiones, pero debemos apreciar el hecho de que el atribuirles maravillas a los sanadores o a las terapias convencionales y no convencionales puede ser terapéutico en sí mismo.

También creo que hay algo poderoso en las peregrinaciones que, durante siglos, los humanos han creído que son curativas y restauradoras. Piense usted en cómo la gente se congrega en grutas y lugares sagrados, o viaja a los hospitales universitarios de Harvard, al hospital Johns Hopkins o a las clínicas Menninger y Mayo. Sospecho que cuando la gente hace largos viajes para ver a los médicos, para visitar lugares que asocian a la curación, las expectativas y la esperanza engendran una forma profunda de memoria del bienestar. Sin duda, los pacientes se benefician de la confianza y de la admiración hacia las personas que las cuidan. En verdad, puede haber formas en que la medicina tradicional y quienes la practican pueden ajustar nuestras prácticas a las preferencias instintivas y hasta inconscientes de nuestros pacientes, como lo indica el sistema feng shui que mencionamos antes.

Pero en este libro, estoy enfatizando la confianza y la admiración por los recursos curativos internos de cada persona, en la esperanza de que podamos establecer un mejor equilibrio entre lo que nos dan quienes nos cuidan, o lo que hacen por nosotros — medicinas y procedimientos — y el papel no apreciado del autocuidado. Fundamentalmente, estoy ofreciendo formas en que los individuos pueden optimizar la memoria del bienestar, dado que la medicina convencional está apenas comenzando a incorporar muchas de las lecciones de la memoria del bienestar. Aunque la fe y las creencias tengan poderes curativos legítimos, la "curación de fe" es una expresión que nuestra sociedad ha llegado a asociar a empresarios religiosos, a los que manipulan en vez de ayudar, a más preocupación por ganar dinero que por cuidar a los enfermos. Pero en la medida en que la sociedad comienza a abrazar la medicina cuerpo/mente y a entender que la memoria del bienestar es eficaz para manejar buena parte de las consultas al médico, también debemos reconocer la legitimidad de algunas curaciones de fe.

La belleza de la memoria del bienestar es que no necesita un profesional con bata blanca; se basa en la fe de las personas comunes y corrientes, de gente con o sin conocimientos médicos específicos, simplemente en las expectativas de todo el mundo. El peligro, por supuesto, son los médicos y los que no son médicos que tratan de canalizar las expectativas y las creencias para ganar dinero o engrandecerse.

Sin embargo, examinando lo que tradicionalmente consideramos curaciones de fe, en una encuesta telefónica a más de 500 adultos en Richmond, Virginia, en 1984, los investigadores encontraron que el 14 por ciento de los encuestados manifestaron que habían sido curados como resultado de una oración o de una intervención divina. Un 12 por ciento de ellos dijeron que la fe había servido para curar resfriados y para calmar problemas emocionales, fracturas, problemas de espalda y cáncer. Sin embargo, no hubo confirmación de esto por los investigadores.

En otra investigación sobre curaciones de fe en Baltimore, Maryland, el 67 por ciento de las personas afirmaron que habían experimentado efectos positivos en problemas físicos como dolores de espalda, dolores crónicos y artritis. Para problemas como depresión, ansiedad, miedo o ira, la tasa de curación era del 77 por ciento. Nuevamente, no hubo confirmación independiente de estas afirmaciones hecha por otros, pero gente que sufría sintió alivio. En un estudio objetivo realizado en Holanda, la imposición de manos les producía bienestar a los pacientes, pero no había reducción de la presión sanguínea sistólica o diastólica.

Pese a la falta de confirmación o consenso sobre estos estudios de curaciones de fe, sabemos, por los experimentos mencionados anteriormente sobre la memoria del bienestar, que las creencias del profesional de la salud incrementan las posibilidades de curación. Pero todavía debemos estudiar más las curaciones de fe, si vamos a reconocerle beneficios además de aquéllos de la memoria del bienestar.

Cuanto más aprendemos acerca del valor médico de la fe, más vemos a las principales denominaciones religiosas volver al redil curativo. La Escuela de Teología Andover Newton de Massachusetts es una de las muchas escuelas de teología que ofrecen formación en curaciones de fe, y no sólo en los programas tradicionales de atención pastoral y capellanía. El ex decano del departamento de psicología y estudios clínicos y director de educación pastoral clínica, doctor Henry C. Brooks, explica que "la curación fue alguna vez un componente importante de la misión de la Iglesia, pero renunciamos a ella. Comenzamos a pensar que curar era una empresa secular. Pero ahora, habiéndonos sumergido en el estudio de las conexiones entre el cuerpo y la mente, tenemos un papel muy valioso. Somos menos escépticos frente a la idea de que curar es parte de la tradición cristiana, y no sólo un truco publicitario de un charlatán. Ahora la curación de fe es un punto central para nosotros y esperamos estar a la vanguardia enseñándoles a otros acerca de esto".

Teología cuerpo/mente

En las obras, me dicen los académicos religiosos, están toda una teología y una doctrina religiosa que celebran las conexiones mente/cuerpo/alma y que pueden guiar a los creyentes para entender y apreciar las implicaciones religiosas de estas conexiones. Sin embargo, otros no están tan complacidos por las noticias de que nos beneficiamos físicamente de las creencias religiosas, y creen que los hallazgos médicos sólo deteriorarán la fe. Le oí decir al doctor Martin E. Marty, académico del Park Ridge Center for Health,

Faith and Ethnics en Chicago, que "el próximo ataque a Dios vendrá de la neurobiología, que tratará de reducirlo a neuronas".

Hace años, un eminente teólogo me dio un consejo que me tranquilizó. Cuando los hechos comenzaron a presentarse, y el factor fe comenzó a surgir como un beneficio significativo para la salud, me preocupaba que la gente religiosa viera mis investigaciones como un intento de "reducir a Dios a neuronas". También me preocupaba que al tratar de entender más sobre la memoria del bienestar en la poderosa forma de fe religiosa, pareciera que yo estaba tratando de probar o negar la existencia de Dios.

Entonces le pedí una cita al decano del Harvard Divinity School. El doctor Krister Stendhal era, en ese momento, el líder de esta muy prestigiosa escuela de teología, fundada en 1811. El doctor Stendhal es de orientación luterana y de imponente estatura. A pesar de ser muy delgado y encorvado, su presencia era inmensa: 1.85 m de estatura, comparada con la mía, de 1.60 bien erguido.

Me senté en lo más hondo de una silla acolchada frente al escritorio del decano, y empecé a decir el discurso que había ensayado. Le hablé de la memoria del bienestar y de la respuesta de la relajación. Le conté cómo había observado cambios fisiológicos en practicantes de meditación trascendental, y le relaté las increíbles hazañas que los monjes tibetanos podían realizar durante la meditación. Le hablé del factor fe y de los pacientes que se beneficiaban de la espiritualidad. Por último le dije al doctor Stendhal que me preocupaba que mis investigaciones deterioraran las prácticas religiosas. Necesitaba su consejo.

Stendhal escuchó todo esto antes de levantarse de su silla. Se me acercó lentamente y me puso la mano en el hombro. Inclinándose sobre mí, declaró: "Joven, no se preocupe por nosotros. La religión y la oración estaban aquí antes de usted, y aquí estarán después de usted. Haga lo suyo, que nosotros haremos lo nuestro".

En mis trabajos he tratado de no reducir a Dios a las neuronas, sino elevar el respeto de la ciencia médica hacia todas las creencias, incluyendo la creencia en Dios, de manera que entendamos cuán poderosa es la mente/cuerpo/alma en que habitamos.

La información que he presentado aquí es innegable. La fe es un factor central de la vida humana y de la salud. El pintor Marc Chagall dijo una vez: "No dejes mi mano sin luz". Mi búsqueda comenzó a persuadirme de que la luz es al pintor lo que la fe es a la humanidad. Cada vez más, llegué a convencerme de que la fe y la esperanza son nuestros instintos primarios, una luz hacia la que nos sentimos atraídos naturalmente. Como los judíos de Auschwitz, podemos rechazar la lógica de Dios, pero no podemos negar el solaz emocional y físico de la vida espiritual.

IX

DISEÑADOS PARA DIOS

La mayor parte del tiempo, la búsqueda científica que he descrito en este libro fue guiada por la pregunta "¿Eso es todo?" En los pacientes que encontraba y en la investigación que he recopilado, siempre me pareció que la medicina científica estaba acordonando los campos de la experiencia humana que quería afectar. En el proceso, ignoraba aquellos aspectos que los pacientes, si se les preguntara, identificarían como la esencia o el significado de su vida. Esto era particularmente frustrante porque mi investigación demostró en forma invariable que "la esencia de la vida" era también un manantial de salud.

Actuando por instinto

Pero si mi viaje estaba impulsado por los resultados de mi investigación, también lo guiaban los instintos. De modo que en este capítulo le diré a usted lo que instintivamente llegué a creer que era eterno e inmutable en la fisiología y en la existencia humana. Mi investigación ha estado suficientemente informada de las mediciones tradicionales de la ciencia, y con la evidencia que tengo mis conclusiones son científicamente sólidas. Es en este punto en el que considero que he alcanzado el final de lo que creo que la ciencia puede probar.

Muy temprano en mi búsqueda de respuestas, hace casi treinta años, tuve uno de los pensamientos más profundos que jamás haya tenido. Como la mayoría de mis mejores ideas, me vino cuando estaba afeitándome. Dejando de lado la investigación sobre el cuerpo y la mente, encontré que nada excita más el intelecto que una afilada cuchilla que deja huellas en la cara de uno. De manera que estaba de pie frente al espejo una mañana, con la cuchilla en el mentón, sumergido en mis pensamientos. Estaba reflexionando sobre los hechos como los conocía hasta ese momento: los científicos habían descubierto la existencia de un estado de relajación controlado por el cerebro en los animales, la misma respuesta de la relajación que más tarde yo identificaría en los humanos.

Había visto que los practicantes de la meditación trascendental podían relajar los mecanismos usualmente excitados por el estrés. Y aunque en ese momento no sabía la fórmula precisa para provocar esa relajación, los pasos no parecían misteriosos o difíciles de aprender. Mi hipótesis era que yo podría encontrar ejemplos del uso de un tema repetitivo en escenarios religiosos y laicos, y pensé que la respuesta de la relajación se producía en todos los casos, desde los ejercicios de respiración hasta los rituales religiosos alrededor del mundo.

Cuchilla en mano, seguí pensando, recordando mi vieja hipótesis de la universidad y los aspectos comunes de la experiencia religiosa, que tan bellamente había documentado William James. Parecía que desde que existía, el hombre siempre había adorado a un ser superior.

Entonces me golpeó. "¡Es la oración!", exclamé dirigiéndome a mi imagen medio afeitada del espejo. Era posible que esta tendencia de los humanos a adorar y a creer, estuviera arraigada en nuestra fisiología, escrita en nuestros genes y grabada en toda nuestra estructura. Quizá este deseo innato de creer y practicar nuestras creencias es lo que nos distingue de otras formas de vida. Tal vez instintivamente, los seres humanos siempre supieron que adorar a un poder superior era bueno para ellos. Y ciertamente, si provocaban la respuesta de la relajación, la ciencia médica podía *probar* que era bueno para ellos. Pensé entonces que quizá los humanos estábamos, en una profunda forma física, "diseñados para Dios".

¿Diseñados para Dios?

La noción de que los humanos pudiéramos estar diseñados para Dios me parecía tan fuera del dominio de lo científico que, aunque estaba tan entusiasmado con la posibilidad de que fuera verdad, inmediatamente sentí mucho miedo. ¿Estaba tratando de cuantificar y documentar la fe en Dios? No podría haber encontrado un tema más controvertible. No había nada más sagrado para la gente que la fe religiosa. Y no había nada más "acientífico" que la fe. Nunca una clase, un libro de texto, ninguna ronda de las que puedo recordar había intentado determinar las propiedades físicas o los méritos de creer en Dios.

Y, sin embargo, aunque nada en mi entrenamiento médico me había preparado para esto, mi interacción con los pacientes, con sus familias, y en general con la gente, me llevó a creer que mi hipótesis era sólida. La idea de que los humanos estamos diseñados para Dios, que estamos hechos a la medida para comprometernos y ejercer creencias, y que las creencias espirituales son las más poderosas, parecía una verdad que siempre había existido dentro de mí y de los humanos a los que había tenido acceso consciente. Como la sinestesia, de la que hablamos anteriormente en este libro, era como si un proceso físico hubiera alcanzado la superficie, de manera que, por primera vez, yo estaba en armonía con un motivo humano primario, y con una fuente eterna de fuerza y salud fisiológica.

¿Por qué sospecho que creer en Dios es un motivo primario o un instinto de supervivencia? Permítame resumir los hallazgos de este libro que condujeron a esa conclusión. Hemos examinado cuán influyente puede ser la fe cuando la cultiva un individuo, o alguien que cuida a un individuo, o la relación entre ellos. Hemos demostrado que las creencias tienen repercusiones físicas, positivas como en la memoria del bienestar, y negativas como en el efecto nocebo. Y hemos explorado cómo nuestra cultura, nuestra etnia y nuestras experiencias diarias les dan forma a nuestras creencias y, por tanto, a nuestra fisiología.

Entonces profundizamos en el funcionamiento del cerebro, y fuimos testigos de un impresionante y complejo sistema en el que se crean y se almacenan patrones de activación de células, y en el que las experiencias de la vida se mezclan con la genética, cambiando constantemente los patrones celulares que determinan nuestros pensamientos, movimientos, sentimientos y funciones. Aprendimos que la gente viene al mundo con instintos impresos en la estructura dura (entre otros, el miedo a las alturas, o acrofobia, y el miedo a las serpientes, u ofidiofobia), con la respuesta de huir o pelear, y con la noción de ser un "todo", de tener brazos, piernas y torso. Estas son predisposiciones genéticas. El cerebro terminó programado con estas estrategias porque gracias a ellas fue posible la supervivencia de nuestros ancestros y la conservación de la especie. También, inconscientemente, reaccionamos a todo lo que nos pasa y a todas las ideas con registros emocionales, cuya lógica y origen no comprendemos todavía.

El peso de la mortalidad

Pero no hemos hablado del hecho de que los humanos estamos dotados de una inteligencia que amenaza nuestra existencia misma. Siendo las criaturas más inteligentes del planeta, superando a todos los animales, también somos la única especie que reconoce su propia mortalidad. Al reflexionar sobre estos asuntos y enfrentar los hechos, la ignorancia puede ser feliz, porque el reconocimiento de la muerte puede ser tormentoso, deprimente y producirles ansiedad a los humanos hasta el punto de impedir la supervivencia. Como somos la única especie que puede preguntarse "¿Qué me va a pasar después de la muerte?", debemos responder esta pregunta de manera que promueva la supervivencia.

Se le atribuye a Cicerón haber dicho: "La filosofía sólo habla de una cosa: la muerte". He llegado a creer que para contrarrestar esta angustia fundamental, los humanos están diseñados para Dios. Exista o no exista Dios, nuestros genes garantizan que tengamos fe y que nuestro cuerpo se calme si cree en alguna antítesis de la mortalidad y de la fragilidad humana. Para que no nos paralicen el reconocimiento de la muerte y el miedo a ella, nuestro cerebro abriga creencias en un sentido mejor y más noble de la vida.

Karen Armstrong dijo en su obra *A History of God*: "Los judíos, los cristianos y los musulmanes han desarrollado ideas muy similares de Dios, que se asemejan también a otras contemplaciones del Absoluto. Cuando la gente trata de encontrar el sentido último y el valor de la vida humana, su mente tiende a ir en una dirección. Nadie la obliga a hacerlo, es algo natural en la humanidad". Creer en Dios es, ciertamente, natural en la humanidad, tan natural como nuestro instinto de huir o pelear. Como vimos anteriormente, estos instintos predeterminados suelen dar por resultado el desarrollo de estereotipos comunes, y nuestros miedos comunes se convierten en las leyendas de tierras y gentes muy distintas. De la misma manera, desarrollamos ideas del todopoderoso porque estamos programados "para ir en cierta dirección".

Después de la idea que tuve cuando me estaba afeitando, pasé dos años revisando la literatura religiosa y seglar del mundo, en busca de una fórmula común que produjera la respuesta de la relajación. Encontré que en todas las naciones y las religiones, los resultados eran los mismos. Cada cultura tiene prácticas religiosas o seglares que consisten en los dos pasos básicos: un tema repetitivo y una actitud pasiva hacia los pensamientos intrusos. Independientemente de las palabras, del judaísmo al budismo o del cristianismo al islamismo, la oración tenía un poder transformador, bien se tratara de una plegaria hindú o de la oración que dice "Dios te salve, María, llena eres de gracia" de los católicos. Había multitud de descripciones del estado de paz que producían estas prácticas religiosas. Además, encontré muchos ejemplos de aproximaciones seglares que producían la relajación fisiológica que yo había visto entre quienes practicaban la meditación trascendental. Éstas eran técnicas probadas científicamente, como la respiración Lamaze, el entrenamiento autogénico y los ejercicios de relajación muscular progresiva.

El significado de la vida

Crea o no crea en Dios *per se*, usted le da un norte y un significado a su vida. Por supuesto, los individuos expresan de diferentes maneras este diseño, esta instrucción preestablecida. Pero todos derivamos solaz y fuerza de las cualidades trascendentes de la vida.

Algunas personas buscan en los niños la inspiración porque no están contaminados y sí llenos de posibilidades. Para otros, los jardines resultan especialmente calmantes, una explosión de color y de vida que renace constantemente. En el mejor de los casos, la música y el arte han inspirado a generaciones y generaciones de escuchas y admiradores, así como las han inspirado las maravillas naturales: montañas, nubes que se mezclan unas con otras, las incesantes mareas y un Sol que sale cada mañana después de haber sido devorado por el horizonte la noche anterior.

Pero la fe en Dios parece ser particularmente influyente en

el proceso de curación porque "Dios", de acuerdo con todas las definiciones que conozco, es infinito. Es parte de nuestra naturaleza creer en una fuerza todopoderosa para que nuestra salud no se deteriore a causa del temido hecho final: que sucumbamos a la enfermedad y a la muerte.

Escribo "Dios" con "D" mayúscula en este libro, pero espero que los lectores entiendan que me refiero a las deidades de las tradiciones judeocristiana, budista, del islam y del hinduismo, a los dioses y diosas e, igualmente, a todos los espíritus adorados por los humanos en todo el mundo a lo largo de toda la historia. En mis observaciones científicas, he aprendido que no importa el nombre que uno le dé al Absoluto Infinito al que rinde culto, no importa a qué teología se adscriba, los resultados de creer en Dios siempre son los mismos.

Además, temo que el lenguaje de este capítulo y de otros en los que he discutido la experiencia espiritual pueda parecer inadecuado, independientemente de lo cuidadoso que he sido al escribirlos. Los humanos siempre han conocido esta frustración cuando tratan de representar lo divino y lo místico con palabras limitadas y finitas. Y según nuestro esquema mental, con casillas para la ciencia y la religión, para la mente y la materia, casi todos nos sentimos incómodos si se vincula a Dios con los genes, y a la espiritualidad con las células nerviosas.

Un deseo orgánico

Pero pese a lo inadecuado de nuestro vocabulario y nuestra filosofía, el anhelo de divinidad está plena y orgánicamente articulado dentro de nosotros. Jack Miles, ex jesuita y miembro del consejo editorial de *Los Angeles Times*, dijo en su reciente libro *God: A Biography*: "Él es la incansable respiración que todavía escuchamos en nuestros sueños". Y encuestas Gallup demuestran que el 95 por ciento de los estadounidenses dicen que creen en Dios. Por supuesto, no sabemos qué forma tiene Dios para quienes respondieron el cuestionario. Pero es extraordinario pensar que casi todos los ciudadanos de nuestro país concuerdan en la presencia de un ser todopoderoso.

Los científicos también sienten esta ansiedad intensa, tanto como la sociedad en general, o más. Pero dice un viejo adagio: "Si un poco de ciencia nos aleja de Dios, mucha ciencia nos acerca a Él". Los físicos, en particular, se encuentran en un dilema fundamental. Tan preciso es el vasto número de variables que deben haber convergido para causar la "gran explosión", tan poco probables son las coincidencias y tan absurda la duración de los episodios que dieron origen al universo hace miles de millones de años, que tienen que escoger entre pensar que toda la vida es un milagro o un escandalosa racha de suerte. De manera similar, la teoría emergente del caos afirma que pese al azar aparente, una innumerable cantidad de eventos de la vida, como las ondas en un estanque, el golpe seco de una bandera en su asta o las pequeñas alteraciones en el ritmo cardíaco, pueden en verdad predecirse y cuantificarse, si se estudian lo suficiente y con sofisticados computadores y modelos matemáticos. Detectar diseños y patrones donde antes no eran aparentes puede producirle estremecimientos de fe aun al más valiente de los científicos.

Revisando una cantidad de nuevos libros que vinculan la ciencia a la religión, el escritor del *Wall Street Journal* Jim Holt dice que "hasta donde la ciencia contemporánea puede decir, casi todo lo del universo — su destreza para la autoorganización, su potencia bien afinada para producir galaxias, vida y consciencia, su total existencia — es muy improbable. Esto parecería indicar que estamos aquí gracias a un diseño sobrenatural deliberado".

Uno de los libros reseñados por Holt, *Evidence of Purpose: Scientists Discover the Creator*, fue editado por Sir John Templeton, conocido por sus éxitos en la dirección de fondos mutuales. Sir John, uno de mis mentores, ha dedicado una fundación y todas sus energías al estudio de las bases científicas de Dios. He servido como miembro de un comité consultivo de la John Templeton Foundation, y he tenido la oportunidad de conocer y conversar con el doctor Owen Gingerich, de la Universidad de Harvard, con el doctor Daniel H. Osmond, de la Universidad de Toronto, y con el doctor Robert John Russell, de la Graduate Theological Union, los cuales contribuyeron con capítulos a *Evidence of Purpose*.

Estos autores argumentan de manera convincente que es tan improbable que los elementos se combinen como lo hicieron para crear la vida como la conocemos, como atractiva es la teoría de que un "diseño sobrenatural deliberado" funciona en nuestra vida, y que hay evidencia de que el universo fue intencional y no diseñado al azar. En su libro *The Physics of Immortality: Modern Cosmology, God and the Resurrection of the Dead*, el cosmólogo Frank J. Tipler sostiene que con el tiempo será posible para la teología armonizarse con una rama de la física y para la ciencia responder a la pregunta: "¿Existe un Dios omnipotente y omnipresente?"

El físico y Premio Nobel Leon Lederman denominó humorísticamente a un factor fundamental y tercamente evasivo "la partícula de Dios". Las partículas de Dios, o partículas Higgsons, como se conocen comúnmente, son como tableros en los cuales rebotan otras partículas del universo. Una secuencia hace que estas partículas que rebotan sean tangibles, o lo que llamamos masa. Sin las Higgsons, estas partículas serían espíritus desprovistos de masa, andando por el espacio a la velocidad de la luz, ninguna más pesada que otra. Los científicos creen que las Higgsons son responsables del lanzamiento de lo que llamamos "la Creación", en la cual nacieron miríadas de materia y formas reconocibles de vida, las estructuras del universo entero. Muchos investigadores contemporáneos cuelgan su sombrero en el descubrimiento Higgson, presumiendo que las partículas engendraron la maravillosa casualidad que llamamos "vida", o que las Higgsons eran instrumentos de un plan maestro y etéreo. Pero yo creo que no importa cuán ansiosamente los científicos quieran desentrañar el misterio de nuestra existencia, el misterio final de nuestros orígenes y los de este impresionante universo seguirá siendo inescrutable.

El misterio último

Kathryn Harrison lo dice de este modo: "La sustitución de la fe por la ciencia en el mundo moderno significa que, para la mayoría de nosotros, no hay un Misterio, sólo misterios, y que... estamos a punto de solucionarlos". Nuestra sociedad somete todo al análisis empírico, intentando reducir lo desconocido y a la larga convertir el mundo entero en fórmulas y columnas estadísticas. Entonces quizá podamos hacer que variables tan ingobernables como el destino, las opciones humanas, las relaciones interpersonales y otros misterios sean algo sucinto y predecible.

Aunque obtengamos nueva información, aunque conquistemos misterios, nos sentimos vagamente vacíos e insatisfechos. La fe es el único solaz a largo plazo. Esto se debe en parte a que la fe en un Infinito Absoluto es la única fuerza que contrarresta la enfermedad y la muerte.

Pero es también porque la fe permite la valoración de lo no visto ni comprobado, y genera una esperanza a la que no se tiene acceso por vía de la razón. La señora Armstrong escribe que los hombres y las mujeres más antiguos adoraban a los dioses "no simplemente porque quisieran propiciar fuerzas poderosas; esta fe temprana expresaba la maravilla y el misterio que parece haber sido siempre una parte esencial de la experiencia humana, en este mundo bello pero aterrador".

La fe trascendental

He encontrado que la fe tranquiliza a la mente como ninguna otra forma de creer, e impide el razonamiento improductivo que con tanta frecuencia consume nuestros pensamientos. El cuerpo es muy bueno para curarse a sí mismo, pero con demasiada frecuencia obstaculizamos este proceso; nos preocupamos porque una tos puede indicar algo mucho peor, porque hemos leído o escuchado los peores casos en los medios de comunicación, y dudamos de nuestra fuerza para superarla sin ayuda, porque así nos lo dicen muchas agencias de publicidad y laboratorios farmacéuticos. Estas preocupaciones y dudas traen consigo la respuesta de huir o pelear con todos los síntomas y las enfermedades asociados al estrés, y debilita por tanto, nuestras evolucionadas herramientas curativas internas. Las preocupaciones y las dudas perpetuas también hacen una impresión en nuestras células nerviosas, de modo que el cuerpo "recuerda" con mucha frecuencia la enfermedad y las amenazas a la salud en la forma del efecto nocebo al que ya nos hemos referido.

Pero como la fe parece trascender la experiencia y la realidad, es sumamente buena para calmar el malestar y generar esperanza. Con la esperanza y las expectativas viene la memoria del bienestar — los mensajes curativos impresos en el cerebro que movilizan los recursos y las reacciones del cuerpo.

El "milagro" de Barbara Dawson

Creo que esto es lo que le ocurrió a mi paciente Barbara Dawson. Hace cuatro años, la señora Dawson le dijo a su cirujano: "Dios no me ha fallado todavía", cuando rehusó someterse a una operación para cáncer de la garganta recomendada por él. Con una apariencia de mujer de cincuenta años, pese a los setenta y uno ya cumplidos, la señora Dawson dijo que prefería morir a tener que sufrir la extracción de parte de su mandíbula y de algunos dientes, necesaria para extirpar el tumor.

Dos hijas la apoyaron ese día, mientras ella analizaba sus opciones para combatir el cáncer. Las hijas no revelaron su miedo o la preocupación que sentían por ella sus otros cinco hijos. Habiendo visto a su madre sobrevivir a la muerte de su padre cuando todavía eran jóvenes, criarlas y educarlas en la universidad con un salario de maestra, y superar varios ataques y una falla cardíaca, y los problemas de la diabetes crónica, querían creer, como ella, que Dios la salvaría.

"Pero, señora Dawson, el tumor puede crecer hasta acá", le dijeron los especialistas de cabeza y cuello, mostrándole con gestos cómo podía crecer y distorsionarle la cara.

"Pues si crece así, le tejeré un gorro", bromeó. La señora Dawson sentía que no necesitaba la operación. Tenía la certeza de que un enfoque menos agresivo con irradiaciones funcionaría. Pero no podría haberse preparado lo suficiente para los meses que siguieron. Estuvo hospitalizada durante varias semanas porque las irradiaciones le destruyeron las papilas gustativas, las glándulas salivales y el paladar. Tragar era casi imposible, y sufrió desnutrición y deshidratación. Sus problemas cardíacos reaparecieron porque muchas veces los medicamentos que intentaba tragar salían por la nariz.

Sin embargo — cuando escribo estas líneas han pasado cinco años — la señora Dawson no ha tenido que tejer el gorro para el tumor. El cáncer de garganta desapareció. Recuperó las 70 libras que había perdido durante la enfermedad, y combatió así un problema de peso que la había molestado durante años. La señora Dawson tiene también un nuevo compañero, su primer amor en casi veinticinco años. Su internista y su cirujano la llaman milagro médico, una expresión que sus médicos han utilizado más de una vez para explicar sus recuperaciones.

Evitando una cirugía que cualquier cantidad de especialistas habría calificado como necesaria para su supervivencia, la señora Dawson combatió el cáncer con los tratamientos en los cuales creía: terapia de irradiación, un tratamiento estándar durante muchos años, y otro método poderoso que ha existido desde el comienzo de los tiempos, pero que ha sido ignorado por la comunidad médica. Ella creía resueltamente en sus decisiones, en su medicina y en quienes la cuidaban, y en el poder de Dios para curarla, si ésa era la voluntad de Él.

No importaba cuán frágil y vulnerable les parecía a quienes se preocupaban por ella; la señora Dawson era una potencia de fe. Era como si cada célula de su cuerpo funcionara con la convicción de que Dios quería que ella lograra más cosas en su vida. Rezaba a diario, como lo hacían en una cadena sus familiares y amigos por todo el país. "Mis hijos rezan por mi salud", dice. "Yo rezo para tener un corazón puro. Rezo para ser una persona amable, que se está mejorando".

Posteriormente hablaremos más en este libro sobre este punto tan importante de la señora Dawson: que aunque tenemos poderosos recursos curativos para invocar, centrarse en la salud no es saludable. Esto era algo que la señora Dawson siempre había sabido, habiendo aprendido a orar cuando era niña en una iglesia pentecostal. El ministro insistía en los méritos de tener "un closet secreto dentro de uno" al cual se retiraba a rezar durante una hora todos los días. Por esta razón me llamó a su lecho de enferma hace doce años, cuando me oyó enseñándole a una compañera de cuarto en el hospital una técnica de concentración mental para provocar la respuesta de la relajación. Por sus antecedentes religiosos, la señora Dawson aceptó de corazón la idea de que podía utilizar la respuesta de la relajación para cosechar beneficios de salud a largo plazo. Producía fielmente la respuesta, permaneciendo durante 20 minutos, una o dos veces al día, en estado de tranquila meditación u oración.

En el curso de los doce años que la he conocido, Barbara Dawson me ha enseñado lecciones extraordinarias. Pero, ¿es ella un milagro médico? Sí y no. La palabra "milagro" la usa mucho más el público en general que los médicos. Éstos usan la palabra "milagro" muy prudentemente, creyendo, como nosotros, que hay muy poco que la ciencia no pueda explicar o que no pueda llegar a explicar. Y si usted toma en cuenta el papel que desempeñó la fe de la señora Dawson, que yo creo que le ayudó a superar los obstáculos que enfrentaba cuando decidió desechar la operación, la memoria del bienestar sí explica científicamente su recuperación y no la califica de milagro.

Creo que la gente común y corriente se siente atraída por la palabra "milagro", pese a los estrictos requisitos de la medicina, la Iglesia Católica y de otros, porque instintivamente reconoce el movimiento de la fe y la memoria del bienestar en su cuerpo y en su vida.

Pero sabemos, por los datos que hemos visto en los capítulos anteriores, que la fe se mueve en nosotros, aunque no necesariamente de maneras misteriosas. Estamos comenzando a poder explicar la manera como mecanismos fisiológicos transmiten y materializan la fe para producir la curación. Esto nos deja con la tarea de considerar cuidadosamente el hecho muy significativo de que nuestro cerebro y nuestro cuerpo están equipados para hacerlo. Y antes que pensar que la ciencia desacredita los milagros, prefiero creer que la ciencia subestima el fantástico y quizá milagroso diseño del cuerpo humano.

Creo que todos tenemos una estructura que nos predispone a percibir la fe como enormemente curativa. Pero pocos estamos condicionados para responder a un diagnóstico en la forma en que respondió Barbara Dawson. Dejamos que la enfermedad nos defina. En nuestra búsqueda apresurada de alivio para el dolor y el sufrimiento, olvidamos con frecuencia lo que estamos buscando y lo que nuestro cuerpo quiere realmente. Gloria Steinem se refirió a la autoestima como "una revolución desde adentro", dándose cuenta de que la causa por los derechos de la mujer, de la que ha sido líder, se deteriora en algunas ocasiones porque los hombres y las mujeres carecen de la confianza que se requiere para aprender el uno del otro y para compartir su poder político y personal. Indica, y estoy de acuerdo con ella, que si los ciudadanos y los líderes de los países fueran más seguros, el mundo sería menos competitivo y más cooperativo, menos agresivo y más pacífico.

Sin embargo, la autoestima no es suficiente cuando se trata de luchar contra la enfermedad. Cuando una mujer se descubre una masa en un seno, cuando un hombre siente dolor en el pecho, cuando la gente se siente sacudida por síntomas que asocia a enfermedades graves, la imagen fuerte, vigorosa y saludable de sí misma se destruye instantáneamente. A lo largo de la vida vemos a otros sucumbir a accidentes violentos, a enfermedades súbitas o prolongadas, siempre con el temor, consciente o inconsciente, de que nosotros podemos ser los próximos. El miedo y el pánico, con la correspondiente respuesta de huir o pelear, toman enormes bocados de autoestima, independientemente de lo duro que intentemos dominar su influencia. El cerebro también llena sus estantes con memorias de todo lo que usted ha oído sobre el cáncer, con todos los detalles de los ataques cardíacos y de otras enfermedades, de manera que para creer en usted mismo no sólo tiene que derrotar sus propios miedos, sino los que ha adquirido a lo largo de su vida.

Curación suprema

No importa cuán cuidadosos sean quienes proporcionan atención en salud, ni importa cuán positiva y segura sea la imagen del paciente; el hecho de nombrar una enfermedad, o siquiera la idea de "recuperarse" de una "enfermedad", introduce en el cerebro nuevos mensajes, generalmente negativos. Aunque queramos creer que podemos fortalecer nuestro cuerpo para hacer casi todo, sentimos el peso de una nueva definición de nosotros como "enfermos" y "débiles", con sus patrones asociados de actividad y comunicaciones de células nerviosas que dictaminan las respuestas fisiológicas respectivas. Inconscientemente, o de manera subconsciente, acogemos lo que puede llegar a ser una profecía que se cumple: que nuestra suerte terminó, que somos susceptibles de enfermedad, que somos la causa de nuestra enfermedad, que la medicina no puede curarlo todo, que los médicos pintan cuadros mejores de lo que realmente son, o que la discapacidad, la pérdida de independencia, el sufrimiento o la muerte son inminentes.

Por esta razón he llegado a creer que la fe en una fuerza más grande y más fuerte es tan influyente. La fe en el tratamiento, la fe en el médico y la fe en la relación que existe entre usted y su médico es maravillosamente terapéutica, con una tasa de éxito del 60 al 90 por ciento en el tratamiento. Pero si usted lo cree así, la fe en una fuerza infalible e invencible tiene un poder curativo todavía mayor. Para la salud física de los que creen, la fe es una fuerza sumamente potente.

Por eso yo argumento que nuestro diseño genético hace que la creencia en un Infinito Absoluto sea parte de nuestra naturaleza. Por el proceso de selección natural, los genes mutantes consideraron la fe lo suficientemente importante como para la supervivencia de nuestros ancestros, y por eso estamos dotados con las mismas tendencias. Entonces irónicamente puede argumentarse que la evolución favorece a la religión, al hacer que nuestro cerebro genere los impulsos que necesitamos para seguir adelante: fe, esperanza y amor, que son parte importante de la matriz nerviosa con que enfrentamos la vida.

Un alma visceral

Resumiendo las funciones del cerebro, el doctor Damasio escribe: "La mente verdaderamente encarnada que preveo, sin embargo, no renuncia a sus niveles más refinados de operación, que son su alma y su espíritu. Desde mi perspectiva, es sólo que el alma y el espíritu, con toda su dignidad y su escala humana, son ahora estados complejos y únicos de un organismo". Si adoptamos esta visión, el cuerpo y la mente son indivisibles, nuestras creencias y emociones tienen orígenes y manifestaciones físicas, y el alma, antes considerada elusiva y efímera, también está involucrada visceralmente.

Con nuestra alma visceral intacta, la creencia en Dios nos proporciona una voluntad de vivir que no tendríamos sin Dios. Ésta es, por supuesto, la razón por la cual la religión es más importante para nosotros a medida que envejecemos, una tendencia que ha sido señalada por historiadores y que se confirma con el interés reciente de los *"baby boomers"* que están ahora alcanzando su mediana edad. Quizá esta urgencia de encontrar a Dios nace también del final del milenio, que, de manera similar a las muertes cercanas a los cumpleaños, a las cuales nos referimos anteriormente, pueden ser un término o una línea de vida para muchas personas que están esperando el año 2000.

A medida que nos acercamos a los hechos inevitables del

deterioro de la salud y la muerte, el tormento crece y nuestra necesidad de venerar nuestra experiencia actual se expande proporcionalmente. Como dijo Samuel Johnson, "cuando un hombre sabe que va a ser ahorcado dentro de dos semanas, concentra maravillosamente su mente". Ésta es la razón por la cual personas que sufren enfermedades terminales encuentran solaz en la religión, la misma razón por la que las congregaciones oran por los que están hospitalizados y algunos católicos quieren que se les administren los últimos sacramentos. Por esa razón los enfermos de SIDA, y frecuentemente aquéllos cuyos estilos de vida han sido condenados por la religión, abrazan la espiritualidad y viven los días que les quedan superando todas las barreras que les impedían creer en Dios o practicar la fe. Nada hace que Dios sea más real para la gente que la cercanía de la muerte. Bien sea que lo reconozcamos o no, la muerte es una realidad siempre presente para un cerebro que quiere superar los obstáculos, para un organismo guiado por el principio dominante de mantenerse vivo.

La señora Armstrong escribe que su "estudio de la religión revela que los seres humanos somos animales espirituales. En verdad, hay razón para argumentar que el *homo sapiens* es también *homo religiosus*. Hombres y mujeres comenzaron a adorar a los dioses en cuanto se convirtieron en humanos reconocibles".

El sin sentido individual

Si no se infunde significado a la vida, escribe en su libro *Dying to Live: Near-Death Experiencies* la doctora Susan Blackmore, profesora de psicología de la Universidad de West of England, sólo nos queda a los humanos reflexionar sobre "nuestro sin sentido individual". Como meditar sobre esto puede producir efectos devastadores sobre la salud, parece sensato especular que el cerebro ha evolucionado de tal manera que busca significado. Qué concepto. Aunque usted sea ateo confeso o agnóstico, su cerebro busca y se alimenta con la idea del sentido. Nuestro cerebro hace lo que hay que hacer para que "crezcamos y nos reproduzcamos", nuestros genes son como misioneros y nuestra biología constantemente promueve en nosotros el poder de la fe.

De este modo, algunos sostienen que los humanos inventamos la idea de Dios como una muleta o un bálsamo para conjurar lo que de otro modo sería una realidad cruel. En este contexto, la doctora Blackmore escribe:

> El problema con la evolución es, y siempre ha sido, que deja poco espacio para un gran propósito de la vida o para un alma individual... La idea de que Dios nos creó para un propósito especial es más aceptable que la idea de que llegamos aquí por los caprichos "del azar y la necesidad", como afirma el biólogo francés Jacques Monod, aunque no hay evidencia para decirlo y no contribuye en nada a la comprensión de la naturaleza del mundo viviente. Y la gente luchará, e incluso morirá, por las ideas que más le gustan.

Y continúa:

> La idea del sin sentido puede ser demasiado horrible de aceptar, y haremos lo posible por inventar algo más sustancial a lo cual podamos asirnos. "¡Si veo a través de esto, es porque debe haber algo más!" Creo que todos estos intentos desconocen una verdad aterradora: que no hay nada sustancial de qué asirse — ni siquiera uno mismo.

En esta interpretación, la evolución ha engendrado un engaño masivo. Si la muerte es el punto final de la oración de la vida, quizá el cerebro evolucionado ha jugado con la puntuación, tratando de escapar a lo inevitable. Hasta los científicos que tratan de encontrar la partícula de Dios en busca de algún sentido para el mundo material, se engañan a sí mismos. Así lo afirma el físico Edward Kolb, del Fermi National Accelerator Laboratory: "Lo más fácil para la ciencia es encontrar lo que usted busca".

¿Implantada por Dios?

Sin embargo, otros sostienen que la capacidad de tener fe y de invocar a Dios — o lo que muchos llaman el alma — fue implantada por un Hacedor que quería que lo conociéramos a Él, a Ella, o a Ello. ¿Tenemos fe porque Dios quiso que lo adoremos, le oremos, lo anhelemos y nos sintamos plenos por creer en un Infinito Absoluto? Y si eso es así, ¿en qué momento en el curso de la evolución quiso Dios que el alma se manifestara? ¿Las creencias humanas influencian formas menores de vida? Usted recordará cómo intenté cuantificar los datos de Lady Raeburn, que no pude replicar, y cómo esta experiencia indicaba que a los animales y a las plantas los pueden afectar las creencias de las personas. Obviamente, es materia de discusión sobre la cual mucha más investigación debe hacerse.

¿Qué fue primero?

Creo que se trata de la pregunta proverbial del huevo y la gallina y que será imposible para la ciencia establecer qué fue primero, si el animal o el alma, el hombre o el concepto de Dios, una vida en la cual la fe llegó a ser una estrategia de supervivencia o los genes que hicieron posible la vida y la fe. Pese a los constantes intentos de la ciencia para acallarlo, el misterio de nuestra existencia sigue retumbando.

Pero mi travesía científica me ha conducido a lo que creo que es el punto más importante, por lo menos para mis propósitos como médico. No importa qué fue primero, si Dios o la creencia en Dios. Los datos que he presentado permiten afirmar que las creencias y la esperanza son muy terapéuticas, y que la fe en Dios, en particular, ejerce efectos muy positivos en la salud.

En lo que sé que puede parecer analíticamente frío para quienes creen fervientemente en Dios, la fe es una situación de ganar o ganar cuando se trata de nuestro cuerpo. Creer que Dios existe, o simplemente creer que Dios alimenta un cerebro que lo desea, permite que los humanos cosechemos recompensas en forma de mejor salud y mayor realización personal. La fe es buena para nosotros, bien sea que usted crea que Dios plantó esos genes, o que los humanos crearon la idea de Dios para alimentar un cuerpo que anhelaba sobrevivir, como un artificio que hace más agradable la perspectiva de los días en esta Tierra.

Si los humanos estamos en verdad diseñados para Dios, y nos beneficiamos de la espiritualidad así como se beneficiaron las generaciones pasadas y se beneficiarán las venideras, ¿cómo vamos a incorporar este nuevo hecho de nuestra fisiología? ¿Cómo podrán la medicina, la sociedad y los individuos adaptarse a esta nueva consciencia de las predisposiciones inconscientes que les dan forma a nuestras experiencias cotidianas? Obviamente, los teólogos, los líderes espirituales, y en general las personas, deben luchar contra los hechos que ha revelado esta investigación y contra sus implicaciones. Pero en los capítulos y en las páginas que quedan, me referiré a los temas médicos y de salud pública que se centran en la memoria del bienestar y el factor fe.

Teologías específicas

Puedo decir que, de acuerdo con mis investigaciones, no importa a qué Dios usted le rinda culto, o cuál teología adopte como suya. En general, la vida espiritual es muy saludable. Sin embargo, creo que lo que los científicos han descubierto sobre el funcionamiento del cerebro, y las experiencias que mis pacientes han tenido con la respuesta de la relajación, pueden aportarnos algo sobre cómo venerar a un ser supremo.

Tanto como deseamos experimentar alguna manifestación de lo divino en la sociedad occidental, con frecuencia negamos la validez de encuentros altamente intuitivos y de la emoción misma. La emoción, como usted recordará, decide por el cerebro y el cuerpo el valor de la información que se procesa, y desempeña así un papel mucho más importante en la fisiología humana y en la función mental de lo que la sociedad occidental reconoce. Y aunque no entendamos del todo el funcionamiento de la emoción en el cerebro, el doctor Cytowic, experto en sinestesia, indica que todos sabemos más de lo que creemos saber, que todos nosotros estamos compuestos de más instintos primarios de los que reconocemos conscientemente. Con frecuencia no permitimos que la sabiduría intrínseca de la mente y del cuerpo se manifieste, quizá porque no sabemos cómo tener acceso a tal sabiduría, o porque estamos condicionados para actuar sobre los problemas en lugar de esperar a que las respuestas se presenten por sí mismas.

Sabemos que las técnicas de concentración mental que producen la respuesta de la relajación tranquilizan la mente y el cuerpo mucho más que cualquier otro medio. Sabemos que esta experiencia parece borrar lo escrito en la mente, y que la hace más receptiva y creativa. Y sabemos que esta experiencia es muy espiritual para algunos, y que la espiritualidad les viene bien y trae consigo un mejor estado de salud.

Entonces quizá haya algo particularmente poderoso en las experiencias intuitivas de Dios o de la espiritualidad, como a las que se tiene acceso durante la concentración mental, la meditación o la oración cuando ésta comprende un tema repetitivo. En la sociedad occidental preferimos que cualquier cosa que sea importante para nosotros se base en una evidencia empíricamente verificable, antes que en la intuición y en la creencia. Tradicionalmente, nos han incomodado las palabras "misticismo" y "misterios". Investigadores científicos como yo aplicamos cuestionario tras cuestionario, y hacemos medición tras medición, intentando caracterizar la experiencia espiritual por su mezcla de influencias cuerpo/mente, por el impacto de las creencias humanas y de una estructura física que garantiza que los humanos tengamos creencias espirituales.

Muchas de las denominaciones religiosas más importantes también se encuentran como en una cuerda floja, pues invocan y disfrutan la presencia de Dios, pero asocian experiencias apasionadas o trascendentes a otros cultos, a extremismos o a hippies. Antes que gozar de la idea de un Dios trascendente y misterioso — un ser que resiste cualquier descripción exacta pero que, sin embargo, sentimos cerca de nosotros y es bueno para la humanidad — somos entusiastas en nuestros intentos por encontrar rasgos personales e identificables en Dios.

Intentando conocer a Dios

Karen Armstrong dice que el motivo central del judaísmo, el cristianismo y el islam es la idea de una "confrontación, o encuentro personal entre Dios y la humanidad", en la cual "Dios se relaciona con los seres humanos por medio del diálogo, y no de la contemplación silenciosa".

Ella reitera inexorablemente que el Dios personalizado, el Dios que — según insistimos — nos habla en la forma en que hablamos los humanos y no en formas más enigmáticas "puede llegar a ser un grave riesgo". Escribe que "Él puede ser sólo un ídolo grabado a nuestra imagen y semejanza, una proyección de nuestras limitadas necesidades, miedos y deseos. Podemos dar por sentado que ama lo que amamos y que odia lo que odiamos, que reafirma nuestros prejuicios en lugar de obligarnos a superarlos. Cuando Él parece fracasar en la prevención de una catástrofe... o incluso parece desear una tragedia, da la impresión de ser insensible y cruel... El mismo hecho de que, como una persona, Dios tenga sexo es también limitante".

La historia está inundada de la sangre de las guerras religiosas. Y cualquier ganancia en salud pública que podamos atribuir a la fe, puede contrarrestarse con el hecho de que la profesión de una fe en Dios ha sido utilizada con mucha frecuencia para justificar genocidios y matanzas. Karen Armstrong sostiene que la culpa de esto la tiene la sobrepersonalización de Dios, nuestros intentos fervientes por conocer lo que es imposible de conocer. No solamente eso justifica malas intenciones humanas sino que agota la energía de la fe religiosa, y sabemos que ésta tiene profundas implicaciones físicas. La autora afirma que una experiencia intuitiva o más mística de Dios — común a todas las religiones y a todos los pueblos y épocas — puede extasiar la religión y la humanidad, si tan sólo los místicos no limitaran sus efectos a disciplinados estudiantes de meditación. Y advierte que las personas quizá necesiten mentores y líderes espirituales en su búsqueda mística de Dios.

Obviamente, mi investigación y la de mis colegas responden a sus preocupaciones. Los monjes, rabinos, sacerdotes y otros estudiosos disciplinados de la oración no son biológicamente distintos de usted o de mí; pueden rezar de tal manera que evocan las experiencias físicas y espirituales para las cuales nuestros cuerpos están fisiológicamente determinados. Es probable que la respuesta de la relajación invoque estas experiencias cuando las creencias de uno se relacionan con el factor fe. Pero algunos de mis pacientes dicen que experimentan algo así como una iluminación espiritual la primera vez que producen la respuesta de la relajación. Y después de un mes de práctica regular, nuestros sujetos de investigación demostraron un aumento significativo en espiritualidad.

Los líderes religiosos deben ser los responsables de orientar los asuntos relacionados con el control y el manejo de la espiritualidad. Hasta donde puede decirlo la ciencia médica, hay pocos peligros o ninguno en la respuesta de la relajación o en sus aplicaciones en la oración. Más bien hay beneficios de salud considerables en los períodos cortos de oración o meditación regular que provocan la respuesta de la relajación. Pero es desconcertante para ciertos creyentes pensar que todo el mundo, con o sin una afiliación o entrenamiento religioso tradicional, pueda tener acceso a un espíritu que pueda llamarse Dios. Argumentan que si todo el mundo tiene acceso a Dios en la comodidad de sus casas por medio de la respuesta de la relajación, ¿quién necesita pertenecer a iglesias o templos? Y sin la estructura de una religión organizada para calmar a una "persona intoxicada de divinidad", ¿como podrá la sociedad controlar las acciones de fanáticos y extremistas que dicen que su comunicación con Dios alimenta sus hazañas?

Hay mucho que decir de la guía cuidadosa y razonable de los mayores y de los maestros, cuando la meditación y las técnicas de concentración mental se practican durante largos períodos de tiempo y en las condiciones extremas que presenciamos mis colegas y yo en retiros y monasterios. Por el contrario, como he dicho, las experiencias espectaculares o extrañas son raras, y prevalecen ondas de paz y tranquilidad lo suficientemente fuertes como para que las personas crean que son manifestaciones divinas. Y la sociedad continuará esforzándose por resolver el problema de los fanáticos y los extremistas sin escrúpulos que invocan el nombre de Dios para cometer crímenes.

Las grandes comunidades religiosas van a tener que recurrir a sus líderes en busca de orientaciones para digerir los hallazgos científicos que, aparentemente, amenazan sus creencias o sus prácticas religiosas. Mi experiencia ha sido que la mayoría de los religiosos adoptan métodos para producir la respuesta de la relajación, para su propia satisfacción y edificación espiritual y para la de sus feligreses.

La espiritualidad cura

El hecho de que todos compartamos el potencial para sentir la presencia de una fuerza externa, un Dios si usted lo prefiere, puede ser tremendamente curativo y una revelación universal para un mundo diverso y dividido. Muchos de mis pacientes me dicen que su ejercicio de provocar la respuesta de la relajación invocando sus creencias ha enriquecido su visión religiosa y los ha hecho más respetuosos de la calidad espiritual de la vida, sin importar qué religión lo exprese. Es como si el ejercicio los pusiera en armonía con otra gente, y también con una presencia espiritual.

Pero la idea de que Dios sea un producto de las creencias, aunque éstas son críticas para la supervivencia de la especie, resulta asombrosa para algunas personas. Aunque sea imposible conocer del todo a Dios y comprobar su existencia, y sólo sea posible imaginarlo, evocarlo y creer en Él por medio de las facultades del cuerpo y de la mente, es difícil para muchos creyentes atribuir su fe simplemente a su fe.

Pero, por desconcertante que pueda ser la noticia para muchos, mi búsqueda médica sostiene que no importa de dónde venga esta capacidad espiritual, si de Dios o de algún mandato de la evolución, ésta es muy beneficiosa para la salud y para la humanidad. Creer en un Infinito Absoluto es una situación de ganar o ganar.

Una aviso callejero dice: "¡Espere milagros!" Hemos visto que puede haber razones fisiológicas para que ocurran recuperaciones o curaciones que habitualmente llamamos milagros. Y hemos visto que las experiencias místicas y espirituales, que algunas personas califican de milagrosas, son posibles por la respuesta de la relajación, aunque sean raros los efectos espectaculares que asociamos a los milagros.

Entonces el adagio *"let go and let God"* [déjese ir y deje que Dios actúe] se acerca a la descripción de mi filosofía en relación con la memoria del bienestar y el factor de fe. Para invocar los efectos curativos de la respuesta de la relajación, usted debe abandonar las tensiones y las preocupaciones cotidianas. Las personas pueden invocar a Dios o a su objeto particular de fe para experimentar una ayuda que ninguna otra forma de creencia puede igualar. Cuando usted se concentra y aparta su acosada mente del camino de la capacidad natural del cuerpo para sanar, e invoca las creencias que más significado tienen en su vida, es posible que sienta una paz que es imposible de describir.

Creo que la evidencia es clara. Como fue cierto en el caso de Barbara Dawson y para todos nosotros, nuestros sistemas se benefician de nuestro diseño, y la fe corre por dentro de nosotros con una tremenda influencia. Con una alma visceral e inseparable, y con una predisposición genética a aliviarnos a nosotros mismos, podemos manejar mejor las tensiones de la vida diaria y valorar mejor el gran misterio de todo. La fe afirma la vida, perpetua y eternamente.

X

MEDICINA ÓPTIMA, ÓPTIMA SALUD

Cuando explotó la bomba en el edificio federal de Oklahoma City el año pasado, el jefe de bomberos Jon Hansen se convirtió en una cara familiar para la mayoría de nosotros, pues era él quien daba los informes diarios sobre el creciente número de muertos que sus socorristas habían sacado de los escombros. Pero aunque no se encontraron sobrevivientes más allá del segundo día de la explosión, Hansen tuvo siempre el cuidado de decir que los socorristas no perdían la esperanza.

Pasaron días y semanas, las víctimas fueron sepultadas, fueron arrestados sospechosos, y la psicología de la nación se resignó al hecho de que ningún lugar podía considerarse seguro, y que el miedo y la cautela debían dominar nuestros pensamientos ahora más que nunca. Pero durante todo ese tiempo, el equipo de Hansen tuvo que continuar su triste tarea, soportando los olores y las imágenes de la muerte a su alrededor, a veces con la incertidumbre de que las ruinas pusieran en peligro su propia vida.

Solamente al final de toda la operación — cuando la estructura puso en peligro la vida de los trabajadores, y éstos tuvieron que dar paso a los equipos de demolición — Hansen admitió la inutilidad de la esperanza. Antes de eso, siempre sostuvo que los hombres y las mujeres que trabajaban en ese lugar no podían continuar su labor si no tenían esperanza.

Así como la esperanza les dio a los socorristas de Oklahoma la fuerza para resistir y les permitió dar sentido a su participación en tal vil e insensible tragedia, los humanos, como argumenté en el capítulo anterior, siempre han necesitado la fe para sobrevivir y para aceptar la triste realidad de la mortalidad. Nuestras convicciones, la forma en que percibimos el mundo y le damos sentido, son reacciones inevitables a la vida y a la muerte. La fe religiosa es una forma particularmente tranquilizadora, pero las creencias de todo tipo ejercen una enorme influencia en el cuerpo. Y, como hemos visto, la fe y la esperanza ejercen una influencia considerable en nosotros, y se manifiestan físicamente en un fenómeno llamado memoria del bienestar.

Pero así como la fe y la memoria del bienestar tienen lugar en nuestro cuerpo, éstas no llegan tan naturalmente a un sistema médico que ha negado su validez. En este capítulo me centraré en la reintroducción de la idea de la curación animada por la fe, en la medicina occidental. Presentaré los enormes ahorros en costos que creo que podrían lograrse si se valoraran las influencias cuerpo/mente, los cuales ya han sido comprobados en programas de prueba a lo largo y ancho del país. También espero guiarlo a usted y a nuestros dirigentes, en la consideración de cómo la medicina puede producir cambios prácticos, utilizando siempre la memoria del bienestar y reservando los medicamentos y procedimientos para aquellas instancias en las que se necesitan y pueden ser eficaces. Finalmente, hablaré de la influencia de la medicina no convencional y de las formas en que creo que puede utilizarse.

El modelo médico: el asiento de tres patas

He propuesto que la medicina del futuro sea como un asiento de tres patas, equilibrado y sostenido por estos tres componentes: autocuidado, medicamentos y procedimientos (vea la figura 1). Y éste es el modelo en que mis colegas y yo basamos nuestro trabajo en el Mind/Body Medical Institute.

El Instituto es quizá el más antiguo de un número de centros que han venido apareciendo en el país y que intentan incorporar información y terapias relacionadas con la interacción cuerpo/mente como componente central de la medicina. En reuniones de grupo de diez semanas, mis colegas tratan cientos de pacientes al año, poniendo énfasis en el valor del autocuidado, de las cosas que pueden hacer por sí mismos, como tener una dieta saludable, hacer ejercicio, producir la respuesta de la relajación y manejar adecuadamente el estrés. Ofrecemos programas generales de hábitos de vida e, igualmente, programas orientados a personas con cáncer, SIDA, problemas cardíacos, dolores crónicos, infertilidad, menopausia e insomnio. También ponemos a disposición de la gente muchos de los recursos que utilizamos en el Hospital Deaconess, como cintas para la relajación y otros materiales que inician a la gente en regímenes de autocuidado.

Pero también nos dedicamos a la preparación de entrenadores. Cada año, preparamos a centenares de profesionales de la salud de los Estados Unidos y del mundo entero. Entrenamos religiosos, educadores y personal de las empresas en los principios que contiene este libro, y les ayudamos a ayudar a sus pacientes, feligreses, estudiantes y trabajadores a aprender las técnicas de autocuidado que pueden ser beneficiosas para la salud. También, bajo la dirección de Marilyn Wilcher, hemos establecido afiliados del Mind/Body Medical Institute en todo el país. Los programas satélites en los hospitales que menciono a continuación han adoptado nuestro enfoque: El Mercy Hospital y el Medical Center, de Chicago, Illinois; el Morristown Memorial Hospital, de Morristown, Nueva Jersey; el Memorial Hospital South-West y el Memorial Health Care System, de Houston, Texas; el Riverside Methodist Hospital, de Columbus, Ohio; el Baptist Hospital, de Nashville, Tennessee; y el St. Peter's Medical Center, de New Brunswick, Nueva Jersey.

Hay, por supuesto, otros programas cuerpo/mente en otros escenarios médicos convencionales y no convencionales en todo el país, que les están dando a conocer a los estadounidenses y al sistema de salud los beneficios curativos de las creencias. Pero creo que la fortaleza del Mind/Body Medical Institute y de sus afiliados es nuestro compromiso con la enseñanza de un enfoque integral, que se apoya en todas las ventajas del asiento de tres patas. No despreciamos el poder de las personas para curarse a sí mismas, pero tampoco recomendamos el uso exclusivo de la medicina convencional o de la no convencional. Sí ponemos énfasis en los méritos del autocuidado y en sus bajos costos, y en la necesidad de reducir nuestra dependencia de los medicamentos y de procedimientos que no nos ayudan, no importa quién los administre.

Incentivos económicos

Entonces ya funcionan algunos programas que están cambiando la forma en que se practica la medicina. Pero, ¿qué se requerirá para que ocurra un cambio espectacular y extensivo en el sistema de salud? En gran medida, la respuesta está en los incentivos económicos. Como un avance económico, los enfoques cuerpo/mente podrían, en un estimado conservador, ahorrarle al sistema más de US$50 000 millones al año en gastos de salud desperdiciados.

Mis colegas y yo tenemos amplia evidencia de que los enfoques cuerpo/mente no son solamente un recurso barato y sin explotar, sino que su práctica activa reduce los costos y mejora la calidad de la atención en salud. En 1991, la investigadora principal Margaret A. Caudill, otros investigadores y yo colaboramos en un estudio de los efectos de la medicina cuerpo/mente en pacientes con dolor crónico, una población que, como usted recordará de los estudios mencionados anteriormente, tiende a sobreutilizar el sistema de salud, intentando conseguir alivio para el dolor. El enfoque muy exitoso de la doctora Caudill se describe en su libro pionero *Managing Pain Before it Manages You*.

El equipo de la doctora Caudill les dio a conocer a 109 pacientes de una compañía de medicina prepagada la respuesta de la relajación y el manejo adecuado de la dieta, el ejercicio y el estrés, en sesiones de trabajo de diez semanas. Después de un año, encontró una reducción del 36 por ciento en consultas médicas de estos pacientes, con un ahorro estimado de US$12 000. En el segundo año, los ahorros estimados fueron de US$24 000. Y en un estudio hecho en 1990, en el que la doctora Caroline J.C. Hellman sirvió como investigadora principal, mis colegas y yo logramos un 50 por ciento de reducción en visitas médicas, esta vez en otro plan de salud en Harvard, y con pacientes de atención primaria.

De manera similar, en un estudio de 20 años de pacientes de la compañía de salud más grande, Kaiser Permanente, los autores concluyeron que el fracaso de las profesiones de la salud en reconocer y enfrentar las preocupaciones psicosociales, que producen síntomas todavía no cuantificables por la ciencia occidental, tiene el potencial suficiente para quebrar el sistema de salud. El doctor Nicholas A. Cummings y el doctor Gary R. VandenBos concluyeron que el sistema se sobrecarga precisamente porque el 60 al 80 por ciento de las consultas corresponden a pacientes que manifiestan síntomas físicos ocasionados por malestar emocional. Escriben ellos:

> Pacientes con preocupaciones y síntomas relacionados con dificultades sociales, interpersonales y laborales no reciben la atención apropiada del sistema de salud. Lo más típico es una respuesta superficial y poco comprensiva. Si el paciente, aun inconscientemente, traduce su malestar en dolor de espalda, es "recompensado" inmediatamente por el médico en forma de rayos X, exámenes de laboratorio, medicamentos y visitas de control.

Esto puede, continúan los autores, alentar al paciente, subconsciente o inconscientemente, a continuar sintiendo el dolor para satisfacer la expectativa. Éste es el efecto nocebo, lo contrario de la memoria del bienestar.

Expectativas no realistas

Usted recordará el estudio en que la gente con dolor crónico que se veía a sí misma como discapacitada experimentaba más dolor e impedimento. Con frecuencia el sistema alienta a los pacientes a desarrollar o mantener los síntomas físicos para ganar credibilidad. Los pacientes también tienden a volver a donde los médicos y a sobreutilizar el sistema, porque los profesionales de la salud les hacen sentir que la meta es liberarse completamente del dolor. Y los pacientes regresan porque no obtuvieron la atención o la compasión que esperaban la primera vez, o porque están tras la prueba diagnóstica de un dolor misterioso que puede no ser cuantificable todavía.

En el caso de las dolencias relacionadas con el estrés, la respuesta de Kaiser Permanente fue hacer más accesibles los servicios de salud mental, una solución que demostró ser altamente eficiente en cuanto a los costos. El 85 por ciento de los pacientes estudiados se beneficiaron en gran manera de encuentros breves con profesionales de la salud mental que, como es obvio, ayudaron a los pacientes a encontrar soluciones proactivas para sus problemas.

La ayuda psicológica o psiquiátrica es eficaz para muchos, particularmente si las preocupaciones o los problemas son complicados o prolongados. Pero hay muchos pacientes que, como en el caso de Jimmy Burke, quien como usted recordará sufría de continuos ataques de ansiedad, pueden no beneficiarse de esta clase de ayuda. La psiquiatría puede ser tan reduccionista como la mayoría de la medicina porque no valora la naturaleza acumulativa de las dolencias relacionadas con el estrés, o el hecho de que una constelación de pensamientos negativos, dudas y preocupaciones puede generar problemas médicos.

Examinando de cerca 567 consultas médicas de los pacientes, el doctor Kurt Kroenke, de Uniformed Services University of Health Sciences, de Bethesda, Maryland, y el doctor A. David Mangelsdorff, del Brooke Army Medical Center de Fort Sam Houston, Texas, encontraron que el 74 por ciento de los pacientes no tenían una causa orgánica identificable, y que en dos terceras partes de los casos los pacientes fueron sometidos a evaluaciones diagnósticas que costaron, en promedio, US$110 a US$409 por paciente. Las pruebas revelaron causas orgánicas únicamente en un 16 por ciento de las veces. Y el costo de la búsqueda de un "diagnóstico orgánico" era alto, particularmente para dolencias tales como dolor de cabeza (US$7 778) y dolor de espalda (US$7 263), que son comunes en gente que sufre las consecuencias del estrés. Sólo el 55 por ciento de los pacientes fueron tratados, y por lo general el tratamiento resultó poco eficaz.

He notado con frecuencia que el 60 a 90 por ciento de las consultas se relacionan con condiciones cuerpo/mente y son ocasionadas por el estrés. Pero para llegar a los miles de millones de ahorro anual en costos, me quedé en el 75 por ciento, como promedio. Estimé, por nuestros datos, que la mitad de las consultas — el 37 por ciento — podían eliminarse con un mayor énfasis en la salud cuerpo/mente y en la memoria del bienestar. Utilizando estadísticas de 1994, había aproximadamente 670 000 médicos en los Estados Unidos, que informaron de un promedio de 74.2 consultas semanales por médico, para un total de 3 858.4 consultas por médico ese año. Cada consulta de un paciente costó en promedio

US$56.2. De manera que el costo anual promedio fue de 670 000 × 3 858.4 × US$56.2 = US$145 300 millones. Reduciendo las consultas en un 37.5 por ciento, los ahorros serían de US$54 500 millones, sólo en un año.

Esto no incluye los ahorros derivados de la menor utilización de medicamentos, formulados o no, de pruebas de laboratorio y de procedimientos. Y si los efectos de la medicina no convencional son en gran parte los de la memoria del bienestar, como lo sostendré más adelante, y reducimos la dependencia de los estadounidenses de la medicina no convencional, en la que se gastan por lo menos US$13 700 millones cada año, podemos lograr un ahorro de miles de millones más.

Una nueva estrategia

Creo que en un 60 a 90 por ciento de las consultas médicas, la memoria del bienestar y otras técnicas de autocuidado pueden ser el tratamiento adecuado. En situaciones más agudas o crónicas, estas técnicas pueden aumentar el éxito del uso de drogas, radiación, o de los enfoques quirúrgicos. Y tomando en cuenta las creencias y los valores de los pacientes, la medicina puede devolverles la dignidad y el sentido de control que muchos dicen que está ausente en sus encuentros con médicos o en sus experiencias en centros de salud. La profesión médica necesita diseñar una mejor estrategia para la vasta mayoría de los pacientes, para las tres cuartas partes de las personas que van a los consultorios. En estos casos, no es habitual que las técnicas de diagnóstico que tenemos en la actualidad consideren la fuente del problema, y nuestros tratamientos farmacológicos y quirúrgicos no son muy eficaces.

Mirando este asunto desde otra perspectiva, el doctor David Sobel reveló en un artículo publicado en *Mental Medicine*

Update, en 1993, que el 25 por ciento de las consultas se originaban en problemas que los pacientes mismos podrían haber tratado. Si los pacientes tuvieran herramientas para diagnosticar y tratarse a sí mismos, como hacen ahora el 70 a 90 por ciento de las veces con dolores y malestares que sienten, una cuarta parte de las consultas médicas serían afectadas. En otras palabras, a un saludable porcentaje del 25 por ciento de pacientes que hacen consultas innecesarias y de alto costo para el sistema de salud, se les puede enseñar a tratarse a sí mismos.

El doctor Sobel dice que cuando la medicina cuerpo/mente se incorpora a la práctica médica estándar, cuando se alienta a los pacientes a desempeñar un papel activo en el cuidado de su salud, el total de las consultas externas disminuye en un 17 por ciento, las consultas por dolencias menores en un 35 por ciento, y la permanencia en los pabellones quirúrgicos puede reducirse en 1.5 días. Las consultas por asma aguda disminuyen en un 49 por ciento, por artritis en un 40 por ciento, y las pediátricas en un 25 por ciento. En el caso de los partos, que tienen costos muy altos, las operaciones cesáreas pueden disminuir en un 56 por ciento, y la necesidad de anestesia epidural durante el trabajo de parto y el alumbramiento puede reducirse en un impresionante 85 por ciento.

Los enfoques cuerpo/mente pueden tener un alto beneficio en costos al fomentar la independencia y desestimular la dependencia del sistema médico. Cuando los médicos recurren más a las cosas que los pacientes pueden hacer por sí mismos, ordenan menos pruebas, menos procedimientos y menos medicamentos, todo lo cual reduce espectacularmente los costos.

Pero, ¿cuándo es apropiado recurrir al autocuidado? Y ¿cómo puede una persona saber cuál de las tres patas del asiento debe aplicarse a un problema médico en un momento determinado? La respuesta a la primera pregunta es sencilla. El autocuidado, incluyendo la memoria del bienestar, debe convertirse en un hábito. Nuevamente, en este libro me concentro en la medicina creada por las creencias, pero es óptimo buscar la salud mediante buena nutrición, ejercicio, manejo del estrés y otros buenos hábitos. El autocuidado debe ser parte de su rutina diaria, de manera que usted haga lo mejor posible para prevenir el desarrollo de dolencias del cuerpo y la mente. Si se desarrolla la enfermedad, independientemente de cuál sea, el autocuidado y la memoria del bienestar pueden producir efectos positivos. En otras palabras, el autocuidado y la memoria del bienestar deben utilizarse en el tratamiento de todos los males o enfermedades.

No obstante, en este libro hemos cubierto una gran cantidad de condiciones médicas en las cuales las creencias desempeñan un papel importante — positivo en la memoria del bienestar o negativo en el efecto nocebo. Aunque de ninguna manera es completa, a continuación aparece una lista de las dolencias que se ha demostrado que pueden ser afectadas por las creencias según los estudios que se mencionan en este libro:

- Angina de pecho
- Asma bronquial
- Úlceras de herpes simple
- Úlceras duodenales
- Todas las formas de dolor (dolor de cabeza, del abdomen, de los músculos, de las articulaciones, del cuello, de las piernas o los brazos, dolores postoperatorios)
- Fatiga
- Mareos
- Impotencia

- Pérdida de peso
- Tos
- Estreñimiento
- Falla cardíaca congestiva
- Náuseas y vómitos durante el embarazo
- Artritis reumática
- Inflamación postoperatoria
- Hipertensión
- Diabetes mellitus
- Degeneración del miocardio
- Somnolencia
- Nervios
- Insomnio
- Reacciones de la piel a plantas venenosas
- Falso embarazo
- Sordera
- Muerte (¡claramente un efecto nocebo importante!)

Por supuesto, estos síntomas y enfermedades pueden ser causados o influenciados por factores distintos a las creencias. Mi argumento es que, en muchos casos, el desorden puede tener sus orígenes en el dominio del cuerpo/mente y que el tratamiento adecuado es el autocuidado. La memoria del bienestar y otras formas saludables de vida pueden contribuir en gran medida a la curación de estos males.

Pero, ¿qué pasa con las otras dos patas del asiento? Quiero ser perfectamente claro en que los fármacos y los procedimientos pueden, en los casos en los que se necesitan, curar o sanar a las personas sin ayuda de la memoria del bienestar. Sería estúpido y peligroso no utilizarlos en estas circunstancias. Desdeñarlos puede equivaler a negarse uno mismo los increíbles y comprobados tratamientos que le han dado a la humanidad la capacidad de superar la enfermedad y vivir una vida más larga y mejor.

A muchos textos médicos se les exigirá que documenten todas las circunstancias específicas a las que me estoy refiriendo. Pero para darle a usted una idea de los tratamientos esenciales cuyos beneficios son innegables si se utilizan adecuadamente, desarrollé la siguiente lista (que no es, de ninguna manera completa):

- Inmunizaciones contra la polio, la difteria, el sarampión, la tos ferina, la rubéola, la hepatitis y el tétano
- Anestesia para la cirugía
- Cirugía para lesiones de trauma
- Dentistería para caries y prótesis
- Antibióticos para infecciones bacteriales
- Extracción de cataratas, y lentes para prevenir y curar la ceguera
- Audífonos para la pérdida del oído
- Vitaminas para enfermedades causadas por deficiencia vitamínica
- Terapia de reemplazo hormonal para enfermedades causadas por deficiencias hormonales
- Prótesis para amputados e inválidos
- Drogas para la falla cardíaca congestiva, arritmia cardíaca, linfomas, desórdenes emocionales y esquizofrenia
- Analgésicos para dolores agudos y para algunas formas de dolor crónico

- Válvulas artificiales para la obstrucción o la falla de las válvulas del corazón
- Marcapasos cardíacos para trastornos del ritmo cardíaco
- Defibriladores cardíacos para paros cardíacos
- Transfusiones de sangre y plasma en casos de pérdida de sangre y plasma
- Trasplantes de hígado, corazón, riñones y pulmones

Aunque soy un fuerte promotor del autocuidado, le recomiendo firmemente que visite a su médico a la primera ocurrencia o repetición de un síntoma dramático. Es de vital importancia descartar la existencia de un problema médico que requiera los invaluables recursos de la medicina científica. Y cuando conozca mejor las dolencias promedio de su cuerpo, sabrá cuándo consultar al médico. La reducción de consultas y los ahorros que yo asocio a la implementación de la memoria del bienestar no exigen que los pacientes dejen de consultar a su médico. Por el contrario, espero que al incorporar la medicina cuerpo/mente en la práctica médica, habrá interacciones más satisfactorias con los médicos, en las cuales ellos valoren las muchas formas en que el cuerpo puede exhibir dolor o compulsión, fomenten el autocuidado, e inculquen en los pacientes expectativas apropiadas respecto a lo que la medicina puede hacer por ellos.

Como hemos visto, las interacciones cuerpo/mente pueden realmente causar muchas afecciones y hacer que el impacto de la memoria del bienestar sea particularmente curativo. Y de la misma manera, males y enfermedades que les deben su desarrollo a ciertos factores biológicos y ambientales, muchos de ellos más allá de las interacciones cuerpo/mente, no pueden tratarse solamente con la memoria del bienestar.

Buenas nuevas sobre el autocuidado

Sin embargo, hay nueva evidencia de que el autocuidado puede ser muy influyente aun en las circunstancias más inesperadas. El doctor Michael H. Antoni y sus colegas de la Universidad de Miami realizaron un interesante estudio de hombres homosexuales que no se habían sometido antes a la prueba del SIDA, o VIH. Divididos al azar en dos grupos, a todos se les hizo la prueba. Un grupo se reunía semanalmente para un entrenamiento sobre autocuidado antes de recibir el resultado de las pruebas, y al otro grupo no se le dio ningún entrenamiento. Los hombres del primer grupo aprendieron relajación muscular progresiva y otras técnicas para manejar el estrés, y también discutieron "la reestructuración cognitiva", con la cual la gente puede cambiar su hábito de pensar negativamente y en lugar de esto introducir pensamientos afirmativos, que provoquen la memoria del bienestar.

Setenta y dos horas antes y una semana después de que los hombres fueran notificados de sus resultados, se les tomaron muestras de sangre y respondieron cuestionarios sobre su estado mental y emocional. Al final, los que tuvieron resultados positivos y recibieron el entrenamiento en autocuidado no mostraron incrementos significativos de sentimientos depresivos, en contraste con los del grupo control que resultaron positivos. De la misma manera, las pruebas de sangre demostraron que los hombres del grupo de autocuidado con resultado positivo, tenían conteos significativamente más altos de células ayudadoras y asesinas naturales — aliados inmunológicos a los que el cuerpo recurre para combatir enfermedades. En este estudio, el doctor Antoni y sus colegas sugieren que las técnicas de relajación y el deseo de adherir a este protocolo protegieron la psicología y el sistema inmunológico del daño potencial de un diagnóstico adverso.

Otro estudio, dirigido por el doctor Fawzy, de la Escuela de Medicina de UCLA, y colegas de UCLA y de otras instituciones, demostró el valor del autocuidado en casos amenazantes de melanoma maligno. Los pacientes a quienes se les dio información sobre la enfermedad, sobre nutrición básica, manejo de estrés y técnicas de aceptación, además de apoyo psicológico en grupos o individualmente, tenían menos probabilidades de recaer o morir que los pacientes a quienes no se les dio tal ayuda.

Cada vez es más claro que la manera como nos percibimos a nosotros mismos, y la manera como enfrentamos la vida diaria pueden ejercer impacto en la manera como interactúan las células en el cuerpo. Pero antes que caer en un pensamiento simplista y peligroso de esto o lo otro, y despreciar los méritos maravillosos de los productos farmacéuticos y las innovaciones tecnológicas de que disponemos hoy, necesitamos un enfoque equilibrado. Necesitamos las tres patas de ese asiento.

El enfoque moderado

Se dice que el yogui Berra dijo: "Si encuentras una Y en el camino, tómala". No puedo estar más de acuerdo. Para muchos, la Y puede representar una divergencia de caminos. Para mí, representa la conjunción de los caminos, de la medicina tradicional y la medicina cuerpo/mente, en el enfoque equilibrado que he propuesto. He disfrutado del punto medio en mi carrera, intentando aplicar la ciencia a campos considerados no científicos. He sido conservador en el estudio de lo que muchos considerarían un área progresista, tratando de permanecer desapasionado y objetivo con respecto a las creencias, que comúnmente son apasionadas y altamente subjetivas. Y me he sentido obligado a hacer divulgar mis hallazgos entre la gente común y corriente, publicando libros, enseñando y dando conferencias en medios no médicos, y a permanecer en la Escuela de Medicina de Harvard donde pude continuar consolidando mi trabajo entre la comunidad científica.

Me permito una pequeña digresión para manifestarle mi agradecimiento al anterior decano de la escuela de medicina, doctor Robert H. Ebert, que fue resuelto en su apoyo a mis tempranas investigaciones de la meditación trascendental y las conexiones cuerpo/mente. Mientras que otros criticaban mi trabajo por considerarlo inaceptable, el doctor Ebert dijo: "Si Harvard no se atreve, entonces, ¿quién?" Ahora es el presidente del consejo directivo del Mind/Body Medical Institute.

Hace más de veinte años, cuando escribí el popular libro *The Relaxation Response*, algunos colegas mayores me dijeron que la comunicación directa con el público no era una práctica aceptable en la Escuela de Medicina de Harvard. Desde ese momento, me he dado cuenta de que los médicos y los académicos que tienen éxito en transmitirle su mensaje a la gente común salen de la academia y "se vuelven públicos". Hay muchas razones para ello, y no propiamente la menor es la dificultad de vivir entre dos mundos, uno al que le encantan los grandes bocados de información y otro que exige pronunciamientos precisos, cuantificados; uno que pide la visión panorámica y otro que aísla y reduce la enfermedad a sus componentes básicos.

Pero yo he encontrado que la Y es gratificante. Claro que ha hecho que mi trabajo no sea fácil de clasificar. Quienes proponen medicina no convencional no saben si soy amigo o enemigo, los periodistas se exasperan con mis exigencias de que no se me encasille, y algunos de los de la vieja guardia médica no saben qué hacer con mis hallazgos sobre la respuesta de la relajación o el autocuidado. Pero creo que esta Y, esta combinación de caminos, representa mejor la condición humana que los nichos arbitrarios, y ha hecho que mi trabajo sea más atractivo y útil para muchos pacientes. Pacientes que sufren de presión sanguínea alta y que nunca han practicado la meditación, por considerarla "esotérica", practican la respuesta de la relajación porque sus resultados pueden enseñarse y publicarse científicamente. Y veteranos practicantes de técnicas yoga o de meditación han valorado la credibilidad científica posible gracias a estos mismos resultados. Tanto las personas religiosas como las no religiosas, los pensadores liberales como los conservadores, pueden encontrar mérito en el autocuidado y en la perspectiva de que las creencias, por diversas que sean, tienen valor medicinal.

Mi preferencia por un enfoque equilibrado y por el punto medio me lleva a los argumentos que quiero presentar sobre el auge reciente de la medicina no convencional en la sociedad occidental.

Medicina no convencional

Muchas personas se están volviendo hacia la medicina no convencional por la debilidad que le atribuyen al sistema convencional. Les gusta que los médicos menos tradicionales reconozcan la existencia de problemas médicos que no pueden medirse necesariamente en términos científicos, lo mismo que el poderoso movimiento de una energía o fuerza que la medicina occidental no puede verificar. También pueden sentirse atraídas por las hierbas, que consideran más naturales, o por procedimientos que parecen menos invasivos. Y mientras que reconozco cuánto debe cambiar la medicina para darles la posibilidad a los pacientes de beneficiarse de las ventajas de su fe y sus creencias, pongo en duda la conveniencia de cambiar un conjunto de drogas y procedimientos por otro conjunto de drogas y procedimientos. La forma más "natural" de sanar es lo que el paciente hace por sí mismo. Con demasiada frecuencia parece que los pacientes están desplazando sus lealtades y su confianza de unas soluciones a otras, ambas inadecuadas en sí mismas, en lugar de reforzar su propia curación interna.

Por esta razón no utilizo el término "alternativa". No creo que los pacientes deban utilizar terapias no convencionales para excluir la medicina tradicional o el consejo médico. Prefiero la expresión "no convencional" que, en mi mente, se refiere a métodos que no son "de la corriente principal" de la medicina, y que en este momento no cumplen los estándares de la credibilidad científica, esto es, ser cuantificables, predecibles y reproducibles. Hace treinta años, la concentración mental y las técnicas de meditación eran consideradas "no convencionales", pero con mis hallazgos y los de otros sobre el estado físico que se produce con determinados medios, ingresaron en la corriente principal. En efecto, una reciente encuesta Gallup revela su gran difusión; indica que el 26 por ciento de la población de los Estados Unidos practica técnicas de meditación o de relajación.

¿Es la memoria del bienestar no convencional?

Pero dadas estas definiciones, ¿en qué campo — convencional o no convencional — cae la memoria del bienestar? Es difícil decir si el fenómeno conocido como el efecto placebo pertenece o no pertenece a la corriente principal. Indudablemente ha existido desde que existe la humanidad, y siempre ha intervenido en las interacciones médicas, independientemente de si los médicos o los pacientes reconocen sus efectos. Pero no se le da énfasis en los textos médicos ni en las conferencias, no es todavía parte del pensamiento automático de los médicos, ni a los pacientes se les anima a conocerlo o utilizarlo. Entonces yo tendría que decir que ahora mismo la memoria del bienestar es todavía no convencional, aunque tenga más mérito científico comprobado que otras terapias del campo no convencional, como el polen de las abejas y el cartílago de tiburón.

Así como dije que era cierto de *mucha* de la medicina tradicional, creo que toda la medicina no convencional, hasta que se compruebe lo contrario, debe considerarse eficaz debido a la memoria del bienestar. No obstante, para mucha gente, la memoria del bienestar como la evoca la medicina no tradicional es muy exitosa.

Obviamente, como he escrito todo un libro proclamando la memoria del bienestar, no es mi propósito degradar prácticas no convencionales diciendo que todas las curas que producen vienen de los mismos pacientes. Pero mientras que la medicina tradicional puede enorgullecerse de algunos de los remedios más pasmosos, científicamente verificables, la medicina no convencional no puede hacerlo todavía. Sin embargo, la memoria del bienestar, tal como la fomenta la medicina no convencional, puede dar muy buenos resultados.

¿Una teoría de la conspiración?

Algunos defensores de la medicina no convencional sostienen una teoría de la conspiración, según la cual las compañías farmacéuticas, los hospitales de investigación y los médicos han aunado esfuerzos para impedir que se prueben y se introduzcan en las prácticas médicas nuevos remedios, en algunas ocasiones menos costosos. Y aunque he presentado casos en los cuales se me disuadió de estudiar métodos no ortodoxos, no creo que tales conspiradores existan. A pesar de que hay frenos desalentadores en el sistema, que deben ser eliminados, creo que muchos científicos hacen lo que yo hago: silenciosamente prueban e intentan cuantificar las afirmaciones de los médicos no tradicionales. La mayoría de ellos no dudarían en traer a la vanguardia ideas ajenas a la medicina convencional, si tuvieran suficientes resultados para probar sus merecimientos.

Además, en las circunstancias médicas que presenté antes, la eficacia de los tratamientos tradicionales era reconocible casi de inmediato. Esa eficacia no sólo fue inmediatamente visible sino que el éxito se difundió y ayudó a casi todos los pacientes afectados la mayoría de las veces. Muchos tratamientos no convencionales existen desde hace mucho tiempo, pero sus efectos positivos, si es que existen por encima y más allá de la memoria del bienestar, son todavía cuestionables. La acupuntura es un caso. Si sus efectos curativos fueran equivalentes a los de los remedios científicos probados, ya habrían sido reconocidos por la medicina científica occidental.

Los institutos nacionales de salud de los Estados Unidos establecieron la Oficina para la Medicina Alternativa a fin de investigar las propiedades curativas de las prácticas médicas no convencionales, de manera que talvez algún día podamos reconocer algún resultado que no sea producido por la memoria del bienestar. Pero por ahora, debemos apreciar el menú de opciones saludables de que disponemos, y utilizar nuestras creencias positivas para maximizar los distintos métodos de curación.

Le ruego a usted que hable con su médico antes de iniciar un régimen de tratamientos no convencionales. O, si usted sabe que el médico no lo va a aprobar o no manejará bien esa discusión, busque un médico que esté abierto a estos temas. Un ex alumno mío, el doctor David M. Eisenberg, del Hospital Beth Israel de Boston, encontró que el setenta y dos por ciento de los pacientes que deciden seguir tratamientos no convencionales no informan a su médico. Y antes de que la respuesta de la relajación llegara a conocerse ampliamente entre los médicos, mis pacientes solían quejarse de que otros médicos no reconocían el papel que los hábitos de autocuidado desempeñaban en mejorar la presión sanguínea u otros problemas de salud. Pero será cada vez más común que los practicantes de medicina convencional y de medicina no convencional coordinen la atención al paciente, intercambien información y vigilen conjuntamente el progreso del paciente.

Sopesando los riesgos de la medicina no convencional

Cuando considere los tratamientos no convencionales, y cuando hable con su médico sobre ellos, aplíqueles a las terapias no convencionales el mismo análisis riesgo-beneficio que les aplicaría a las terapias convencionales. Pregúntese: "¿Los beneficios de la terapia son mayores que los riesgos?", "¿Qué resultados obtendré del tratamiento, y vale la pena gastar el dinero?", "¿Qué puede salir mal al utilizar esta técnica o al desdeñar otras opciones?" Y así como le recomiendo hacerlo con la medicina tradicional, confíe en sus instintos y no se someta a un tratamiento si no cree en él. No intente la acupuntura si las agujas le producen temor. O, por el contrario, si la medicina china antigua le fascina, estúdiela y proceda con cuidado.

El riesgo que prevalece en la medicina no convencional es el costo del tratamiento que, como en la medicina convencional, puede ser alto, excepto que en muchos casos los tratamientos no convencionales no están cubiertos por los seguros médicos o incluidos en los beneficios de los planes de salud. Pero los estadounidenses gastan cerca de US$13 700 millones al año en tratamientos no convencionales. Como este dinero probablemente sale de su bolsillo, usted podría tomar en consideración todas las formas en que puede activarse la memoria del bienestar, y la gama de beneficios de salud que se pueden obtener del autocuidado, antes de pagarle a alguien para que produzca una curación que puede estar bajo el control de usted.

En general, hay poco riesgo o daño físico en la medicina no convencional. En el caso de la homeopatía, por ejemplo, los pacientes son tratados esencialmente con agua que antes contenía una sustancia activa. En la medida en que los tratamientos no sean incómodos o antihigiénicos, la acupuntura, la quiropraxis y los masajes pueden ser terapias relativamente eficaces. Usted podría verificar la higiene de la preparación y del almacenamiento de las hierbas, y asegurarse de que no es alérgico a ellas.

Pero creo que el mayor riesgo en la utilización de la medicina no convencional es pasar por alto una condición médica seria, lo mismo que curas o tratamientos mejores que puede ofrecer la medicina tradicional. Una hierba puede reaccionar pobremente cuando se la combina con una medicina formulada. Pero, una vez más, estos riesgos pueden prevenirse si usted mantiene una buena comunicación con su médico, y si él y el médico no convencional también se comunican.

El uso de los placebos y la información

Creo que las noticias tranquilizadoras que ofrecen los médicos contribuyen en gran medida a la curación de los pacientes. Esto es todo lo que se requiere para generar memoria del bienestar. Yo no propongo el uso de placebos en esta vía de curación. Los médicos y los profesionales de la salud no deben mentirles a los pacientes sobre su condición ni engañarlos sobre el valor medicinal de las drogas o los procedimientos que ofrecemos. Como nuestra sociedad está tan condicionada para esperar de los médicos medicamentos tangibles, sería muy difícil para nosotros suspender totalmente el uso de medicinas de manera inmediata, incluso en casos en que esas drogas tienen poco poder curativo. No obstante, los médicos podemos reducir gradualmente los medicamentos cuando los pacientes practican el autocuidado y recuperan su identidad como personas saludables.

Espero que continuemos siendo una sociedad que exige información sobre las drogas y los procedimientos, aunque los riesgos de que nos informan nos hagan daño. Sería lo mejor para los profesionales de la salud y para los pacientes que la sociedad fuera menos conflictiva, de manera que los consejos tranquilizadores pudieran prevalecer sobre las advertencias en los consultorios médicos. Pero los profesionales de la salud deben tener presente que, con nuestros conocimientos del efecto nocebo, la información a veces puede ser peligrosa en sí misma, y que debemos darles a conocer a los pacientes los riesgos y las estadísticas en un contexto de amistad, confianza, honestidad y preocupación.

Ya es tiempo

Habiendo pasado varios decenios verificando las conexiones cuerpo/mente, creo que al fin llegó la hora, y que la medicina occidental se está moviendo — aunque más lentamente de lo que el público quisiera — hacia un cambio profundo. Creo verdaderamente que los caminos convergen, y que pese a perpetuar la falacia de Descartes, los profesionales de la salud desean las mismas relaciones significativas que buscan los pacientes. Esto es lo que nos depara el futuro, de acuerdo con *The Economist* de diciembre de 1994, en el cual el doctor Thomas Inui, profesor de atención ambulatoria de Harvard, y jefe del Departamento de Medicina Preventiva y Atención Ambulatoria, dice que cree que los días de los médicos que sirven de "simples diagnosticadores y formuladores de drogas sofisticadas están contados". Él prevé que estos trabajos van a estar en forma creciente dominados por técnicos, robots y por otras máquinas, "mientras que se acudirá a los médicos en busca de su consejo y su sabiduría social, retornando así a sus raíces como sanadores".

Pero con estas nuevas definiciones habrá nuevas responsabilidades. Como veremos en el próximo capítulo, las relaciones médico-paciente deben cambiar. Los médicos y los pacientes deben aprender a permitir que las creencias actúen. Con un enfoque más equilibrado, tomando en cuenta la fe y la memoria del bienestar con más frecuencia, podremos aspirar a una forma más elevada de medicina. El doctor Inui cree en esto al recordar cómo, cuando era un médico joven que atendía a una población de nativos americanos, le preguntó un navajo de Nuevo México qué hacía. Sin saber muy bien qué decir, Inui dijo: "Yo doy píldoras". "Ah", dijo el indio, "usted es un médico de los bajos. Nosotros tenemos de dos clases. Buscamos a los altos para que nos den consejo y nos atiendan".

XI

CONFÍE EN SUS INSTINTOS, CONFÍE EN SU MÉDICO

Hace varios años, el Mind/Body Medical Institute estableció una filial en el Riverside Methodist Hospital de Ohio. Uno de los médicos que me saludó en la ceremonia de inauguración de este centro satélite fue el doctor Donald J. Vincent, actualmente profesor emérito de gerontología. El doctor Vincent se apresuró a contarme una historia en la cual el efecto placebo figuraba de manera prominente en su práctica como médico rural.

Desde 1939, el doctor Vincent trabajó durante varios años como el único médico de 1 500 personas que vivían en la zona rural de Utica, Ohio. Heredó la práctica médica y el consultorio del doctor Kass, que murió después de haber servido como médico del pueblo durante muchos años. Vincent comenzó a organizar la oficina limpiando el cuarto de las píldoras, un cuarto o armario común en los consultorios de los médicos rurales. Habitualmente, ellos mismos suministraban los medicamentos. Notó en un estante un frasco alto de cápsulas moradas con la etiqueta "placebo". "Miré el frasco", recuerda el doctor Vincent, "y habiendo asistido a la escuela de medicina y completado un año de entrenamiento en medicina interna, me consideraba un médico científico, de modo que fui a la puerta trasera y lo arrojé al recipiente de la basura. Y me sentí muy original por haberlo hecho".

Pero a medida que avanzaba su práctica médica en Utica, al doctor Vincent le sorprendía el hecho de que muchos de sus pacientes con condiciones médicas diversas se quejaran de que sus tratamientos no eran tan eficaces como los del doctor Kass. Una señora que sufría de osteoartritis le dijo: "La fórmula que usted me dio no obró tan bien como las píldoras moradas que me daba el doctor Kass". Un hombre que sufría de hipertensión preguntó: "¿Tiene usted por casualidad de las píldoras moradas que me daba el doctor Kass para la presión sanguínea?" No pasó mucho tiempo antes de que el doctor Vincent se comunicara por teléfono con la compañía que producía las píldoras moradas y ordenara un frasco. Y como los pacientes creían en ellas, obraron maravillas.

El doctor Vincent dice que aprendió más medicina en sus siete años de médico rural que en cualquier otra época de sus casi sesenta años de práctica médica y de docencia, y las verdades que él recogió de esas experiencias son todavía aplicables en su totalidad a pesar de todos los avances que la medicina ha incorporado desde entonces. No fueron solamente las píldoras moradas las que hicieron que los tratamientos del doctor Kass fueran eficaces, concluyó Vincent. "Sin duda, el hecho de haber tenido que humillarme lo suficiente para utilizar las píldoras moradas, hizo de mí un mejor médico. En aquellos días, tenía algunas cosas que aprender sobre escuchar a los pacientes y ponerles atención. Ése es realmente el propósito de la persona que da las píldoras que afectan a los pacientes", explica.

Un interés en la humanidad

El joven doctor Vincent, armado con la última información que la ciencia podía ofrecerles, transmitió su "propósito" a los pacientes durante sus visitas al consultorio. Pero en cuestión de meses, supo que sus pacientes valoraban su capacidad para escuchar y su calidez todavía más que su dominio de los últimos descubrimientos, todavía más que el dictado de sus fórmulas médicas. Y mucho después de comenzar a practicar la medicina en un centro de salud de la ciudad, recibía visitas y llamadas de pacientes de Utica, a veces de viejas viudas que querían consejos tranquilizadores, y en algunas ocasiones acerca de asuntos totalmente ajenos a la medicina, por ejemplo la venta de una propiedad. Si el doctor Vincent no podía ayudarles, los ponía en contacto con alguien que pudiera.

No es difícil imaginar el "propósito" o la intención que, con el tiempo, el doctor Vincent manifestaba y encarnaba. Simplemente, se preocupaba por sus pacientes. Hacía más que *atenderlos*, más que evaluar su salud y formular un tratamiento. Se *preocupaba por* ellos. A los médicos realmente buenos les rezuman ese interés y ese calor. Aprenden a reconocer cuán desesperadamente la señora Johnson, cuyo juego semanal de bridge es un pilar en su vida, temía perder la vista, lo cual la hubiera incapacitado para jugar a las cartas. O lo difícil que era para el señor Miller dedicar una hora al chequeo médico, por las presiones del molino en el que trabajaba. O cómo el dolor de espalda de Bobby Casey aparece cada vez que se entrena en la pista atlética y su preparador predice que va a batir el legendario récord de su hermano en las 100 yardas.

Como he señalado a lo largo de este libro, esos valores y esas creencias no solamente empapan la vida física de significado, sino que inciden y obran en la salud física. Los pensamientos y los sentimientos de usted sobre las experiencias diarias de la vida se originan en su cuerpo y le transmiten a éste señales que lo instruyen neurológica y químicamente y cambian su estado de salud. El estrés que un hombre siente al acercarse la fecha de su cumpleaños, momento en el cual él siente que debería haber hecho más cosas en la vida, puede contribuir a su muerte. La idea de que un golpe en la espina dorsal puede producir un dolor de cabeza, realmente puede producir un dolor de cabeza.

Comoquiera que la mayoría de las dolencias que llevan a los pacientes a consultar al médico están relacionadas con el estrés, y es evidente que los enfoques de autocuidado, como la producción de la respuesta de la relajación, tienen mucho éxito en combatir el estrés, los médicos y los pacientes deben aprender a tratar la salud con una mirada positiva y con la memoria del bienestar. Hemos visto que la fe es un factor positivo para la salud humana. La estructura del cerebro nos mueve a buscar un significado y a aliviarnos con él. Y en la medida en que avanza nuestro conocimiento del cerebro, la evidencia nos revela un organismo que de manera inseparable entreteje el cuerpo, la mente y el alma.

Así que en este capítulo sugeriré distintas formas en que usted puede beneficiarse de la memoria del bienestar dentro del *statu-quo* del sistema médico, para mejorar las relaciones médico-paciente, para recurrir a esta relación al planear el curso del tratamiento y para aprovechar las ventajas de las creencias en la medicina estándar o en la no convencional. Aunque mi objetivo principal es mejorar la medicina convencional, los tópicos que aquí se ofrecen pueden fácilmente aplicarse al mejoramiento de sus relaciones con sanadores y practicantes de medicina no convencional.

Hay, como dije antes, tres maneras de despertar la memoria del bienestar. Este mecanismo de autocuración, algo así como una farmacia en la casa, es invocado a través de sus creencias, de las creencias de quien cuida de usted, o de las creencias que generan usted y su médico conjuntamente.

¿Usted cómo puede asegurar que está recibiendo una atención médica que tiene en cuenta las influencias cuerpo/mente y que cree en el poder de la persona para hacer algo con respecto a sus problemas médicos? No hay respuestas fáciles a esta pregunta. Hoy por hoy, las organizaciones de mantenimiento de la salud y otros aseguradores tienen la mayoría de las cartas en el juego del cuidado de la salud, no solamente porque les dicen a los médicos cuántos pacientes deben ver cada día sino porque limitan la libre elección de los pacientes. Y justo cuando usted encuentra un buen médico, su empleador puede cambiar de fondo de salud o de plan de seguros y obligarlo a buscar otro "proveedor". Lo que es peor, hay muchas personas que no tienen *ningún* seguro de salud, no pueden desarrollar una relación con un médico y viven con el temor de una enfermedad que requiera atención. Pero siempre que le sea posible, urge que confíe su bien más preciado — la salud — a una persona para la cual el espíritu y los puntos de vista de usted sean consideraciones importantes.

Su búsqueda del médico adecuado puede complicarse también por el hecho de que, como dije en un libro anterior, muchos médicos hoy están comprometidos con la visión tradicional, recurren principalmente a drogas y a procedimientos, y desdeñan el potencial curativo del autocuidado. Pero yo desarrollé una guía para ayudarle a aprovechar al máximo sus opciones. Y francamente, estos pasos pueden ayudarle tanto al médico como al paciente a movilizar la memoria del bienestar: 1) Identifique las creencias y las motivaciones que son importantes para el otro. 2) Hable y actúe de acuerdo con lo que cree. 3) Déjese ir y crea.

Dirijo mi atención al mejoramiento de la relación tradicional entre el médico y el paciente, pero es conveniente aplicar estas reglas también a las interacciones con las personas que practican la medicina no convencional. Es importante que usted se forme una idea de las creencias y las motivaciones de su médico. Usted querrá un médico cálido que esté abierto a su participación activa en el tratamiento, que crea en el poder de las creencias así como cree en el poder de los medicamentos y de la cirugía. No solamente alguien que *lo atienda*, sino que *se preocupe por usted.*

1. Identifique las creencias y las motivaciones del otro

Antes de escoger un médico, pídales recomendaciones a sus amigos, a los colegas, a las enfermeras o a los farmacéuticos. Busque un médico que sea amigable y cálido, que sea cuidadoso al formular tratamientos y medicamentos, y que esté abierto a las ideas y a la participación del paciente.

Como su plan de salud probablemente le dirá a qué médico puede acudir, es necesario que haga alguna investigación antes de escoger su plan. No le dé miedo llamar y preguntarle al representante del plan cuánto tiempo pueden gastar sus internistas o médicos familiares en una consulta. Alan Raymond, autor de *The HMO Health Care Companion: A Consumer's Guide to Managed Care Networks*, recomienda que usted vaya un paso más allá y les pregunte a los médicos: "¿La forma en que le paga a usted el fondo de salud afectará de alguna manera al tratamiento que me va a hacer?"

Es importante buscar atención médica en un medio que usted crea que va a hacerle bien. Si para usted la excelencia equivale a la alta tecnología en un prestigioso centro médico u hospital universitario, se sentirá mejor atendido allí que una persona que se sienta intimidada por un hospital de renombre, y a la cual le gusta más la comodidad y la informalidad de un consultorio o un hospital local. Si el olor a desinfectante o los corredores hospitalarios lo asustan a usted, busque un lugar en que haya una atmósfera cómoda y casi hogareña.

Primeras impresiones

Un estudio reciente hecho por la Universidad de Harvard revela que las primeras impresiones y reacciones instintivas son, por lo general, acertadas. De acuerdo con un artículo publicado en el *Journal of Personality and Social Psychology,* en 1993, los profesores de Harvard Nalini Ambady y Robert Rosenthal hicieron un estudio en el que les mostraron a estudiantes de pregrado vídeos de 32 segundos, o menos, de profesores en aulas. El sonido de los vídeos se había eliminado o mezclado con el de otros, de manera que los estudiantes evaluaban solamente la expresión corporal y el lenguaje no verbal. Los profesores compararon las impresiones inmediatas de los que participaron en el estudio durante estos rápidos vistazos, con las evaluaciones que los estudiantes hicieron de esos mismos profesores al final del semestre. Casi las tres cuartas partes de las veces, las reacciones intuitivas de los participantes coincidieron con las del final del semestre. Los doctores Ambady y Rosenthal expresan que quizá la tendencia humana a formarse impresiones tan rápidamente es propia del proceso evolutivo, pues para crecer y prosperar, las especies pueden haber sido obligadas a desarrollar una sensibilidad para distinguir al amigo del enemigo.

Para conseguir plenamente los beneficios de la memoria del bienestar, debemos confiar en nuestros instintos. Si usted ya tiene un médico, reflexione sobre su relación con él. ¿Le ha ofrecido el médico soluciones no relacionadas con drogas para sus males o dolencias? ¿Se ha interesado por usted, por su familia o su trabajo? ¿Siente que realmente le pone atención? ¿Le ha preguntado alguna vez cuál piensa usted que puede ser la causa de sus síntomas? ¿Lo hace sentir bien? Si no está seguro de lo que el médico piensa del poder de las creencias, ¡pues pregúntele! Dígale que leyó este libro y que le interesa saber lo que él piensa sobre las interacciones cuerpo/mente.

Eso fue lo que quiso decir el doctor Vincent cuando habló de "propósito". El médico de usted no tiene que compartir su visión religiosa o filosófica. Pero para desarrollar una confianza que se traduzca en memoria del bienestar, usted necesita un médico que se preocupe por usted totalmente y que le haga sentir que su cuerpo es más que una suma de partes y procesos. El doctor Francis Weld Peabody, el primer director del Thorndike Memorial Laboratory de Harvard — el lugar donde comenzó mi carrera como investigador — escribió en su obra clásica médica de 1927, *The Care of the Patient:* "Una de las cualidades esenciales del clínico es su interés en la humanidad, porque el secreto de la atención del paciente es cuidar del paciente".

En gran medida, las personas que son admitidas en las escuelas de medicina tienen atributos comunes: un deseo de ayudar a la gente y una aptitud científica. Pero en el curso de los cinco o más años de estudio — tiempo durante el cual se espera que los médicos se familiaricen con todas las enfermedades y las funciones biológicas del cuerpo humano y las entiendan — se acostumbran a ver los síntomas, los signos de la enfermedad y las lesiones separados de los pacientes reales. Además, su conocimiento de lo específico es mucho más importante en las evaluaciones que su habilidad para evaluar el estado general del paciente. Los médicos suelen llevar a la práctica profesional estos hábitos y le dan más importancia a lo específico que a lo global, al cuerpo que a la mente, y dejan a muchos pacientes sintiéndose privados de su compasión o interés.

Por supuesto que es posible que un médico menos atento pueda inducir el primer tipo de memoria del bienestar cuando recomienda un tratamiento en el que usted cree quizá porque a un amigo suyo le hizo bien, o porque leyó sobre el procedimiento en una revista. Es posible que un médico que emana más seguridad que calidez pueda producir el segundo tipo de memoria del bienestar, el de la creencia o expectativa del profesional de la salud. Pero para obtener los mayores beneficios de la memoria del bienestar, usted tiene que tener fe en su médico, tiene que sentirse bien con él para desarrollar esta confianza.

Consejo para los médicos

Así como les recomiendo a los pacientes que averigüen cuáles son las motivaciones de sus médicos, los médicos también deben indagar las creencias y las motivaciones de sus pacientes, preguntando y escuchando la manera como los pacientes describen su estado de salud y las actividades de su vida que más les importan. Debemos estar alerta con respecto a los miedos que los pacientes expresan, y hasta la forma tímida y azorada en que los transmiten. Ése es el arte de la medicina que a veces los médicos tardan tanto tiempo en aprender; es un proceso mucho más intuitivo que las evaluaciones científicas cuyo aprendizaje consume tanto de nuestro tiempo en la universidad y en la residencia.

Uno de mis pacientes presentaba en cada examen lecturas altas de presión sanguínea, una tendencia que había comenzado años antes, cuando este hombre, que está en el peso promedio, se sentó en una camilla que se desplomó con su peso. Usted recordará la historia de la mujer que estaba enamorada de su internista, y que registraba una presión alta cada vez que *él* la tomaba. Cuando los médicos buscamos e identificamos estas características, esos detalles sutiles y aparentemente incidentales que hacen que la gente sea única, emitimos dictámenes médicos más apropiados y activamos la memoria del bienestar, todo al mismo tiempo.

2. *Hable y actúe según sus creencias*

Es importante para los pacientes y para los médicos hablar y actuar de acuerdo con las creencias. Usted recordará que en este libro mencioné antes un estudio en el cual los pacientes que preguntaban más presentaban menos problemas médicos. Se concluyó que los pacientes no deben solamente entregar los asuntos de su salud a manos confiables, sino también tomar las cosas en sus propias manos. Entonces háblele a su médico de las tensiones y las preocupaciones que pueden contribuir a agudizar sus dolencias. Confíe en sus instintos y en el médico que valora sus impresiones y opiniones.

Muchos pacientes se sienten engañados si salen del consultorio médico con las manos vacías, y los médicos suelen corresponder a esas expectativas entregándoles a los pacientes una fórmula, aunque su estado no lo justifique. Ésta es una forma de memoria del bienestar: darle una píldora que usted cree que le va a ayudar. Pero en el proceso, los médicos subestiman la voluntad y la motivación del paciente para intentar la autocuración, cambiar la dieta, hacer más ejercicio y buscar terapias sin drogas.

Si a usted no le gusta tomar píldoras, o no cree que los medicamentos ayuden en su situación, debe decírselo al médico. Sabiendo cuáles son sus deseos, él se sentirá menos presionado a formular medicamentos. Si ésta es la mejor o la única posibilidad, el médico puede prescribir dosis menores o monitorear con más cuidado su experiencia con la droga. En cualquier caso, si el médico está sintonizado con sus preferencias explícitas, hay más probabilidades de que usted siga el tratamiento. Y, como vimos en los primeros capítulos de este libro, seguir las instrucciones del médico, aunque haya formulado un placebo, puede incluso salvar vidas.

Confíe en sus instintos

En la vida diaria podemos reconocer nuestros instintos viscerales. Podemos decir cuándo un camarero está sobrecargado de trabajo y distraído. Podemos darnos cuenta de que el mecánico del automóvil no nos está tomando en serio. Por lo general podemos decir cuándo una persona con quien hablamos está distraída y no escucha lo que le decimos. Pero cuando se trata de la profesión médica, nos sentimos intimidados, o nos asusta el asunto, y entonces ignoramos nuestros verdaderos sentimientos y reacciones, aunque la investigación sobre el cerebro nos diga que las emociones forman importantes decisiones en nuestro cuerpo/mente.

Probablemente usted no tolere un estilista o un peluquero que le corte el cabello de prisa, que mire constantemente el reloj, o que interrumpa su cita con llamadas o conversaciones insignificantes. Tampoco confiaría en un corredor de bolsa que no le devolviera pronto sus llamadas. No dejaría a su hijo en una guardería en la que el director se negara a escucharlo a usted o al niño. Probablemente tampoco le confiaría el manejo de su negocio a un profesional que inexcusablemente lo hiciera esperar 45 minutos en una cita programada con anterioridad.

Hable de los problemas

La American Medical Association determinó recientemente que los pacientes esperan en promedio 20 minutos en las salas de espera de los consultorios. Este tiempo puede prolongarse otros 15 ó 30 minutos en el consultorio, menos cómodamente, porque el paciente tiene puesta solamente una bata de tela ligera o de papel. Estos indicios de que está siendo desatendido hacen que los pacientes se enfaden y que demanden. Las demandas por mala práctica las establecen con frecuencia pacientes que sienten que su médico no se preocupa lo suficiente, no escucha, llega tarde, o consideran que es difícil conseguir una cita con él.

En lugar de enfadarse, hable del asunto con el médico. Si esto no funciona, busque otro médico. Si rutinariamente lo hacen esperar 40 minutos para ver a su médico, o si tiene que tolerar maneras o gestos que demuestran despreocupación, la fe que usted debe tener en el médico se deteriora e impide activar la memoria del bienestar. La sorprendente capacidad curativa de su cuerpo es el mejor amigo que puede tener en el mundo de la medicina, y no debe permitir que los encuentros negativos con la profesión médica debiliten ese poder.

Palabras curativas

En la obra de George Bernard Shaw *The Doctor's Dilemma* (1911), el autor describe el personaje Sir Ralph Bloomingfield Bonington de la siguiente manera: "Alegre, sereno, curativo por la sola incompatibilidad de la enfermedad o la ansiedad con su cálida presencia; se dice que hasta huesos fracturados se han soldado con el sonido de su voz". El sonido de la voz del médico, las palabras que escoge, la esperanza que él puede inspirar y el tiempo que se requiere para desarrollar una buena conversación entre el médico y el paciente inciden en la buena salud en formas que muchos médicos y compañías aseguradoras subestiman en la actualidad.

En la revista *Patient Care* del 15 de junio de 1995, el doctor Richard Letvak relató una experiencia dolorosa en la que él cree haber producido el efecto nocebo en uno de sus pacientes:

> Traté a un leñador que trabajaba demasiado — y trabajaba solo — cortando leña. Dos veces, después de haber cortado un enorme número de árboles, experimentó respiración agitada, aturdimiento y dolor en el pecho. Aunque no presentaba significativos factores de riesgo de angina, le dije que podría estar sintiendo dolor en el corazón, y le expliqué que veríamos si los medicamentos le hacían algún bien. Fue su primera y última consulta. Nunca compró las medicinas. En lugar de eso, supe que mi opinión lo había trastornado tanto que se encontraba muy deprimido y maltrataba a su esposa.
>
> Por último, consultó a un cardiólogo. Le ordenó una prueba de esfuerzo que no se aproximaba ni un poco a sus esfuerzos excesivos de todos los días. Como era de esperarse, la prueba confirmó que él podía hacer ejercicio al máximo ritmo cardíaco para su edad sin experimentar dolor en el corazón.

Aunque tuviera una enfermedad cardíaca, los síntomas no serían evidentes sin un esfuerzo extraordinario. Se le dio una explicación más aceptable de su dolor: probablemente había trabajado demasiado y estaba exhausto.

Una verdad de la medicina es que los diagnósticos no pueden ser siempre correctos. Esta experiencia me recuerda que debo ser cuidadoso al hablar. Puede haber habido indicios de que el paciente estaba preocupado con mi evaluación, pero yo no los noté. Si hubiera sabido que iba a ocasionarle una crisis, habría intentado ser más informal. Al fin y al cabo, él no parecía estar en peligro inminente. Podría haberle dicho que no estaba seguro de cuál era el problema, podía ser su corazón, o nada. Pero decirle que podría tener un problema serio sólo lo hizo sentir peor.

Nuevamente, la calidad de la conversación es crucial. Las palabras escogidas con cuidado pueden producir una enorme diferencia para el paciente que ansiosamente espera las conclusiones del médico. No es que los médicos deban mentirles a los pacientes. Sólo deben apreciar el peso de sus palabras y su poder para inducir en ellos la memoria del bienestar o el efecto nocebo. Para ofrecer una medicina óptima los médicos deben disponer de tiempo para inspirar confianza y pensamientos positivos. Y los aseguradores deben fomentar las conversaciones que alimentan las relaciones médico-paciente, que a su vez nutren la memoria del bienestar y un mejor estado de salud.

3. Déjese ir y crea

De las tres reglas que estoy bosquejando, ésta es tal vez la que más difícilmente adoptan los médicos, los pacientes y el sistema de salud. Debemos dejar que obren las creencias. Tan natural como es para nuestro cuerpo la curación, se nos hace cuesta arriba dejar que él lo haga. El prospecto de "no hacer nada" parece muy peligroso.

Entonces ignoramos las cualidades terapéuticas de la simple observación. *The Economist* del 10 de diciembre de 1994 considera al doctor Randolph Nesse, psiquiatra de la Universidad de Michigan de Ann Arbor, como uno de los principales teóricos de un campo conocido como medicina evolutiva. El doctor Nesse cree que la medicina puede impedir "los procesos restauradores naturales del cuerpo", al apresurarse a prescribir drogas y tecnologías. En esta línea, "la observación prolongada" puede ser preferible a lo que hoy es expectativa y norma médica: la intervención inmediata.

Renunciar al control para ganar control

La intervención inmediata hace que médicos y pacientes sientan que "ejercen el control". Sin embargo, nuestro deseo de ejercer el control suele ser excesivo. Estamos condicionados para creer que el cuerpo y la mente tienen que estar a toda máquina la mayor parte del tiempo. Pensamos que los nervios y la adrenalina son buenos para el desempeño y que la actividad cerebral dirigida es la única productiva. Pero, en realidad, una prolongada respuesta de huir o pelear sólo daña el cuerpo, y la sobrecarga cerebral suele hacer disminuir la productividad. Por esta razón, les aconsejo a mis pacientes que no se concentren en los resultados de la respuesta de la relajación. Pero el resultado maravilloso es que con frecuencia los pacientes terminan sintiendo que ejercen más control, y en formas más importantes que las de antes.

De manera similar, he encontrado que los médicos que renuncian a una preocupación y un perfeccionismo excesivos y que ayudan a los pacientes a confiar en los activos del cuerpo/mente, no sólo son más felices en su práctica sino también más serenos. Y esta tranquilidad se transmite fácilmente al paciente en la conducta del médico.

El ex médico rural, doctor Vincent, dice que el uso de los placebos lo volvió humilde y lo obligó a admitir, por lo menos a sí mismo, que no lo sabía todo y que no podía curarlo todo. Admitir esto es muy incómodo para la mayoría de los médicos y de los profesionales de la salud que, en su afán por curar y sanar, nunca quieren quedarse sin respuesta, nunca quieren fallar o dejar de intentar que un enfermo se sienta mejor.

Uno no necesita buscar más allá del anestesiólogo cuya máscara estaba empapada en lágrimas cuando oyó a su paciente rezar, para saber que los médicos, a pesar de su aparente terquedad, todavía se conmueven profundamente por la espiritualidad. Es triste pensar que, como médicos y como seres humanos, nos hayamos cerrado a nuestra propia alma, a nuestros instintos básicos, y a los abundantes ejemplos de nuestra vida y nuestras experiencias, en los cuales sabemos que influye la mirada positiva y que la fe mejora la salud. Al distanciarnos de las creencias, de la esencia de la naturaleza humana, quizá pensemos que podemos hacer menos real "la muerte" o "la enfermedad". En nuestra pasión por controlar y desterrar la enfermedad y los males y por administrar atención tan pronto y tan eficientemente como lo exigen los aseguradores, hemos ignorado fuentes de esperanza comprobadas científicamente y profundamente satisfactorias para nosotros y para nuestros pacientes.

La solución del doctor Oliver Wendell Holmes para esta negligencia fue radical. Dijo que "si todas las drogas disponibles se arrojaran al océano, sería lo mejor para la humanidad y lo peor para los peces". No estoy proponiendo que tiremos la medicina por la borda, pero sí que infundamos a las relaciones médico-paciente más sentido común, que reservemos la intervención de drogas o procedimientos para condiciones que no se alivian con la autocuración, y que fortalezcamos nuestros activos internos y aprovechemos al máximo los ingeniosos artefactos y drogas que sugerí en la analogía del asiento de tres patas.

Nuestra inclinación por la solución de los problemas debe ahora tomar en consideración la contribución invisible pero sólida de la memoria del bienestar, la traducción interna y fisiológica del espíritu humano. La valoración de la fisicalidad de la mente, del *momentum* que se origina en las esperanzas y las afirmaciones y no necesariamente en las materializaciones del ingenio — las tecnologías y los medicamentos — debe ser parte de nuestra mentalidad. En el capítulo que sigue exploraré los condicionamientos de nuestra sociedad y propondré un enfoque más saludable para el constante flujo de noticias, a veces negativas y preocupantes, que pueden producir efectos secundarios muy problemáticos.

XII

LOS MALES DE LA INFORMACIÓN

Toni Morrison, ganadora del Premio Pulitzer, expresa los riesgos reales de la percepción de peligro en su libro *Song of Solomon*. Los personajes de Morrison, la joven Pilate y su hermano Macon, pasan semanas en un bosque oscuro y terrible, después del asesinato de su padre, una experiencia que cambia dramáticamente la concepción de la vida de Pilate. Dice ella:

> Macon vivía diciéndome que las cosas que nos producían miedo no eran reales. ¿Cuál es la diferencia si lo que nos produce miedo es real o no? Recuerdo una vez, cuando trabajaba lavando la ropa de un hombre y de su esposa, allá en Virginia. El marido vino a la cocina una tarde, temblando, y me preguntó si tenía café preparado. Le pregunté qué era lo que se había apoderado de él, pues se veía muy mal. Me dijo que no sabía decirlo, pero que sentía como si fuera a caer por un precipicio. Parado allí en el piso rojo y blanco, tan plano como una plancha. Primero se agarró de la puerta, luego de la silla, haciendo lo que podía para no caer. Entonces recordé lo que esos días en el bosque habían sido para mí. Sentí todo nuevamente. Le pregunté al hombre si quería que lo agarrara para que no cayera. Me miró con la mirada más agradecida del mundo... Me coloqué detrás de él y apreté su pecho con mis manos y lo sostuve. Debajo del chaleco su corazón latía como el de una mula en calor. Pero poco a poco se calmó.

Entonces la esposa vino a la lavandería y le preguntó a Pilate qué estaba haciendo. Ella le explicó el apuro en que estaba, y soltó al hombre. "Pero apenas lo solté se desplomó. Destrozó sus lentes y todo. Cayó de bruces, se golpeó la cara con el piso... Yo no sé si el precipicio era real, pero tardó tres minutos en caer".

"¿Estaba muerto?", preguntó el acompañante de Pilate.

"Como una roca".

El relato de Toni Morrison de la "muerte por creencia" no es una falacia de la ficción. Como vimos en el caso del vudú y en pacientes con inclinación a la muerte, el efecto nocebo es real, dañino y potencialmente mortal. Esto se debe a que el hecho y la ficción se entretejen en la forma humana, y a que nuestros pensamientos y nuestras convicciones sobre el mundo que nos rodea están grabados en el mundo físico dentro de nosotros.

En *El enquiridión,* Epicteto, el filósofo griego del siglo I, escribió: "Los hombres se perturban no sólo por las cosas que pasan sino también por las opiniones que tienen sobre las cosas". Estas opiniones se forman a lo largo de una vida de experiencias y se jerarquizan de acuerdo con su contenido emocional, en la ingeniería emocional del cerebro —que incluye la amígdala, el lóbulo prefrontal y la corteza cerebral derecha—, y se expresan físicamente en improntas en el cerebro. Retenemos una mezcla de recuerdos conscientes y subconscientes, y de impresiones que se forman en la vida, provenientes de nuestra crianza, de la televisión, de la lectura, de las charlas con los amigos, de ir a gimnasios y droguerías o de visitar a los amigos en el hospital. Todos éstos son los ingredientes de un medio ambiente interno que el cerebro evalúa constantemente para ordenar las reacciones apropiadas.

Los efectos secundarios de la información

He dedicado los primeros once capítulos del libro a enumerar los activos saludables que están a nuestra disposición gracias a la relación entre el cuerpo y la mente.

Pero la verdad es que, como gran parte de la información que ingresamos en el cerebro es pesimista, violenta, o produce ansiedad, y como la mente está entrenada para explayarse en estos aspectos, el cuerpo también sufre los efectos dañinos del efecto nocebo o de las creencias negativas. En este capítulo exploraré el daño que puede ocasionar esta embestida de negatividad, y me concentraré en la multitud de formas en que usted, como persona, puede combatir esos efectos. Nuestra estructura garantiza que esto sea posible, pero a menudo necesitamos que nos recuerden que podemos confiar en la fe y en la curación interna. Entonces incluí algunas tácticas para que usted recuerde el bienestar.

Para recordar cualquier cosa menos el bienestar, tome el control remoto del televisor durante un minuto o dos. No es solamente que pasemos horas mirando vídeos, o que los noticieros nos muestren permanentemente los horrores de la guerra. Todos tenemos una manera adicional de hacer que hasta la información aparentemente positiva produzca estrés. Dejamos que la información nos manipule y nos sumerja en una multitud de pensamientos y sentimientos malsanos: desadaptación, culpa, vergüenza e inutilidad, entre otros.

Nos lamentamos de no ser perfectos, de no vivir con la elegancia que muestran las revistas o la televisión. Adulamos los cuerpos firmes, hacemos ejercicio como fanáticos o nos revolcamos en la culpa si no lo hacemos, y preferimos ingerir alimentos de dieta a comer moderadamente, todo lo cual está diseñado para que la biología ejerza menos influencia en nuestra apariencia que el esfuerzo físico y la autonegación. Aspiramos a ser los padres perfectos, a manejar sin problema las exigencias del trabajo y del hogar, y a tener matrimonios y relaciones de constante pasión.

Riñendo con nosotros mismos, convencidos de que debemos superar nuestras tendencias naturales antes que aprender a manejarlas y a disfrutarlas, estamos dispuestos a aceptar los anuncios en los que los publicistas nos dicen cómo llenar los vacíos. Bien sean organizadores para el ropero, seminarios para aprender a manejar el tiempo, equipos de gimnasia que usamos durante un tiempo y luego relegamos al olvido en un armario, o una variedad de calmantes para el dolor que tomamos al primer síntoma de malestar, nuestros hábitos consumistas suelen responder no a necesidades reales sino a las que los publicistas cultivan en nosotros.

En este clima, es muy difícil recordar el bienestar. La memoria del bienestar requiere cierto grado de confianza en sí mismo y de inacción positiva. La sociedad occidental fomenta el mejoramiento exterior, no el desarrollo interior. Estamos predispuestos mentalmente a actuar *más*, no menos, para aumentar las capacidades del cuerpo. Crecimos aclamando nuestra "libertad de información" y admirando a las personas que tienen "sed de conocimientos", de modo que nuestro apetito de noticias sobre la salud y el bienestar es insaciable, y nuestro estado de alerta sobre cambios corporales se agudiza con cada informe sobre la importancia de la detección temprana.

Sin necesariamente atribuir la división a Descartes, hemos tratado de dejar nuestras creencias en un rincón llamado vida privada, mientras que en público les tributamos los honores a la evidencia empírica, a las estadísticas, a los testimonios y a otros hechos. Podemos dejar que las películas y los libros de Disney les enseñen a nuestros hijos a "escuchar su corazón", pero rara vez alentamos estas inclinaciones en los adultos, en las relaciones diplomáticas o en las negociaciones con los sindicatos, en las grandes corporaciones o en las ligas deportivas, en la ciencia o en la política, o en alguno de los que hacen noticia en el mundo moderno.

Amenazas exageradas

A la vez que subestimamos la importancia de la fe y las creencias, exageramos las amenazas contra la salud y el bienestar. En nuestra sociedad le concedemos a la enfermedad más atención e importancia de la que verdaderamente merece. Las noticias son por naturaleza algo fuera de lo ordinario, de manera que los medios de comunicación no propician nuestra buena salud, el bombeo incesante de nuestro corazón, el funcionamiento relativamente uniforme de nuestros órganos día a día, la operación de esta máquina excesivamente compleja, tan libre de la necesidad de mantenimiento que a veces lo damos por sentado. Y con frecuencia, como los medios de comunicación ponen énfasis en la enfermedad, adoptamos una posición defensiva y demasiado cautelosa en materia de salud.

Tampoco podemos imaginar nada peor que estar seriamente enfermos o discapacitados. Nunca decimos que no hay peor revés en la vida que odiar o renunciar a la moral. Tememos mucho más a la enfermedad o a la desfiguración. Los publicistas fomentan esta percepción promoviendo el estándar de una "vida libre de dolor". Y nos hemos vuelto tan intolerantes con respecto a la enfermedad, que los médicos se apresuran a corregir condiciones que no lo requieren, a ordenar operaciones quirúrgicas con puentes coronarios, histerectomías y otras soluciones precipitadas. Hacemos esto en lugar de inspirar confianza en la capacidad del cuerpo para curarse a sí mismo, o cultivar la esperanza, que son los elementos esenciales de la memoria del bienestar. El miedo de la profesión médica a la mortalidad y a la fragilidad humana alienta un malestar público hacia todo lo que no sea perfecta salud, lo cual hace más probable que los pacientes, o las familias, busquen el justo castigo en los tribunales si el resultado es indeseable.

En su libro *Worried Sick: Our Troubled Quest for Wellness*, el doctor Arthur J. Barsky, de la Escuela de Medicina de Harvard, no aboga por soluciones cuerpo/mente para los males de nuestra sociedad, pero tiene la franqueza de condenar nuestra propensión a exagerar las amenazas a la salud cuando escribe:

> Parecemos incapaces de disfrutar la buena salud, de traducirla en sentimientos de bienestar y de seguridad física... Perseguimos la perfecta salud, y vivimos todo el tiempo como inválidos. Actuamos como si estuviéramos siempre balanceándonos al borde de la crisis, y lo negamos al mismo tiempo. No vivimos con optimismo sino con aprensión, como si nuestros cuerpos fueran adversarios latentes...

Continúa diciendo que "subestimamos la realidad de que casi todos tenemos buena salud la mayor parte del tiempo, la realidad de que el organismo humano tiene notables capacidades de autocuración, adaptación y supervivencia".

El filósofo romano Séneca dijo: "Nadie puede tener una vida tranquila si piensa demasiado en cómo prolongarla". Y un sabio proverbio latino: "El que vive médicamente vive miserablemente". Sin embargo, la sociedad occidental les rinde culto a la larga vida y a la belleza, no a la vida plena y con optimismo o a la paz interior. Algunas culturas hacen reparadoras siestas por la tarde, otras consideran que las comidas familiares son sus mejores horas, otras buscan la meditación y la oración a intervalos regulares durante el día. Pero si usted le pregunta a alguien de nuestra agitada sociedad qué cosas buenas hizo en un día cualquiera, lo más probable es que haya hecho trabajo físico, haya trabajado mucho, haya hecho tareas domésticas, haya trabajado en el jardín o haya hecho trabajo de voluntariado. El calibre de nuestra bondad no se establece por lo que somos sino por lo que hacemos; no por el viaje sino por los logros; no por la calidad de nuestras relaciones sino por la medida de nuestra autodisciplina.

Este libro, como otros que abogan por las soluciones cuerpo/mente y por el poder del pensamiento positivo, puede ser utilizado de manera que inspire culpa. Quizá ya usted haya agregado la meditación o la oración a la vasta lista de cosas por hacer, a las tareas o requerimientos acerca de los cuales se siente mal porque no los hace con regularidad. En este caso, las buenas nuevas de la memoria del bienestar pueden sucumbir al estrés que producen estas obligaciones.

También es tentador simplificar exageradamente esta información e impresionarse uno tanto con las conexiones cuerpo/mente que le atribuya el deterioro de la salud a un fracaso espiritual. Los problemas médicos son, por supuesto, el resultado de un número de variables que incluyen la genética y la historia familiar, los factores ambientales, la historia personal, los hábitos de salud y los accidentes. Pero como la sociedad — conforme hemos visto en nuestra reseña histórica — suele estigmatizar la enfermedad, la medicina cuerpo/mente puede, en el peor de los casos, utilizarse para culpar antes que para empoderar a las personas. Y lo último que las personas que están en medio de una enfermedad necesitan es preocuparse porque ellas mismas produjeron esa condición o porque una recaída significa que les falta fe para curarse a sí mismas.

La profesora de enfermería Barbara Lowery y sus colegas de la Universidad de Pennsylvania encontraron recientemente que el 40 por ciento de las 234 pacientes con cáncer de seno que encuestaron creían que alguna conducta o característica personal había contribuido a que se desarrollara la enfermedad. Una lectura demasiado simplificada de este libro y de otros que alientan a las personas a aprovechar sus recursos curativos les puede hacer mal a los pacientes agregando culpa a lo que ya es una difícil lucha emocional. El peligro del mensaje cuerpo/mente es que la gente se preocupe más, y no menos, sobre su condición, y que se convenza de que los pensamientos negativos traerán la recurrencia del mal. Yo les digo a mis pacientes que es apenas natural reaccionar con miedo a los diagnósticos de cáncer o de alguna otra enfermedad y preocuparse por lo que les espera. Sin embargo, es dañino dejar que el miedo y la preocupación se conviertan en el centro de su vida y permitir que la etiqueta de la enfermedad diga más de ellos que su personalidad o las experiencias de su vida.

Muchos factores tienen que ver con el desarrollo de la enfermedad, y en particular en el caso del cáncer de seno, la medicina no sabe cuál es la causa de la gran mayoría de los casos, de modo que culparse a sí misma es una equivocación. Tenemos que ser realistas sobre la memoria del bienestar. Ella puede ayudar en la medida en que cualquier enfermedad o condición es causada o exacerbada por las interacciones cuerpo/mente. Si una enfermedad progresa, a pesar de los mejores esfuerzos del autocuidado es porque tiene una vida propia, más allá de la influencia de la memoria del bienestar. Algunas veces ni las mejores medicinas ni los especialistas más renombrados y bondadosos pueden dominar la enfermedad, y así sucede con la memoria del bienestar. Algunas veces prevalece una entidad biológica incontrolable, a pesar de las plegarias más fervientes, de una vida con optimismo y de una actitud de esperanza. Sin embargo, no debe existir culpa. Hacemos lo mejor que podemos en circunstancias difíciles para mantener la esperanza. Eso es todo lo que humanamente podemos esperar de nosotros mismos.

La salud: Una nueva religión

Infortunadamente, el público está, en general, condicionado para desear grandes bocados de información y mensajes simples. Evitamos tener que considerar el complicado ejercicio de ponderar los riesgos o la naturaleza multifactorial de los problemas. Pasamos por alto la salud buena, estable y flexible, y veneramos la ilusoria perfecta salud. El doctor Marshall H. Becker, de la Universidad de Michigan, escribió en *Public Health Reviews*, en 1986, que "la promoción de la salud... es una nueva religión, en la cual nos rendimos culto nosotros mismos, le atribuimos la buena salud a nuestra devoción y vemos la enfermedad como un castigo para los que todavía no han visto el Camino".

Y como otra panacea para una especie dolorosamente consciente de su propia mortalidad, a veces buscamos la salud más que la felicidad, o la confundimos con ella. Una encuesta de *Psychology Today* a sus lectores en 1982, reveló que al 42 por ciento de quienes respondieron les preocupaba más su salud que el amor, el trabajo o las finanzas. El 46 por ciento de ellos dijeron que la buena salud era la única y más importante fuente de felicidad en su vida.

Es verdad que personas muy introspectivas y tímidas son más pesimistas sobre su salud, peores que otras menos inclinadas a la introversión. En verdad, hemos visto que el acto de mirar hacia afuera en forma de altruismo, o hacia arriba en la vida religiosa, trae consigo beneficios de salud. En su libro *The Symptom Iceberg: A Study of Community Health*, D.R. Hannay utiliza encuestas comunitarias para demostrar que cuanto menos activas religiosamente sean las personas, más síntomas les molestan.

Debo destacar la necesidad de enseñarles a los estudiantes de medicina y a los médicos jóvenes el consejo que Su Santidad el Dalai Lama compartió conmigo y con mis colegas. Se le preguntó cómo sostener el tranquilo foco de la meditación en la rutina diaria, por fuera de la meditación. Respondió simplemente: "Concéntrese en lo que está frente a usted". No es fácil para nosotros, clínicos o gente común, vivir "conscientemente", prestando atención a cada momento o interacción, como lo recomiendan el Dalai Lama y otros autores populares, entre ellos Barbara DeAngelis en su libro *Real Moments*, y el doctor Jon Kabat-Zinn en *Full Catastrophe Living*. Lucho contra mi propia tendencia a abrigar simultáneamente miles de pensamientos y preocupaciones, a comenzar el día con temor porque mis expectativas pesan demasiado en mi mente. Me concentro en mis pacientes, rompo mi cadena personal de pensamientos y preocupaciones, que es esencialmente lo que ocurre cuando pasivamente apartamos los pensamientos cotidianos y concentramos la mente. Cuando uno se concentra en otros, su estado de ánimo se alegra. Creo que éste es el "éxtasis del que ayuda", que fue documentado por Alan Luks y que ya discutimos anteriormente en este libro.

Reconozco la dificultad que este mensaje puede tener para personas con cargas muy pesadas, como una enfermedad seria, la invalidez o la pobreza. Es muy difícil para ellas concentrarse en la alegría del momento o en la gente que las necesita. Con frecuencia la manera de ver uno el paisaje y a la gente que encuentra cada día está completamente condicionada por estas cargas.

No obstante, hasta en estos casos el doctor Barsky nos recuerda que poner atención a un síntoma o a un problema lo amplifica, mientras que las distracciones pueden disminuir su percepción. El doctor Barsky piensa que esto explica por qué soldados con heridas severas pueden hacer caso omiso del dolor y continuar combatiendo; es el fenómeno conocido como "la anestesia del campo de batalla". En los campos de batalla y en las salas de juntas, los patios y los consultorios, la verdad es que cuando uno sigue adelante con su vida, poniendo su atención en cada persona o situación, antes que centrándose en un cenagal de problemas, el cuerpo puede llegar a olvidar la enfermedad y el dolor, y recordar la fuerza y la vitalidad que se asocian a una experiencia plena de la vida.

Sin embargo, cuando uno se concentra en la salud, "la exigencia del autocuidado y del autocontrol se convierten en un peso tan oneroso, que comienza a erosionar nuestro sentido del bienestar, y hace que nos volvamos cada vez más inseguros acerca de nuestra salud", de acuerdo con el doctor Barsky. Esta inseguridad, esta atención constante a lo que pasa con el cuerpo, agranda los problemas y envía señales inapropiadas de malestar al cerebro, lo cual puede contribuir, innecesariamente, a que se cumplan las profecías físicas que se originan en la preocupación y en el miedo.

El efecto nocebo

El efecto nocebo puede manifestarse de varias maneras. Como en la memoria del bienestar, el cuerpo intentará demostrar y cumplir las sugerencias que se le han dado a la mente.

Enfermedad psicogénica masiva es un término elegante para el efecto nocebo cuando éste se presenta en gran escala. Es un fenómeno común en el cual grupos de individuos, a veces compañeros de trabajo, escolares u otros, presentan síntomas similares, como si hubieran sido víctimas de una epidemia o de una amenaza del medio ambiente. Unas 700 personas solicitaron tratamiento en Nueva Zelanda en los años 70, por haber estado expuestas a gases que creían, equivocadamente, que eran tóxicos. A comienzos de los años 80, setenta y cinco escolares de Boston cayeron enfermos inexplicablemente durante una ceremonia. Trabajadores de fábricas se han enfermado por picaduras de insectos que no existen. Y más recientemente, en los meses que siguieron al terrorismo en el cual el gas sarín y otros gases venenosos fueron esparcidos en los túneles de trenes en el Japón, han enfermado pasajeros en trenes donde no había presencia de gases.

En todos estos incidentes, el creer en la existencia de un agente causante de enfermedad precipitó la aparición de los síntomas. Un médico del siglo XIX explicó que "para convertirse en epidemia, esta enfermedad debe relacionarse con alguna idea popular o superstición, en la cual se cree tan *firmemente* que se apodera del corazón de la gente, y de manera tan *generalizada*, que proporciona la base para una solidaridad patológica". Las creencias populares pueden producir este tipo de epidemias.

Como es cierto en el caso de personas que desarrollan embarazos falsos o pseudociesis, una creencia poderosa puede ser el catalizador para que aparezcan síntomas auténticos aunque no haya una causa científicamente documentada. En la crisis de Nueva Zelanda, el origen era el mal olor del derrame de una sustancia química procedente de un barco averiado. Mientras las autoridades buscaban afanosamente el contaminante, ordenaron la evacuación del área supuestamente envenenada, y la prohibición de viajar a la zona. Cientos de personas se amontonaron en las salas de urgencia de los hospitales, con síntomas de haber inhalado una sustancia que más tarde se supo que aunque olorosa, era inofensiva. Un mal olor y la preocupación de las autoridades ocasionaron un despliegue masivo del efecto nocebo.

Los falsos recuerdos también pueden tener el poder sugestivo de los nocebos. Es común que la gente reprima hasta el olvido recuerdos dolorosos o traumáticos y que sean los psiquiatras, psicólogos u otros consejeros los que les ayudan a los pacientes a recordar estas experiencias en el curso de la terapia. Pero en algunas ocasiones, intentando con demasiado entusiasmo descubrir cuál es la fuente de la angustia, los consejeros cometen el error de "sugerir" ciertos incidentes, o los pacientes cuentan eventos que realmente creen que sucedieron. Un recuerdo originado en una creencia como ésta puede ser muy peligroso, en particular cuando los niños acusan erróneamente a los padres de haber abusado física o sexualmente de ellos. Mi colega el doctor Fred H. Frankel, del Beth Israel Hospital de Boston, escribió recientemente que "el deseo de ayudar a las víctimas de abuso durante la niñez está más que justificado, pero es urgente que los clínicos reflexionen sobre el daño que ocasiona una acusación falsa. Aceptar como ciertos los recuerdos olvidados durante mucho tiempo y recuperados mediante la terapia, sin corroborarlos, puede perjudicar y trastornar seriamente la vida de personas inocentes".

Richard Ofshe y Etan Watters relatan muchas historias de recuerdos falsos en su libro *Making Monsters*, publicado en 1994. En una de ellas, una mujer que buscó ayuda de un consejero con respecto al fracaso de su matrimonio, "se curó" cuando "revivió" recuerdos de su participación en un culto satánico que practicaba rituales asesinos y canibalismo. Resultó que la mujer nunca había sido expuesta a tan horribles experiencias, de modo que, de acuerdo con los señores Ofshe y Watters, la paciente terminó más confundida y traumatizada por los "recuerdos" que le sugirió el consejero que por los problemas matrimoniales que buscaba resolver.

Creo que el efecto nocebo también está presente cuando se recuerdan vidas pasadas, y en las muy divulgadas historias de personas que dicen que han sido visitadas por extraterrestres. Como en la memoria del bienestar, estos episodios son generados por la creencia, pero son muy reales para quienes los experimentan. Y así como era cierto en los casos en que los médicos tenían problemas para distinguir un embarazo real de la pseudociesis, las creencias pueden manifestarse con detalles impresionantes y muy convincentes. Como nuestra comprensión científica de las creencias y de sus repercusiones es relativamente nueva, los médicos tenemos mucho más que aprender antes de que podamos aislar y reconocer adecuadamente las manifestaciones negativas y manipuladas de las creencias.

La manipulación del conocimiento

En todos estos casos, el conocimiento era poder. Pero el conocimiento no siempre sirvió al bien público como esperábamos que lo hiciera. La información puede ser tramposa porque, cuanto más sabemos más podemos inclinarnos a descartar nuestros instintos y creencias saludables. Tome usted, por ejemplo, el fenómeno de la hipocondriasis del estudiante de medicina. Es muy común que médicos jóvenes, en el proceso de estudiar los síntomas y las causas de las enfermedades humanas, lleguen a conclusiones de que punzadas de dolor u otros síntomas menores indican que ellos van a padecer una enfermedad inminente.

Edward Shorter, de la Universidad de Toronto, cuenta en su libro *Bedside Manners* que las personas "de más alta posición social", presumiblemente las que tienen mucho más acceso a la atención médica y cuyo estado de salud es mejor que el de los pobres, presentan un mayor número de afecciones menores, como cortaduras, problemas de la piel y enfermedades de las vías respiratorias altas. En otras palabras, las personas que no tienen acceso a la medicina, no pueden darse el lujo de poner atención a males menores, y deben limitarse a consultar sólo en casos de emergencia. Elliot Friedson, de la Universidad de Nueva York, confirma este hallazgo en *Profession of Medicine.* Revela que pacientes de países pobres y con alta frecuencia de enfermedad informan de menos síntomas y enfermedades de lo que esperan los médicos occidentales que los examinan. Obviamente, como noté en los estudios sobre el umbral del dolor, las diferencias culturales pueden desempeñar un papel significativo en la manera como vemos nuestra salud. Sin embargo, es impresionante que cuanto más saludable es una sociedad, más propensos son sus miembros a problemas menores de salud.

En febrero de 1995, *GQ* informó acerca de una encuesta que demostró que los graduados en una universidad y otras personas que ganan más de US$ 50 000 al año tienen mínimas probabilidades de quedar "muy satisfechos" cuando se les formula un analgésico. Las personas que tienen ingresos menores, esto es de US$ 15 000 o menos, y las que no terminaron la escuela secundaria tienen más probabilidades de quedar satisfechas. Es interesante ver que la "creencia" en el tratamiento médico se deteriora entre los grupos de población más educados y que ganan más dinero, pese al hecho de que los mayores ingresos les permiten a los individuos mayor acceso a la atención médica. Los supuestos que hacemos en la sociedad de que la educación siempre mejora nuestra suerte en la vida pueden no ser totalmente ciertos en el caso de la memoria del bienestar. La gente que recurre más a las creencias, que ha aprendido a esperar con paciencia la curación, quizá porque no tiene otra opción, puede tener alguna ventaja sobre quienes viven obsesionados con la información.

El doctor Lowell S. Levin, profesor de la Escuela de Salud Pública de Yale y uno de los autores de *Medicine on Trial: The Appalling Story of Ineptitude, Malfeasance, Neglect and Arrogance*, dice que las mujeres en particular están condicionadas a ver cada etapa de su vida como "etapas de enfermedad", para las cuales deben buscar atención médica. Con una probabilidad 5 ó 6 veces mayor que los hombres de usar los servicios de salud, dice el doctor Levin en una entrevista que "las mujeres están condicionadas por el sistema médico para pensar que son un peligro para sí mismas, que cada etapa de su desarrollo es una patología".

El doctor Levin cree en el principio de las "tres partes", establecido por el doctor Philip R. Lee, subsecretario de salud en la administración Clinton. Según la teoría del doctor Lee, "una tercera parte de la medicina ayuda muchísimo; una tercera parte no produce ninguna diferencia y una tercera parte nos hace daño". Por tanto, piensa que la gente juega a la "ruleta rusa" con un sistema de salud que le hace daño la tercera parte de las veces. Él insiste, por ejemplo, en que el 90 por ciento de los partos podrían ser más seguros y menos traumáticos en el hogar.

En una profesión médica dominada todavía por hombres, dice el doctor Levin, no se les enseña a las mujeres a autoprotegerse. Se les pide que confíen en el sistema de salud de los Estados Unidos que, según él, trata sus ataques cardíacos con menos seriedad que los de los hombres, produce un enorme número de erróneas citologías positivas, altos porcentajes de nacimientos por cesárea, y muchas más histerectomías de las que se hacen en otros países; fomenta más mamografías a pesar de su incierto valor y ha demorado la disponibilidad de medicamentos para la infección vaginal en las droguerías.

Gran parte de la educación en salud y muchas noticias con que nos bombardean, tienen por objeto aumentar nuestras preocupaciones, no calmarlas. En particular, muchas compañías farmacéuticas promueven y manipulan nuestra tendencia a la hipocondría. En abril de 1994, un artículo de la periodista Elisabeth Rosenthal, publicado en el *New York Times* y titulado "Maybe You' re Sick, Maybe We Can Help" [Tal vez usted está enfermo, tal vez podemos ayudarle], señaló que los consumidores a quienes se les dijo una vez que la indigestión ácida podía solucionarse bien con una dosis de Alka-Seltzer, ahora se les advierte que sufren de "una seria condición médica" que requiere un costoso remedio formulado. De manera similar, dice el artículo, las muestras promocionales que se distribuyen en los consultorios médicos informan a la gente que lo que tradicionalmente era un "simple dolor de cabeza", puede, en verdad, ser una "migraña".

El doctor Marcus Reidenberg, editor de la revista *Clinical Pharmacology and Therapeutics*, cree que muchas compañías farmacéuticas "toman los síntomas de la vida diaria, de la existencia normal y los convierten en enfermedades que requieren tratamiento médico". Continúa diciendo que "lo que hace la publicidad es empujar a los pacientes a consultar al médico cuando los síntomas son menos severos de lo que normalmente les haría pedir una cita".

Las campañas promocionales ponen énfasis en los síntomas y en la enfermedad, y no en los productos, indica el artículo, porque los publicistas saben que "cuanto más obsesionada esté la gente con la enfermedad, mayor será la probabilidad de que consulte a los médicos, lo cual incrementará las ventas". Y la estrategia parece que ha tenido éxito. De acuerdo con la investigación de Scott-Levin Associates, una organización de mercadeo de salud de Pennsylvania, el 78 por ciento de los médicos encuestados dijeron que sus pacientes presentaban síntomas que habían visto en los anuncios publicitarios, comparados con sólo el 30 por ciento de médicos que informaron de esta tendencia en 1989.

Romper el círculo

Nuestra adicción a la información suele deteriorar o condenar al fracaso el poder transformador de la memoria del bienestar. Recientemente, Corinne Kyle, una de mis colaboradoras en un estudio realizado por la famosa compañía de encuestas George H. Gallup International Institute, donde ella es directora de investigación, estaba compilando algunos resultados y encontró una manera sutil de decirme que mi constante ansiedad por saber cómo íbamos entorpecía su trabajo. Me dijo: "Lo que usted me pide es como desarraigar una planta todos los días para ver si está creciendo". Ésta es la tendencia de la mayoría de las personas hoy en día; estamos tan inundados de noticias que despreciamos la espera, tan perturbados hasta con la amenaza más remota que nunca estamos plenamente relajados, tan acostumbrados a un torrente incesante de estímulos mentales que nuestra capacidad de atención se reduce constantemente.

Éste es un círculo que debemos romper. Cuando condimentamos la mente con miedo y negatividad, incitamos el efecto nocebo y la respuesta de huir o pelear, que ejercen efectos destructivos en el cuerpo y nos causan más preocupación. Durante toda una vida viendo anuncios publicitarios en que los analgésicos le salvan a uno el día, llegamos a recurrir excesivamente a ellos sólo para descubrir que tenemos otros males que requieren otras medicinas. Cuanto más extrema y estrafalaria es la información que absorbemos y aceptamos, más aumentan las ventas, y los medios de comunicación tienden todavía más a alimentar nuestro frenesí. Y como indicó John Updike, "suficiente" nunca será parte de nuestro vocabulario.

¿Es posible romper el círculo? No podemos confiar en que quienes están a cargo de proporcionar la información modifiquen sus mensajes. Desde que Hollywood se negó a abstenerse de producir programas violentos o explícitos, los padres han resuelto instalar dispositivos especiales en el televisor para evitar que sus hijos vean programas indebidos. Maravillosamente, los humanos ya poseemos un dispositivo instalado que filtra la información que recibimos y que tiene el poder de sanar. Son nuestros pensamientos, creencias, sentimientos y valores, que son únicos en cada uno de nosotros. La mente está condicionada para reaccionar de determinadas maneras, la estructura de nuestro cerebro se forma cuando evocamos repetidamente recuerdos, memorias o pensamientos particulares y sus respectivas improntas y combinaciones neuronales.

Como el cerebro cambia permanentemente, tenemos la posibilidad de reestructurar y modificar esas reacciones automáticas mediante un proceso conocido a veces como "reestructuración cognitiva". De hecho, *el acto mismo de leer estas palabras*, el procesamiento, la incorporación y la integración de su significado, está cambiando para siempre la programación de su cerebro. Cada nueva experiencia, cada nuevo acto que ingresa en su cerebro cambia su configuración, y su consciencia y comprensión de quién era usted, quién es y quién será.

En todas las actividades que estoy a punto de recomendar, la meta no es negar la realidad, solamente proteger las imágenes e ideas que son mejores para usted. Usted actúa "como si" la realidad preferida fuera cierta, y el cuerpo responde. La escritora Sherry Suib Cohen comparte su versión de "actuar como si" en un libro titulado *Secrets of a Very Good Marriage: Lessons from the Sea*. En él describe cuán desesperadamente su esposo quería que a ella le gustara su barco, que lo colmara de "reverencia incondicional", aunque si no fuera por la pasión de su esposo por la pesca, el barco sería uno de los últimos lugares en que esperaba estar. Ella dice: "A decir verdad, me sentía estúpida elogiando un barco imperfecto con tal entusiasmo. En mi corazón, ése era un barco aceptablemente bueno, lejos de ser perfecto. ¿Por qué no podía decir toda la verdad?" Suib Cohen sugiere que los matrimonios se alimentan de elogios en voz alta porque "hablar en voz alta del amor lo hace invencible".

Lo mismo es cierto para el cuerpo. Tanto tiempo como le dedicamos en nuestra vida a "la verdad y sólo la verdad" — que puede no ser el cuadro verdadero sino una indebida interpretación negativa —, el cuerpo y el cerebro necesitan complacerse con posibilidades más halagüeñas. Actuando como si el cuerpo fuera invencible, de la manera como recomendaré a continuación, su estado de salud mejorará.

Pensamientos automáticos

Usted podría comenzar por identificar reacciones negativas automáticas, o pensamientos no realistas, irrazonales o distorsionados que causan estrés. La obra *The Wellness Book*, que escribí conjuntamente con mi colega Eileen M. Stewart, R.N., C., M.S., y con otros miembros del Mind/Body Medical Institute, ofrece un enfoque más completo para romper estos hábitos. En ella, la doctora Ann Webster, junto con la señora Stewart y la señora Carol L. Wells-Federman, afirman:

> La reestructuración cognitiva no niega ni pasa por alto los pensamientos negativos o de aflicción, pues hay muchas cosas en nuestra vida sobre las cuales es apropiado sentirse ansioso, deprimido, furioso, frustrado, etc. [...] Lo que destacamos es la necesidad de poner atención a la manera como influyen los pensamientos en los sentimientos, a fin de evitar que la ansiedad, la depresión, la ira, la culpa, etc., sean *excesivas* o automáticas, y sean las únicas emociones que uno siente. Cuando las emociones fuertes gobiernan la mente, *ésta se convierte en un filtro que permite que ingresen en la consciencia únicamente los pensamientos que refuerzan ese estado de ánimo.* Poco o nada distinto puede entrar.

Constantemente hablamos con nosotros mismos, en una charla interna durante la cual nos criticamos, nos aconsejamos, nos damos ánimo y soñamos sobre nosotros mismos.

Después de decirnos algo un número suficiente de veces, comenzamos a creerlo. Si usted se dice "yo no soy atractiva", o "mi cuerpo es un fracaso" el suficiente número de veces, estos pensamientos se convierten en "realidad" para usted.

Eleanor Roosevelt dijo una vez que "nadie puede hacerlo sentir a uno inferior sin su consentimiento". Esto es profundamente cierto porque una corriente permanente de pensamientos dudosos sobre uno mismo erosiona la confianza, la misma confianza que usted necesita proyectar al mundo y la que su cuerpo necesita para la memoria del bienestar. Para agravar el problema, desarrollamos lo que el doctor Donald Meichenbaum, de la Universidad de Waterloo, llama "el prejuicio confirmatorio", según el cual solamente buscamos la información, las personas y las situaciones que corresponden a nuestros estado de ánimo o a nuestros sentimientos sobre si valemos la pena o no. Para romper esta cadena de eventos, usted debe cambiar su diálogo interno.

En *The Wellness Book,* recomendamos este ejercicio. La próxima vez que usted quede atrapado en una congestión de vehículos y sienta que su presión sanguínea sube, pruebe lo siguiente:

- Pare.
- Respire y libere la tensión física.
- Reflexione y pregúntese lo siguiente:
    - ¿Qué pasa aquí?
    - ¿Por qué estoy tan molesto?
    - ¿Estoy retrasado, o es que estoy corriendo contra el tiempo?
    - ¿Es realmente una crisis el que esté retrasado?
    - Si llego tarde, ¿qué es lo peor que puede suceder?

- ¿Preocuparme sirve de algo?
- Elija no pensar con tanta ansiedad.

Hablándonos a nosotros de esta manera, con este procedimiento de cuatro pasos, a saber: parar, respirar y liberar la tensión física, reflexionar y elegir, podemos disminuir y eventualmente eliminar las reacciones automáticas. Podemos limitar la negatividad que trae consigo cualquier situación estresante, cambiando las opiniones y los estados de ánimo que conspiran en el cerebro y el cuerpo, y que afectan a la salud.

Visualizaciones y afirmaciones

Otra estrategia importante para reprogramar el cerebro y reorientar su diálogo interno es contrarrestar la embestida habitual de negatividad mediante visualizaciones y afirmaciones, las mismas técnicas que mencioné antes en este libro.

Los budistas utilizan muy activamente las visualizaciones para deshacerse de la rabia y la amargura. En una meditación, ven imágenes de sí mismos sobrepuestas a las de sus peores enemigos. Como es muy difícil mantener la rabia cuando reconocemos parte de nosotros en las acciones y el semblante de otros, este tipo de visualización da muy buen resultado.

También podemos aprovechar las ventajas del pensamiento de arriba hacia abajo que hace que las visualizaciones sean muy poderosas en el cuerpo/mente. Usted recordará que en las ilustraciones que aparecieron antes en el libro (figuras 5 y 6), cuando una mujer veía un bello paisaje rural, y luego lo recordaba, activaba los mismos circuitos cerebrales. Es muy importante incorporar esta sabiduría a la técnica de meditación, utilizando como tema o foco una corriente de agua en la montaña, una obra de arte o cualquier otra escena relajante.

Como dije en mi libro *Your Maximun Mind*, los atletas suelen utilizar visualizaciones durante sus entrenamientos. Aprenden a provocar la respuesta de la relajación y luego a visualizar, una y otra vez, su desempeño ideal. Con esto establecen los circuitos cerebrales que se repiten durante la competencia.

Usted recordará que las afirmaciones son, simplemente, pensamientos positivos, frases cortas o dichos que significan algo para usted. Funcionan lo mismo que los anuncios publicitarios soñados por las mejores agencias de publicidad de Madison Avenue. La repetición de arriba hacia abajo de mensajes saludables se vuelve parte de su diálogo interno, un tema que cambia su sistema de creencias y programa nuevamente el cerebro. Nuestros pacientes las encuentran particularmente eficaces cuando se utilizan después de provocar la respuesta de la relajación, cuando la mente está tranquila y receptiva. He aquí algunos ejemplos:

- "Yo puedo manejarlo".
- "Me acepto tal como soy".
- "Estoy en paz".
- "Soy fuerte y saludable".
- "Dejemos que pase".
- "Hago lo mejor que puedo".

Humor

Por supuesto, así como funcionan las afirmaciones, también ellas son el blanco de muchas bromas, lo que nos lleva a una de las medicinas más eficaces de todas para combatir la negatividad: el humor. El doctor George E. Vaillant, de la Escuela de Medicina de Harvard, escribió en su libro *Adaptation to Life*:

> El humor es una de las defensas verdaderamente elegantes del repertorio humano. Pocos negarían que la capacidad para el humor, como la esperanza, es uno de los antídotos humanos más potentes para los infortunios de la Caja de Pandora.

El humor, la sonrisa y la risa son los mejores disolventes del estrés. En *The Wellness Book*, los colegas Margaret Baim, M.S., R.N., y la comedianta Loretta LaRoche, B.A., recomiendan que si alguien se preocupa por su salud no debe comprar píldoras, o libros de autoayuda, o colchonetas para hacer ejercicio, sino películas de Groucho Marx. Cuando se es dueño de una gran nariz, un bigote poblado y pestañas como arañas, poco parece estar mal en el mundo. O cuando usted piensa en los beneficios de su vida, cuando se obliga a recordar las alegrías y no las penas, lo divertido antes que lo triste, la mentecatez y no lo pesado, sus pensamientos se desplazan hacia cosas agradables y el cuerpo responde.

Distracciones saludables

También le recomiendo que lleve una vida de distracciones saludables. Comprometa su mente y su energía a ayudar a otros y a preocuparse por un mundo que necesita desesperadamente una inyección de esperanza. Un artículo de la Associated Press, en mayo de 1995, dice que el 47 por ciento de los niños estadounidenses manifiestan que tienen expectativas sombrías en cuanto al futuro. El 53 por ciento de ellos temen la pobreza, el 50 por ciento el secuestro, y el 45 por ciento el maltrato físico o el abuso sexual. Una niña de diez años, Janelle, les dijo a los investigadores: "Tengo miedo de que me maten. Quiero vivir mi vida plenamente y hacer de todo; no quiero morir".

Uno no debe tratar de endulzar el mundo de Janelle. Si está rodeada de violencia, pobreza y caos en su vecindario, tendrá que luchar para sobrevivir, y no solamente mantener sus esperanzas y aspiraciones. El abuso de las drogas y la violencia insensible son enormes amenazas para la salud pública, y no podemos ignorar la gravedad de la situación, sino tratar de aliviarla de manera que puedan restaurarse la esperanza y sus efectos curativos.

Obviamente, hay todo un mundo que necesita nuestra atención. Ya vimos, con la evidencia de Alan Luks sobre el éxtasis del que ayuda, que una de las cosas más saludables que usted puede hacer por usted mismo es ayudar a su comunidad, apartando sus propias preocupaciones e inquietudes. Centrando la atención lejos de nuestros propios problemas y ayudando a otros, experimentamos beneficios físicos, en lugar de inundarnos pasivamente de malas noticias, de pánico o miedo, cuyas manifestaciones físicas pueden ser muy dañinas.

Aprender a dejar ir

Al hacer el balance de la sobrecarga de tensiones y de información de la vida, creo que es valioso que usted adopte este enfoque: Reúna toda la información pertinente, tome una decisión, y luego "déjela ir". Permita que haya tiempo para que nuevos hechos se incorporen a su cerebro, y para que cambien los circuitos o la manera de percibir usted la vida y de percibirse a usted mismo. Nuestra fisiología del cerebro hace muy pragmático el adagio "consultar con la almohada". En efecto, se cree que el sueño es el tiempo en que el cerebro se recompone a sí mismo. Durante el sueño se consolidan pensamientos y recuerdos, y los extraños giros e imágenes de los sueños expresan el proceso de reclasificación de información anterior.

La respuesta de la relajación puede funcionar de la misma manera. Con frecuencia, cuando las personas terminan su meditación ven el mundo distinto, como con "nuevos ojos". Mucha gente manifiesta que se siente más creativa, lo cual tiene mucho sentido comoquiera que la creatividad suele ser simplemente el acto de interpretar los mismos hechos de diferentes maneras.

Todas las estrategias que he propuesto pueden ayudarle a usted a registrar nuevas y poderosas creencias en el cerebro, a alegrar su estado de ánimo y a hacer que la información y las noticias que recibe sean menos dañinas o molestas. No obstante, cuando se trata de una enfermedad, es muy difícil dejarse ir, reírse, afirmarse o discutir un diagnóstico.

Mi colaboradora en este libro, Marg Stark, tuvo que aprender a dejar ir una excesiva preocupación por la enfermedad. En el verano que siguió a su graduación en la Escuela Mount Holyoke, el médico la instó a someterse a una operación, por unos tumores abdominales que encontró su ginecólogo durante un examen de rutina. Cuando despertó de la operación, un interno le informó abruptamente que su condición no parecía cancerosa sino que tenía un caso severo de endometriosis. Su médico le dijo más tarde que era el peor caso que había visto en una mujer tan joven, y calculó que tenía probabilidades de concebir inferiores al 30%.

Con la posibilidad de infertilidad a sus veintidós años de edad, cuando su carrera como escritora y no el matrimonio, y mucho menos los niños, era lo que tenía en su mente, Marg comenzó a educarse a sí misma sobre la endometriosis y su tratamiento. Aunque todavía hay mucho misterio sobre las causas de esta condición, ocurre cuando el endometrio, o recubrimiento interno del útero, se asoma por fuera de éste, causando hemorragias internas e inflamación de los tejidos, que pueden adherirse y ejercer presión o bloquear otros órganos. La endometriosis es crónica, y sólo cesa con el embarazo o la menopausia.

Cuando Marg recibió el diagnóstico, la endometriosis era todavía "la enfermedad de la mujer profesional". Era así porque los médicos que primero se familiarizaron con esta condición desarrollaron un perfil de las pacientes típicas de endometriosis, es decir, mujeres altamente ambiciosas, que posponen los hijos para avanzar en su carrera. Una mala interpretación significativa, este perfil fue abandonado más tarde cuando los médicos comenzaron a encontrar la enfermedad en mujeres de los más variados perfiles. Durante muchos años, no se diagnosticaron casos de mujeres con endometriosis porque los médicos les concedían poca o ninguna importancia a los dolores menstruales de estas mujeres, un síntoma temprano de esta condición. Es de suponer que las mujeres profesionales que tenían más acceso a los servicios de salud estuvieran más decididas a obtener un diagnóstico y un tratamiento.

Como las mujeres que se culpan a sí mismas del cáncer de seno, Marg comenzó a culparse a sí misma por un estilo de vida que, según creía, había ocasionado el mal y que podía hacerla estéril. Comenzó a cuestionar el entrenamiento que había recibido en una universidad femenina, que la alentaba a combinar carrera y familia, y a preguntarse sobre la conveniencia de aceptar las exigencias de una carrera como reportera en un periódico. Era hija de un ministro presbiteriano, y también comenzó a cuestionar su fe, pues pese a su deseo profundo de tener hijos, eso podría no ser "la voluntad de Dios". Además de todos estos ajustes emocionales, soportó el aumento de peso, los calores, los sudores nocturnos y otros terribles efectos secundarios de la hormona que tomaba para detener la enfermedad.

Pero con el tiempo, dejó ir lo que ella admite que se convirtió en una fijación inapropiada en la endometriosis y en la posible infertilidad. Decidió que si su legado al mundo no eran los hijos, quería que fueran sus escritos. Dejó atrás el grupo de apoyo que había sido tan útil al comienzo, pero que más tarde comenzó a asustarla y a revivir los miedos que la condujeron a centrarse en la enfermedad. Decidió que Dios era bueno, y que aunque ninguna teología parecía responder a sus preguntas, quizá hubiera algunos misterios en la vida que ella no podía solucionar. Continuó buscando especialistas en endometriosis altamente recomendados y los últimos tratamientos, pero, con excepción de la necesidad de manejar el estrés, les dejó a sus médicos todas las angustias sobre la endometriosis.

Diez años han pasado, y Marg no tiene más crecimientos de endometriosis. Se casó el año pasado, y ella y su esposo planean tener hijos, biológicamente, o mediante adopción. Pero si hubiera sabido entonces lo que ahora sabe sobre las conexiones cuerpo/mente, el autocuidado y la importancia de tener una perspectiva propia, cree que no habría tardado tanto tiempo en dejar ir el peso de su diagnóstico. Como dije anteriormente, el poder de un diagnóstico es enorme. Pero he llegado a entender que la mente y el sistema de creencias que tenemos, el filtro a través del cual pasan los diagnósticos y todas las informaciones, pueden, como escribió Milton en *El Paraíso perdido*, "hacer del infierno el cielo, o del cielo el infierno".

Las sugerencias que he hecho pueden ayudarle a usted a cambiar de opinión y de realidad. Y en el próximo capítulo, compartiré las lecciones de la vida que he reunido en mi búsqueda de algo duradero. Incorporando esta sabiduría, la medicina, la sociedad y las personas podrán por fin apreciar y gozar la rica interacción entre el cuerpo, la mente y el alma. Y esta interacción es una fuente interminable y eterna de curación.

XIII

CURACIÓN ETERNA

Hay una fuente duradera de curación. El progreso de la investigación médica nunca empañará o echará abajo la intrínseca verdad de la memoria del bienestar. Se atribuye a Heráclito, el filósofo griego del siglo V antes de Jesucristo, haber dicho: "Nada perdura, excepto el cambio". Pero después de treinta años de investigación, estoy dispuesto a contradecir tal afirmación y a decir que la fe perdura y trasciende todos los cambios forjados por el tiempo y el destino. Éste es el solaz que le ofrezco a usted a la luz del hecho de que este libro ha sugerido grandes cantidades de cambios en la sociedad, en la medicina occidental y en las personas mismas. Reconozco que los términos que he utilizado y los cambios que recomiendo pueden resultar amedrentadores: "memoria del bienestar", "reprogramar el cerebro", "creer en un Infinito Absoluto", "confiar en los instintos", "ejercitar las creencias" y "dejar ir".

Precisamente porque el cambio, para bien o para mal, produce estrés, dedicaré este último capítulo a acciones sencillas que usted puede realizar para cambiar su perspectiva y vivir de manera más saludable. Al utilizar de manera práctica la memoria del bienestar, el factor fe y otras formas de autocuidado, nosotros, como individuos, podemos reestructurar nuestra manera de pensar en favor de una mejor salud, y quizá también de un mundo mejor.

Una revisión del pensamiento occidental

El cambio es inevitable. Estos hallazgos pueden dar como resultado una revisión de la medicina y de la ciencia occidentales. Los principios rectores del actual sistema de salud tienen que cambiar, pero estaremos trabajando con lo que ya es muy buena medicina. La profesión médica está sometida a presiones considerables, y está tratando de hacer frente a muchos problemas financieros de atención en salud, a recortes de personal y de recursos, a una competencia sin precedentes, a la consolidación de los servicios y a cambios en la regulación. Además, se le exige que cuide de personas cuyos problemas — pobreza, violencia o los estragos del VIH — no podemos remediar.

Los defensores de la medicina cuerpo/mente también les están pidiendo a individuos habitualmente ocupados y estresados que agreguen una nueva responsabilidad a su vida y a su horario. Indudablemente, las personas tendrán que asumir una gran parte de sus decisiones médicas, pasar más tiempo en busca de la memoria del bienestar, levantarse más temprano, o encontrar un momento en su agenda para provocar la respuesta de la relajación. Pero tal vez más profundamente, le estamos pidiendo a la gente que se proteja de otra nueva amenaza pública, que asuma una posición contra la marea del pensamiento occidental, y que piense en formas que parecen contrarias a lo que se le ha enseñado.

Pero aquí está la gracia salvadora. El término "recordar" es la clave para calmar las ansiedades que despierta todo este cambio. Su cuerpo, como el de todos los humanos del planeta y los de todos los que han existido aquí antes de usted, está diseñado para recordar y revivir la salud y el bienestar. No es como si tuviera que comenzar desde cero. No tiene que construir un nuevo cerebro, un nuevo cuerpo o una nueva alma; ellos están intrínsecamente diseñados para reconstruirse a sí mismos.

Usted siempre ha tenido un recurso dentro de usted para influir en su salud, haga o no haga buen uso de él. Y su cerebro es lo suficientemente maleable como para que sea posible reestructurar su manera de pensar y las improntas que, con el tiempo, reclutan células nerviosas en su cerebro para conducir sus pensamientos y sus acciones habituales. Si usted comprende que los efectos son acumulativos, no hay pensamiento, o estiramiento muscular, o reacción emocional demasiado arraigada en usted que no se pueda modificar. Eso puede tomar tiempo, como tardó el cerebro en sentir el impacto de la negatividad repetida o del pesimismo. Pero como hemos visto, el tiempo es bien gastado. La memoria del bienestar puede ser muy transformadora, e incluso puede salvar vidas.

Además, las creencias y la fe siempre han gozado de prestigio en la contracultura. Por supuesto, los hechos objetivos han sido adorados en ámbitos públicos; pero en privado, el espíritu humano con sus vínculos inexorables con la fisiología humana, nunca ha permitido que la fe, la esperanza o el amor — los deseos del alma — sean eliminados. Ninguna sociedad los ha proscrito, ningún pueblo ha vivido sin ellos. Son inclinaciones naturales y eternas que, si bien el pensamiento occidental las ha suprimido, nunca ha podido subyugarlas.

Las implicaciones y las oportunidades

Como médico, no estoy calificado para hablar de las posibles implicaciones de la medicina cuerpo/mente en la sociedad y en sus costumbres. Y les dejo a los líderes espirituales y religiosos decidir de qué manera van a asimilar esta información las comunidades y tradiciones religiosas dominantes. Pero mis pacientes me han enseñado mucho sobre las oportunidades que aparecen cuando se rompen las barreras artificiales, sobre cómo los males físicos inspiran la búsqueda del alma y un resurgimiento del sentido de la vida, y sobre cómo el espíritu humano habita el cuerpo y lo transforma. Y mi sensación es que los médicos y los pastores, los científicos y los creyentes, los entusiastas de la salud y los que se inclinan a la espiritualidad, tienen mucho más en común de lo que pensamos: intuiciones que, cuando se comparten e intercambian, pueden ayudar a transformar la humanidad. En verdad, la memoria del bienestar ofrece más oportunidades que amenazas.

Entonces, ¿cuán lejos deben llegar la memoria del bienestar y otros enfoques cuerpo/mente para transformar el mundo que conocemos? El potencial del espíritu humano es asombroso. Instintivamente siempre lo hemos sabido. Nuestro "diseño original" garantiza que lo sepamos. La dependencia del cuerpo de las emociones para clasificar y jerarquizar los insumos siempre ha asegurado que creencias inclinadas emocional o espiritualmente tengan mucho que decir sobre nuestra salud. Pero tanto como hemos sentido el poder de la voluntad humana, tener confirmación científica de tal poder es mucho más impresionante, al menos para el pensamiento occidental. Ahora tenemos licencia científica para proclamar lo que hemos creído en privado.

Pero ¿cuáles son las mejores formas en que la sociedad puede proclamar la causa del alma humana visceral? ¿En qué forma es saludable para la sociedad implementar la memoria del bienestar? Mis colegas y yo hemos hecho varios estudios en los cuales la respuesta de la relajación se incorporó en el currículo de algunas escuelas secundarias. Encontramos que estudiantes de segundo año a quienes se les enseñó a producir la respuesta de la relajación demostraron mayor autoestima que sus compañeros que no fueron sometidos a ese entrenamiento. Además, nuestros estudios demostraron que a los estudiantes les gustaba producirla, y hubo informes de profesores sobre disminución en el aula de conductas inadecuadas de estudiantes que habían aprendido las técnicas de concentración. Bajo el liderazgo de la señora Wilcher, equipos del

Mind/Body Medical Institute están trabajando en una evaluación más profunda de los efectos de la respuesta de la relajación, esta vez en escuelas de Massachusetts, New Jersey y California.

También hemos introducido en muchas corporaciones y sitios de trabajo la respuesta de la relajación y otras de nuestras técnicas para el manejo del estrés, con resultados muy positivos. John Hancock Insurance Company, Perini Corporation y la casa editorial Houghton Mifflin son unas pocas de las corporaciones que han solicitado al Mind/Body Medical Institute que les enseñe a sus trabajadores técnicas de concentración mental. Siendo el estrés del trabajo uno de los factores que más contribuyen a la enfermedad, y con enfermedades que cuestan miles de millones de dólares en reembolsos de las aseguradoras, compensación por incapacidad y pérdida general de productividad, los colegas señora Wilcher y Richard Dalton han encontrado que el sector privado, el gobierno, las fuerzas armadas y muchos otros empleadores están ansiosos de aprender esta sabiduría de bajo costo y altos dividendos que son la respuesta de la relajación y la memoria del bienestar.

En un artículo de *Business Week,* publicado en 1993, George Bennett, el presidente de la firma de consultoría Symetrix, de Lexington, Massachusetts, dijo que la razón por la que había contratado al Mind/Body Medical Institute para enseñarles a sus empleados los méritos del autocuidado, era porque con frecuencia se quejaban de que estaban muy tensionados. "No hay duda de que los empleados que practican esto están más relajados, y algunos son incluso más productivos", dice. Uno de sus empleados, un diabético, experimentó una disminución del 15 por ciento de la insulina que necesitaba, después de haber practicado la respuesta de la relajación durante tres semanas.

Un artículo de la revista *Fortune*, titulado "Leaders Learn to Heed the Voice Within", describió cómo, de manera creciente, las compañías están pregonando el arte de la "reflexión" en la "rápida Nueva Economía". Las escuelas de negocios, desde Harvard hasta la Universidad de California, también son parte de esta corriente y les enseñan a florecientes líderes de negocios a "prestarle atención a la voz interior".

Paz interior, paz exterior

No tengo duda de que no importa dónde se enseñen los hábitos del autocuidado, éstos fomentarán una población más saludable, más calmada y más productiva. Pero me preocupa utilizar estos principios de la ciencia para reforzar tipos específicos de meditación o ciertas teologías. Creo que cuando se trata de aprovechar completamente la memoria del bienestar con técnicas de concentración mental, el profesor no debe imponer sus puntos de vista. Debemos ser conscientes de que el grado de adecuación de las técnicas al individuo potencia estos mecanismos en el cuerpo. Ciertamente, la ciencia puede encontrar "denominadores comunes" en las personas, por ejemplo, que todos respondemos al contacto humano, que con frecuencia encontramos que los rituales tienen sentido. Pero no podemos, por ejemplo, hacer que la aromaterapia funcione para alguien que no está inclinado a responder a ella. No hay ninguna afirmación que reestructure por sí misma el pensamiento de alguien, ni "Jesucristo, ten piedad de mí" puede ser una manera satisfactoria de provocarle la respuesta de la relajación a alguien que sea judío.

A medida en que los investigadores aprendan más sobre las emociones y su crucial contribución al funcionamiento del cerebro, debemos tener presente que todos operamos todavía con diferentes emociones e intensidades de emoción. Como hemos visto en los estudios etnocéntricos del dolor, nuestra diversidad hace que percibamos el dolor de manera distinta, tanto emocional como físicamente. Nunca estaremos programados para abrigar las mismas creencias o una fe particular.

¿La respuesta de la relajación en las escuelas?

Muchas personas pueden leer los hechos que aquí se presentan — la evidencia de que la mente, el cuerpo y el alma están entremezcladas — y creer que la separación de la Iglesia y el Estado es imposible e inadecuada. Una vez más, soy médico y no político. Mi posición es señalar las ventajas en el caso de la salud. Por ejemplo, es concebible que los niños de las escuelas públicas puedan ser entrenados para producir los beneficios fisiológicos de la respuesta de la relajación, y que los estudiantes que lo deseen puedan aplicar sus creencias religiosas para evocar la memoria del bienestar, todo lo cual hemos identificado como el factor fe, y tiene beneficios comprobados sobre la salud. Los colegios podrían establecer un período de silencio durante el cual los niños practiquen este hábito, algunos de ellos usando un foco seglar para producir la respuesta de la relajación puramente por razones de salud, otros rezando alguna oración, otros recitando plegarias diferentes, y otros sin hacer nada de eso. Así se promoverían los beneficios en salud y autoestima, y la gente podría ejercitar sus creencias de maneras que sean significativas.

Pero, al mismo tiempo, sería contra la evidencia que he recogido para niños y personas diferentes en la esfera pública, que se les enseñe que una técnica o un conjunto de creencias va a producir resultados físicos universales. Para gozar de los beneficios de la memoria del bienestar, uno tiene que tener en cuenta sus propios instintos, valorar el conjunto único de experiencias y emociones en las improntas del cerebro. El sentido que usted le da a su vida, la confianza que deposita en un profesional de la salud, el solaz que deriva de una creencia en un Absoluto Infinito son para usted un factor especialmente poderoso.

Tan subjetiva como es la memoria del bienestar, hay algunas cosas definitivas que puedo decir sobre incorporar en su vida creencias curativas y fe. Éstos son algunos de los principios y lecciones prácticas que he sacado de mi larga búsqueda médica de verdades duraderas. Espero que le sean de mucha ayuda:

1. Practique y aplique el autocuidado con regularidad

Trabaje con su médico, o con los practicantes de medicina no convencional si así lo decide, para aprender hábitos de autocuidado, que es la pata ignorada del asiento de tres patas. El autocuidado es todo lo que un individuo puede hacer para mejorar su salud, independientemente de los médicos y curanderos. Esto incluye reacciones cuerpo/mente como la memoria del bienestar y el factor fe. También buena nutrición, ejercicio y otros medios para manejar el estrés.

Usted recordará que en el capítulo XII destacamos tácticas de autocuidado como las afirmaciones, las visualizaciones, el sentido del humor, las distracciones saludables y dejar ir la ansiedad. Y antes en el libro habíamos hablado de los beneficios para la salud derivados de la actividad religiosa, la música, los rituales, la amistad y la socialización, el contacto humano, la oración y el trabajo voluntario. Cuando usted hace de este tipo de actividades y compromisos algo importante en su vida, *sentirá* que es más saludable, y de hecho lo será. No quiero decir que aclare una situación difícil en que se encuentre, pero si desea para usted mismo más de lo que normalmente espera, su cuerpo/mente responderá, en cierta medida, como si el ideal fuera posible. Con este enfoque es posible lograr eventos aparentemente imposibles.

Utilizo la expresión "autocuidado" porque pone en usted el peso de la responsabilidad, cambia el énfasis de su papel de paciente pasivo al papel de participante activo, un cambio que la medicina no siempre ha alentado. Sin embargo, como recordará, yo advierto sobre los peligros de absorberse en el autocuidado. No se obsesione por su salud ni por evitar el envejecimiento, la enfermedad o la muerte. Haga de la respuesta de la relajación, de su ejercicio físico, de su ensalada a la hora del almuerzo algo natural, que usted no analiza o sobre lo que no reflexiona demasiado. Simplemente deléitese en el evento mismo en tantas formas como pueda.

Si no tiene en su vida suficientes placeres para alimentar el alma, encontrará una multitud de recursos disponibles en cualquier biblioteca, librería, en los boletines de la iglesia o de la sinagoga, en las carteleras de los programas de educación de adultos o en los boletines electrónicos. Sólo recuerde que debe modificar la información según sean sus creencias, sus instintos y las experiencias que le son únicas. Si están bien mercadeados, los vídeos de ejercicios, los libros de autoayuda, las conferencias sobre espiritualidad, los retiros religiosos, los planes para hacer dinero y los mensajes cuerpo/mente jugarán con sus emociones, y le harán creer que no puede vivir sin ellos, o que su vida cambiará de un día para otro con su influencia. Recuerde que, por nuestra estructura y por las respuestas condicionadas, el cambio en nuestra vida es gradual y acumulativo. De modo que seleccione las joyas verdaderas de su sistema de creencias, y deje que otros consejos le resbalen. Al fin y al cabo, usted es la máxima autoridad en cómo vivir su vida.

Como la gran mayoría de las consultas médicas están relacionadas con el estrés y con las creencias, usted debe aprender a cuidarse y a sanarse a usted mismo buena parte del tiempo. No se alarme con esta perspectiva. Su cuerpo ya lo hace día tras día, y es sorprendentemente bueno para eso.

Una vez más, casi siempre es valioso buscar la ayuda de su médico para determinar la diferencia entre una condición que puede beneficiarse exclusivamente del autocuidado y una que requiere las otras dos patas del asiento, esto es, drogas o procedimientos. Aprender sobre su cuerpo y su flujo y reflujo es un proceso evolutivo. Usted propenderá a una actitud más independiente. Familiarícese con las señales de alerta de los ataques cardíacos, del cáncer, de los derrames y de otras enfermedades que amenazan la vida. Con el tiempo, desarrollará un sentido de cuáles síntomas son importantes: los que son extremos o que no desaparecen.

Como he dicho, no estoy sugiriendo que viva continuamente alerta o preocupado por cada dolor o cambio. Cuando a una mujer se le enseña a revisar sus senos con autoexámenes mensuales, aprende que lo más importante es saber si ha habido cambios. Practicándose el examen, una mujer llega a conocer sus contornos particulares, su tejido y su ciclo, de manera que podrá reconocer nuevas sensaciones, hundimientos o crecimientos. Éste es un sabio ejemplo que todos debemos observar en relación con nuestra salud. Si usted está familiarizado y en armonía con el funcionamiento diario de su cuerpo, sabe que algunos dolores menores son comunes, que un día de estrés traerá un dolor de cabeza o algunos problemas estomacales, y tendrá una capacidad mayor para notar reacciones anormales. Al respetar esta rutina interior de mantenimiento, quizá se obligue a comer en forma más saludable, a descansar cuando lo necesite, a ejercitar esta máquina maravillosa y a mantenerla con una visión positiva de la vida.

¿Cuán influyente puede ser este contingente coordinado de hábitos de autocuidado? Honestamente no lo sabemos, pero el doctor Dean Ornish, presidente del Preventive Medicine Research Institute, de Sausalito, California, encontró que la enfermedad cardíaca no sólo puede aliviarse sino que el proceso puede llegar a invertirse cuando los pacientes introducen cambios significativos en su dieta, en su rutina de ejercicio y en el manejo del estrés. Nuestros dos programas van a ser comparados pronto en un proyecto de investigación muy innovador patrocinado por la Commonwealth of Massachusetts Group Insurance Commission y la John Hancock Insurance Company. En esta comparación, pacientes con enfermedad cardíaca se dividirán en dos clínicas con la esperanza de poder calibrar la práctica y los resultados de varios componentes del autocuidado y otros tratamientos.

Exploraciones como ésta ayudarán a que la medicina prescriba el cambio revolucionario por sí misma, y a aumentar el respeto de los médicos hacia el poder autocurativo de sus pacientes.

También podría ser interesante estudiar a los cristianos que renuncian a todo tratamiento médico excepto a la odontología y la reparación de las fracturas. ¿Se curan solamente por su fe? ¿Hay algo que podamos aprender de una comunidad que recurre a la fe, no a las píldoras ni a los procedimientos?

2. Conozca su verdad

Cada uno de nosotros tiene un sorprendente poder curativo. Las creencias de usted son necesarias para infundirle el poder de la memoria del bienestar al profesional de la salud y al tratamiento. Por tanto, cuando reciba consejos del médico, no importa cuál sea la fuente, recurra rápidamente al poder que usted tiene y que ha sido demostrado científicamente.

Usted recordará la historia de Antonia Baquero, quien había presentado una condición precancerosa y entró en pánico cuando un médico chino le dijo que no tenía buen semblante. En estas situaciones, es crítico recordar que usted es una autoridad en lo que puede mejorarlo o hacerle daño. No deje que un médico o sanador, cualquiera que lea el destino o las cartas, predicador o maestro, artículo de revista o libro médico, amigo o amante, terapeuta o grupo de apoyo, le imponga algo que no es verdadero.

Se supone que la verdad, como el hecho científico, es inexpugnable. Pero la verdad enterrada en mentes, cuerpos y almas, suele ser un refugio escondido de significado y de alegría, mucho más sustancial que la verdad de un diagnóstico, de una etiqueta, una categoría o una estadística. Algunas de las personas más inspiradoras que he conocido son las que, pese al SIDA o a enfermedades para las que no hay cura, siguen adelante con sentido y buen humor, entusiasmo y compasión, resistiéndose a permitir que su enfermedad supere a su alma. La Biblia dice que la verdad nos hará libres y, cuando la encontramos dentro de nosotros, puede hacerlo.

3. Cuídese de la gente que tiene todas las respuestas

Cuidado con cualquier médico, curandero, guía espiritual, gurú, o cualquier persona que diga que tiene todas las respuestas o quiere que otros lo crean. Fuera del sexo y del amor, los escritores de hoy tratan pocos temas con tanto ardor evangelista como el de la salud y la espiritualidad. No será tarea sencilla proteger estos asuntos muy personales de la especulación y del análisis poco saludables, pero comience usted por prescindir de consejeros y guías sabelotodo. Valore sus emociones e intuiciones tal como lo hace su cerebro. No deje que nadie manipule su pensamiento en beneficio propio.

Karen Armstrong afirmó en *A History of God* que el misticismo que se busca en la oración puede ser peligroso sin la ayuda de un guía confiable. De la misma manera, muchos líderes carismáticos a lo largo de la historia, políticos y dictadores, imágenes de culto y campeones de la justicia, han atraído a la gente porque dicen lo que todos quieren oír. La medicina cuerpo/mente debe recordarnos la preciosa naturaleza de la mente y la importancia de criticar los mensajes que permitimos que penetren en nuestro cuerpo/mente.

Cuando en mis viajes a la India visité el aparentemente perfecto Taj Mahal, me dijeron que el arquitecto había diseñado intencionalmente el edificio con un desperfecto menor: una gotera pequeña en el techo. En esos días los gobernantes tenían tanto miedo de que sus palacios pudieran ser copiados o duplicados de alguna forma, que a los arquitectos les preocupaba que los asesinaran al finalizar el proyecto. Por tanto, afirman algunos, este arquitecto dejó algo imperfecto e inacabado en la estructura, para que sus servicios fueran solicitados de nuevo. Otros dicen que el arquitecto quería que el desperfecto quedara en la estructura, para recordar a los hombres el hecho de que sólo Dios es capaz de la absoluta perfección.

Creamos o no creamos en Dios, pienso que todos estamos programados para darle significado a la vida, para darles un profundo poder y un carácter sagrado a las experiencias humanas, y a veces hasta para darles status "divino" a los humanos y a sus empresas. Tenga cuidado con esta tendencia, porque eso puede robarle a la vida espiritual su misteriosa grandeza — esas cualidades maravillosas y trascendentes a las que no se puede tener completo acceso con el intelecto — y hacernos muy propensos a la manipulación. No sólo es su cuerpo un templo, sino que su mente es un arquitecto que transforma las ideas y las inspiraciones que le llegan. Protéjala de quienes explotan el poder de la memoria del bienestar en su propio beneficio.

4. Recuerde que el efecto nocebo es igualmente poderoso

Infortunadamente, la memoria del bienestar tiene un lado incierto. La mente de mono puede disparar de manera inadecuada la respuesta de huir o pelear. En forma similar, los pensamientos negativos automáticos, el mal genio y la preocupación compulsiva pueden eventualmente enseñorearse de nuestro cuerpo. Ejemplos extremos del efecto nocebo incluyen la muerte vudú, la muerte ocasionada por una creencia, los falsos recuerdos y los "recuerdos" de secuestros de extraterrestres. La gente que se extiende en los peores relatos, que exagera los riesgos, que proyecta inseguridad y demasiada preocupación, mantiene vivo en su fisiología el efecto nocebo. Le hacen señales de ayuda al cerebro, aun cuando no haya ninguna enfermedad física, y persuaden al cuerpo de que se enferme cuando no hay ninguna razón biológica para que esto ocurra.

Además, el efecto nocebo prospera en nuestra cultura. Vivimos con la ilusión de la belleza perfecta, y con frecuencia esto nos sumerge en un remolino de insatisfacción e inseguridad. Los publicistas promueven esta mentalidad para que necesitemos los productos de sus clientes, cuando en realidad nuestro cuerpo ya está sorprendentemente bien equipado y endurecido contra el daño y la enfermedad. La medicina le ha perdido también el respeto a la habilidad curativa del cuerpo, y ha llegado a ser irrazonablemente intolerante respecto de todos los síntomas, y a vanagloriarse demasiado con sus propias herramientas terapéuticas.

Con respecto a la memoria del bienestar, no estoy sugiriendo que todo el mundo deba convertirse en Alfred E. Neuman o en Little Mary Sunshine. En algunas ocasiones, el destino es poco amable y nuestras cargas y desafíos son enormes. Pero una tremenda sabiduría y una fuente de bienestar físico se resumen en una oración escrita por el teólogo estadounidense Reinhold Niebuhr: "Oh, Dios, danos la serenidad de aceptar lo que no podemos cambiar, coraje para cambiar lo que debe cambiarse y sabiduría para distinguir entre las dos cosas".

A veces me preguntan si es saludable para los pesimistas, que no conocen ninguna otra manera de arreglárselas que mantenerse dedicados a la ansiedad y al pensamiento negativo, cambiar hacia un estilo de vida más afirmativo. La respuesta es, una vez más, que hay que encontrar las creencias que le funcionen a usted, porque lo que es un progreso enorme para una persona pueden ser pasos de niño para otra. Aunque sea leve, es siempre espectacular y maravilloso ser testigo del brote de felicidad en un espíritu antes obstinado. Incluso en casos extremos, creo que hasta un pequeñísimo cambio es beneficioso, tanto emocional como físicamente.

5. Confíe más a menudo en sus instintos

En "Pragmatismo", una conferencia escrita por William James en 1907, el autor afirma que "la filosofía que es importante para cada uno de nosotros no es un asunto técnico; es nuestro sentido más o menos callado del significado de la vida, honesta y profundamente. Solamente parte de ella proviene de los libros; es nuestra forma individual de ver y sentir las pulsaciones del cosmos".

Las personas describen de maneras muy diferentes el proceso de encontrar lo que es importante para ellas y de establecer sus creencias, a veces llamándolo "búsqueda del alma", "reflexión", "escuchar al corazón", "buscar dentro de uno mismo", "rezar" o "consultar con la almohada". Algunas personas obran según sus instintos o su sentido común; otras encuentran una verdad, o la intuición brota lentamente. Pero la mayoría de ellas sabe cuándo algo "se siente bien". La mayoría de la gente cuenta con un radar interno que ocasionalmente se hace sentir.

La próxima vez que usted tenga que tomar una decisión importante, médica o de otro tipo, pregúntese: "¿Qué siento que es lo mejor?", o "¿Qué haría si la decisión dependiera enteramente de mí?" No estoy sugiriendo que usted tome en cuenta únicamente este factor, pero al menos deje que sea uno entre otros. Respete sus convicciones y sus percepciones lo suficiente como para hacer de ellas una parte de un argumento que es casi exclusivamente intelectual.

Desde Descartes, hemos estado condicionados para separar la emoción de la razón, el hecho de la opinión, aunque estemos aprendiendo que la objetividad es subjetiva, y que la razón descansa en la emoción. Para hacer que nuestras creencias y emociones obren en favor de nosotros, tenemos que escucharlas mucho más de lo que nuestros patrones occidentales de crianza nos indican.

En su libro sobre la sinestesia, el doctor Cytowic observa que todos sabemos más de lo que creemos saber. Y como, según observa, "la emoción tiene su propia lógica", y es tan importante en la asignación de prioridades, valores e impresiones en el cerebro, sería sabio comenzar a prestar más atención a nuestras emociones y creencias. Pero al decidir entre la visión del mundo occidental y la nuestra, escribe:

> El primer paso para llegar a lo trascendente es dejar de lado la idea de que tenemos que escoger entre visiones objetivas y visiones subjetivas de la realidad. Muchos aspectos de la experiencia humana no pueden ser transmitidos por hechos objetivos, ni hay manera de escapar de la subjetividad. Además de una visión objetiva y distante basada en factores externos, y de una subjetiva basada en la vida interior, hay una tercera posibilidad de escoger arraigada en la experiencia, a través de la cual se halla la comprensión. Ésta es la profundidad en que vivimos realmente.

Tomando esta tercera posibilidad, podemos entremezclar las observaciones objetivas con emociones y reacciones viscerales. Si después de oír todo lo que un cirujano tiene que decir, la idea de la cirugía facial y la remoción de la mitad de su mandíbula para eliminar un tumor es más aborrecible para usted que la muerte, como lo era para Barbara Dawson, usted no necesita presentar disculpas. Si ha sopesado cuidadosamente las opciones y ha decidido que mejor deja de comer carne roja y otros productos animales durante el resto de su vida que someterse a una operación de corazón abierto, está en su derecho. Y es sabio poner en práctica ese derecho, después de haber reunido toda la información, haberse rodeado de médicos y profesionales en los que confía, y haber filtrado los hechos con las creencias que ha adquirido durante una vida de experiencias únicas.

Preferiríamos que hubiera respuestas precisas sobre qué está bien o mal, información rápida y fácil y soluciones de salud libres de todo riesgo. Pero un mundo así no existe. La salud no debe regirse por corazonadas, pero lo mejor que un buen médico, junto con un paciente informado, puede hacer es ofrecer una suposición ilustrada, o la mejor estimación. Para desarrollar esa estimación, es conveniente escuchar con más frecuencia al cuerpo y respetar más nuestras creencias.

Déjese guiar por sus instintos. Investigue sobre lo que ellos le sugieren. Ponga su salud en manos confiables. Invierta en memoria del bienestar y en una razonable aplicación de autocuidado, medicamentos y cirugía para obtener mejores resultados.

6. Recuerde que la inmortalidad es imposible

Aunque es saludable escuchar los dictados de su corazón, también es perjudicial negar u ocultar la verdad. Nadie vive eternamente. No importa cuán versado llegue a estar en la medicina cuerpo/mente, no importa cuánto logre retroceder el reloj gracias a los avances médicos, la muerte es, como la enfermedad o el dolor, un hecho infortunado pero natural de la vida.

Debo sonar como si estuviera hablando en círculos, primero diciendo que no se deje definir por un diagnóstico y luego advirtiéndole que no sea víctima de la negación. No obstante, algunos divulgadores y empresarios de la Nueva Era afirman que todas las enfermedades son curables o que todos podríamos evitar la muerte y el envejecimiento si sólo creyéramos. Estos vendedores le hacen mucho daño a la gente al fomentar un sentimiento de culpa, y también le hacen daño al campo de la medicina cuerpo/mente, que está tratando de establecer sus hallazgos científicamente y de cambiar la manera como se practica la medicina occidental. No existe evidencia de que a la muerte pueda negársele su cuota.

Hay una maravillosa escena en la película *Moonstruck*, en la cual la actriz Olympia Dukakis, que interpreta a una mujer que sabe que su marido la engaña, se inclina sobre la mesa en un íntimo restaurante italiano y le hace a su compañero la vieja pregunta: "¿Por qué los hombres persiguen a las mujeres?" Dándole a Olympia Dukakis la respuesta que ella, en lo profundo de su corazón sabe que es la verdad, él le contesta: "¿Porque tememos a la muerte?" En verdad, el miedo a la muerte puede sacar a la superficie lo peor de las personas, pero la consciencia de que la muerte es un hecho natural inevitable también puede promover una vida saludable y apasionada.

Es una distinción sutil. Con frecuencia decimos: "Vivamos como si el mañana no existiera", y el "como si" se convierte en una verdad importante aunque sutil. Vivir bien, hacer ejercicio y comer apropiadamente, consultar a los médicos cuando es necesario, sin recurrir exageradamente al sistema médico, son todas defensas comprobadas contra la enfermedad.

7. *Deje que la fe, la creencia fundamental, lo cure*

San Anselmo, quien según se cree vivió entre 1033 y 1109, escribió: "Dios es aquél, acerca del cual no puede concebirse mayor grandeza". La creencia en Dios, en la mayor grandeza concebible, es la forma más influyente de memoria del bienestar. Con la muerte como destino aborrecible, apreciamos una mejor explicación de la vida. Bien sea que "recordemos" la paz de Dios porque Dios así lo quiere, o "recordemos" un poder trascendente porque nuestra evolución ha hecho de esto un requisito para la supervivencia, la fe en un ser supremo es un sanador supremo.

De acuerdo con la investigación médica, la fe en Dios es buena para nosotros, y este beneficio no es exclusivo de ninguna secta o teología. Usted puede creer en Dios de una manera tranquila e introspectiva, o proclamar sus convicciones ante el mundo y cosechar los beneficios fisiológicos.

Por muchas razones, la actividad religiosa y la asistencia a la iglesia es también saludable. Los grupos religiosos fomentan todo tipo de actividades saludables, y quizá la amistad y la socialización sea la primera de ellas, pero también la oración, el trabajo voluntario, los rituales familiares y la música. La oración, en particular, parece ser terapéutica, y las especificidades de este fenómeno continuarán siendo objeto de exploración científica.

Veo que con mucha frecuencia la gente se resiste a recurrir a la fe para sanar. Piensan que la religión es una muleta, y no les gusta la idea de necesitarla. Y he oído a otros desacreditar "las conversiones de última hora" que suelen ocurrir en personas que están gravemente enfermas. Pero la verdad es que la fe es una reacción fisiológica natural, e inevitable, a la amenaza de la muerte. No podemos evitar sentirnos atraídos por ella en un momento de necesidad. En la segunda epístola a los Corintios, 12:9, el apóstol Pablo describe la respuesta de Dios a su petición de alivio para un mal físico diciendo: "Te basta mi gracia, pues mi poder triunfa en la flaqueza".

Creo que los humanos estamos diseñados para la fe, y que hay una curación especial que genera la gente que recurre a la fe. Entonces, sea que usted crea o no en Dios por sí mismo, trate de concebir una grandeza más allá de la cual no puede haber nada más grande.

8. Respete las creencias de los demás. No imponga las suyas.

Tal vez usted recuerde la historia de la Torre de Babel relatada en el Antiguo Testamento. Al explicar de dónde surgió el nombre de la torre, el Génesis, 11:9 nos dice: "Por eso se llamó Babel, porque allí Yahvé confundió la lengua de todos los habitantes de la Tierra y los dispersó por toda su superficie". Antes de ese tiempo, dice la Biblia, todos los hombres hablaban la misma lengua, y tratando de engrandecerse y ser famosos, construyeron una ciudad en la cima de un montaña, y una torre que llegara hasta el cielo. En Pentecostés, los cristianos celebran lo contrario del desastre lingüístico de Babel: un espíritu desciende sobre los apóstoles después de la resurrección de Cristo y permite que creyentes de distintas lenguas y culturas hablen un mismo idioma.

Es propio de la naturaleza humana "nombrar" o distinguir las cosas del mundo que nos rodea. Pero con frecuencia parecemos más interesados en las cosas que nos dividen y nos diferencian de otros que en las cosas que tenemos en común. De manera similar, en la ciencia reducimos la gran experiencia humana a componentes físicos cada vez más pequeños, sin valorar las verdades perennes y las cosas maravillosas que la gente comparte.

Los estudios sobre la memoria del bienestar me han persuadido de que, coincidencialmente o por mandato divino, los humanos tenemos una propensión universal a la fe. En nuestro núcleo vital, todos nos sostenemos y nos alimentamos de creencias y filosofías positivas. Estamos diseñados para flexionar los músculos espirituales, aunque nuestras plegarias sean muy distintas, incluso si no las llamamos plegarias. En casi todas las culturas y épocas de que tenemos noticia, la humanidad ha recitado plegarias y meditaciones que evocan la calma fisiológica o la respuesta de la relajación. No importa cuán confusas sean nuestras lenguas o cuán diferentes sean nuestros credos y culturas, todos compartimos dones innatos para sanar físicamente, lograr la paz y sentir, a veces, "la presencia del poder de una fuerza de energía que se siente cerca".

Creo que hay algo sustancialmente cierto en la exhortación de Karen Armstrong en el sentido de que es peligroso que la gente "personalice" a Dios. Mi investigación ha demostrado que la experiencia de Dios, misteriosa, trascendente e intuitiva, es muy poderosa, y que la sociedad occidental y la medicina suelen hacerle mucho daño al espíritu humano cuando se concentran en los detalles y no en el todo. Terminamos por olvidar una verdad que debe inspirar reverencia: que la mente y el cuerpo son notablemente buenos para mantenernos bien, y que todos tenemos en común estas propiedades curativas.

Barbara Dawson, la mujer que, según les conté, prefirió la radiación y la oración a una operación para extirparle el cáncer de la cara y el cuello, me dice que inmediatamente después de que salí de su habitación en el Beth Israel Hospital en Boston, donde se encontraba hospitalizada, y donde le enseñé a producir la respuesta de la relajación por primera vez, quería compartir con otros su experiencia.

"Estaba en un éxtasis espiritual; no se trataba de un sentimiento abrumador, solamente de un sentimiento de paz y amor, y me dije a mí misma: 'Tengo que compartir esto con alguien'. Caminé por el corredor y vi a una mujer sentada al lado de la ventana de su cuarto; entré lentamente y me presenté. Ella me recibió con agrado e intercambiamos recetas e historias de nuestros nietos. Y dijo entonces que tenía cáncer y que estaba petrificada porque la iban a operar al día siguiente. Le dije algunas palabras alentadoras, las que se dicen para confortar a un amigo. Le hicieron tanto bien que me preguntó después si su médico me había pedido que la visitara. Y dije para mí: 'Yo sí sé qué médico fue el que me envió aquí'".

La compañera de cuarto de la mujer se unió a la conversación. Para que usted aprecie plenamente esta escena, tiene que saber que la señora Dawson es afroamericana y cristiana y que las mujeres con quienes creó este vínculo eran blancas, una de ellas judía. Y la historia continúa, porque las tres mujeres no sólo disfrutaron de los resultados de la respuesta de la relajación, sino que una enfermera pidió permiso para traer a un anciano ruso que hablaba muy poco inglés y que se veía muy triste. El hombre hablaba algo de yiddish, como una de las mujeres. De modo que los cuatro siguieron conversando sobre sí mismos, sus hospitalizaciones y la respuesta de la relajación.

Hubo un momento en que, recuerda la señora Dawson, el semblante anteriormente sombrío del hombre se transformó en sonrisa, cuando dijo que se sentía muy bien hablando yiddish. Dijo que no lo había hablado durante años. La señora Dawson recuerda que los vellos de la nuca se le erizaron cuando le oyó decirlo, y ella hizo una fotografía mental de los cuatro: tan distintos en cultura, etnia, religión y experiencia, y, sin embargo, sentados juntos en un cuarto de hospital, sintiendo por unos momentos que tenían todo en común.

"Éste es el efecto creciente de la respuesta de la relajación, el sentimiento de estar saturado de amor," dice la señora

Dawson. "Esa conglomeración de personas y creencias es lo que Dios quiere que suceda". La señora Dawson no es la primera de mis pacientes que informa de este "efecto oleaje", una oleada de buena voluntad y una sensación de comunión con otras personas, que las hace más respetuosas de las creencias religiosas de los demás. Y yo sí creo que al valorar este vínculo físico de fe, este hecho eterno e inmutable de la vida humana, la gente puede apartarse de las divisiones del racismo, la intolerancia religiosa y las contiendas. No puedo imaginar más salud que ésta para la humanidad.

9. Crea en algo bueno

El destino de usted es creer en algo bueno y en algo duradero. Pero sólo usted sabe lo que es bueno para usted. Los fármacos y los procedimientos quirúrgicos de la medicina moderna pueden hacer muchas cosas por usted si sus problemas médicos caen en el dominio de ellos. Pero muchas veces, usted tiene el poder de curarse a usted mismo. Y todo el tiempo, puede mejorar su salud con la memoria del bienestar.

No obstante, no debemos esperar que la fe en la memoria del bienestar se desarrolle de la noche a la mañana. Todos hemos sido condicionados para creer en varias fuentes de curación, en píldoras o médicos, en los ejercicios o en los quiroprácticos, en las hierbas o en la oración. No es mi intención en este libro atacar las cosas que usted cree que han ayudado a sanarlo. Independientemente de cuán consciente llegue a ser del hecho de que la memoria del bienestar lo curó, las terapias que se basan en la memoria del bienestar, como la acupuntura o el tratamiento con hierbas, conservan un poder subliminal. Aunque no necesitemos las píldoras o los procedimientos que la medicina convencional y no convencional nos ofrecen, estos símbolos medicinales tienen un aura de eficacia y suelen apaciguar nuestro deseo de actuar. Mientras aprendemos a usar la medicina más apropiadamente, para condiciones en las cuales ella puede ayudar, y a dejar de hacer gastos excesivos en terapias innecesarias, vamos a necesitar, en ocasiones, algún catalizador de las creencias, incluso si éstas son las que curan.

Entonces recuerde el vigor de la época en que se sintió más saludable en su vida. Recuerde la oración de su madre antes de salir para la escuela, el olor del incienso en la iglesia, o la tranquilidad que sentía recogiendo piedras en la playa. Recuerde cuando la penicilina hizo que se desvaneciera una infección del oído, o el día en que el cirujano le extrajo una astilla del pie y el dolor cesó de inmediato. Recuerde cómo cantaba en el coro a voz en cuello y cuánto tiempo pasó en la pista de baile de un club nocturno. Recuerde al médico que se preocupó genuinamente por usted o al capellán que rezó con usted en el hospital. Recuerde cómo se sintió cuando hizo el amor con su cónyuge, y cómo se sintió cuando nació su hijo.

Entonces, déjese ir y crea. Ya leyó todo sobre su fisiología, se ha rodeado de buenos profesionales que le ayudan a tener una aproximación moderada y equilibrada a su salud y a la atención médica. Ya es hora de que goce de este don, de estos circuitos de fe que hacen tan duradero el poder de la memoria del bienestar.

Crea en algo bueno si puede. O mejor, crea en algo mejor que cualquier cosa que pueda entender. Porque para nosotros los mortales, ésta es una medicina profunda.

UNA REVELACIÓN DE LAS CREENCIAS

En el mundo científico se sabe que las creencias y las opiniones del investigador pueden desviar los resultados si se permite. Eso es lo que se llama "prejuicio". Aunque parezca totalmente contradictorio, puesto que este libro trata de la importancia de las creencias personales de uno, me resisto a compartir las mías a causa del entrenamiento que se da a los médicos, en el cual debemos defendernos fieramente de los prejuicios — cualquier influencia puede contaminar nuestros hallazgos — y en el cual se nos enseña a proteger nuestras decisiones de las emociones.

Pero así como a los investigadores se les exige que revelen activos financieros que puedan estar relacionados con sus estudios y experimentos, le reveló a usted mi creencia en Dios para que pueda juzgar usted mismo si mi fe ha afectado a la interpretación de los resultados. Esta transparencia es, creo, un ingrediente importante que hay que buscar en los libros que leemos, y en los médicos que elegimos.

Me asombra que mis estudios hayan demostrado de manera tan concluyente que nuestro cuerpo está diseñado para creer, que es alimentado y sanado por la oración y por otros ejercicios de fe. Para mí, esta capacidad no parece ser una coincidencia; nuestro diseño no es resultado del azar. Así como algunos físicos han encontrado que su carrera científica los conduce inexorablemente a la conclusión de un "diseño sobrenatural deliberado", mis estudios científicos han vuelto, una y otra vez, al poder de la fe, tan arraigado en el cuerpo que no podemos encontrar un solo momento en la historia en que hombres y mujeres no hayan adorado dioses, no hayan orado o abrigado creencias fervientes. Bien sea que digan que Dios es el opio del pueblo, como afirmó Karl Marx, o que Dios nos creó para creer en una experiencia que es siempre calmante para nosotros, la veracidad de la experiencia de Dios, para mí, es innegable.

Mi razonamiento y mi experiencia personal me llevan a creer que hay un Dios. Y sí, un diseño intencional debe haber obrado en el universo del cual surgieron patrones tan definidos, en el cual tan increíbles coincidencias produjeron nuestro mundo, y en el cual los humanos estamos programados con una fe fisiológicamente curativa. Creo en una biología descriptible científicamente y en la evolución, y en un mundo que está, no obstante, influenciado por la divinidad.

AGRADECIMIENTOS

Agradezco a mis colegas del Mind/Body Medical Institute, del Deaconess Hospital y del Harvard Medical School, sin cuyas numerosas contribuciones a la medicina del cuerpo/mente este trabajo no habría sido posible. En la medida de lo posible he intentado mencionar sus nombres en el texto.

Durante mis treinta años en el Harvard Medical Institute, muchas instituciones, corporaciones y fundaciones han apoyado económicamente mis actividades investigativas y docentes. Mis agradecimientos a ellas por hacer posible la presentación de las teorías de este libro. Las actuales fuentes de financiación para el Mind/Body Institute incluyen: The California Wellness Foundation; The John Templeton Foundation; Sam Wyly Fund of the Communities Foundation of Texas, Inc.; Charles J. Wyly Fund of the Communities Foundation of Texas, Inc.; Castle Rock Foundation; William K. Coors; David B. Kriser; State Street Foundation; Amelior Foundation; Lewis N. Madeira; The Charles Englehard Foundation; Laurance S. Rockefeller; The Masco Foundation; y The Harold Grinspoon Charitable Foundation. Los directivos del Instituto han sido una reserva inagotable de apoyo, y su amistad, su tiempo, su talento y sus contribuciones financieras han asegurado su crecimiento y su futuro desarrollo.

Por su habilidad para manejar las referencias del libro, estoy muy agradecido con Patricia Zuttermeister. Quiero agradecer su sabio consejo a mi abogado, Robert E. Cowden III.

También agradezco a Arrco Medical Art and Design Inc., su excelente trabajo artístico.

Este trabajo se desarrolló con la asesoría experta y creativa de mi agente literaria, Patti Breitman. Le estoy agradecido por sus aportes, que enriquecieron el proyecto de comienzo a fin. Agradezco a Susan Moldow su compromiso y sus contribuciones editoriales.

Me impresionó tanto Marg Stark cuando me entrevistó para un artículo sobre medicina no convencional, que le pedí que fuera mi colaboradora en esta obra. Nuestra amistad ha sido una fuente constante de alegría. Sus habilidades como escritora y sus originales contribuciones hicieron que mi elección fuera genial.

En su nombre, agradezco la asesoría legal de Dennis Hawk. Ella también quiere darles las gracias a sus padres, Bill y Joyce, por vivir sus creencias, y a su esposo Darwin por creer en ella.

Por lo general, las contribuciones individuales de los pacientes se pierden en el conjunto de la información científica; pero, fundamentalmente, los individuos que aceptaron participar en los estudios fueron los que posibilitaron los descubrimientos de las investigaciones que aparecen en este libro. Les guardo gratitud a ellos y a los pacientes que compartieron conmigo sus historias.

Finalmente, mi eterno agradecimiento a mi esposa Marilyn por su apoyo y sus consejos eternos.

BIBLIOGRAFÍA

CAPÍTULO I

En busca de algo duradero

Benson, H. *The Relaxation Response.* New York: William Morrow, 1975.

Benson, H., and M. D. Epstein. "The Placebo Effect—A Neglected Asset in the Care of Patients." *Journal of the American Medical Association* 232 (1975): 1225–27.

Benson, H. *The Mind/Body Effect.* New York: Simon & Schuster, 1979.

Benson, H., and D. P. McCallie, Jr. "Angina Pectoris and the Placebo Effect." *New England Journal of Medicine* 300 (1979): 1424–29.

Benson, H. *Beyond the Relaxation Response.* New York: Times Books, 1984.

Benson, H. *Your Maximum Mind.* New York: Times Books/Random House, 1987.

Benson, H., and E. M. Stuart. *The Wellness Book: A Comprehensive Guide to Maintaining Health and Treating Stress-Related Illness.* New York: Fireside, 1993.

Benson, H. "Commentary: Placebo Effect and Remembered Wellness." *Mind/Body Medicine* 1 (1995): 44–45.

Benson, H., and R. Friedman. "The Three-Legged Stool." *Mind/Body Medicine* 1 (1995): 1–2.

Benson, H., and R. Friedman. "Harnessing the Power of the Placebo Effect and Renaming It 'Remembered Wellness.' " *Annual Review of Medicine* 47 (1996): 193–99.

Cannon, W. B. "The Emergency Function of the Adrenal Medulla in Pain and the Major Emotions." *American Journal of Physiology* 33 (1914): 356–72.

Cannon, W. B. *Bodily Changes in Pain, Hunger, Fear and Rage:*

An Account of Recent Researches into the Function of Emotional Excitement. New York: Appleton, 1929.

CAPÍTULO II

La memoria del bienestar

Aldrich, C. K. "A Case of Recurrent Pseudocyesis." *Perspectives in Biology and Medicine* 16 (1972): 11–21.

Archer, T. P., and C. V. Leier. "Placebo Treatment in Congestive Heart Failure." *Cardiology* 81 (1992): 125–33.

Basedow, H. *The Australian Aboriginal.* Adelaide: F. W. Preece, 1925. As quoted in W. B. Cannon. " 'Voodoo' Death." *American Anthropologist* 44 (1942): 169–81.

Beecher, H. "The Powerful Placebo." *Journal of the American Medical Association* 159 (1955): 1602–6.

Benson, H., and M. D. Epstein. "The Placebo Effect—A Neglected Asset in the Care of Patients." *Journal of the American Medical Association* 232 (1975): 1225–27.

Benson, H. *The Mind/Body Effect.* New York: Simon & Schuster, 1979.

Benson, H., and D. P. McCallie, Jr. "Angina Pectoris and the Placebo Effect." *New England Journal of Medicine* 300 (1979): 1424–29.

Bivin, G. D., and M. P. Klinger. *Pseudocyesis.* Bloomington: Principia Press, 1937.

Cannon, W. B. " 'Voodoo' Death." *American Anthropologist* 44 (1942): 169–81.

Cannon, W. B. *The Way of an Investigator: A Scientist's Experiences in Medical Research.* New York: W.W. Norton, 1945.

Cebelin, M. S., and C. S. Hirsch. "Human Stress Cardiomyopathy: Myocardial Lesions in Victims of Homicidal Assaults Without Internal Injuries." *Human Pathology* 11 (1980): 123–32.

The Coronary Drug Project Research Group. "Influence of Adherence to Treatment and Response of Cholesterol on Mortality in the Coronary Drug Project." *New England Journal of Medicine* 303 (1980): 1038–41.

Egbert, L. D., G. E. Battit, C. E. Welch, and M. K. Bartlett. "Reduction of Postoperative Pain by Encouragement and Instruction of Patients." *New England Journal of Medicine* 270 (1964): 825–27.

Engel, G. "A Life Setting Conducive to Illness: The Giving-up–Given-up Complex." *Bulletin of the Menninger Clinic* 32 (1968): 355–65.

Engel, G. "Sudden and Rapid Death During Psychological Stress: Folklore or Folk Wisdom?" *Annals of Internal Medicine* 74 (1971): 771–82.

Fried, P. H., A. E. Rakoff, R. R. Schopbach, and A. J. Kaplan. "Pseudocyesis: A Psychosomatic Study in Gynecology." *Journal of the American Medical Association* 145 (1951): 1329–35.

Hashish, I., H. K. Hai, W. Harvey, C. Feinmann, and M. Harris. "Reduction of Postoperative Pain and Swelling by Ultrasound Treatment: A Placebo Effect." *Pain* 33 (1988): 303–11.

Hippocrates. "Precepts." As quoted in J. Bartlett. *Familiar Quotations.* Fourteenth Edition, E. M. Beck (ed.). Boston: Little, Brown, 1968.

Horwitz, R. I., C. M. Viscoli, L. Berkman, R. M. Donaldson, S. M. Horwitz, C. J. Murray, D. F. Ransohoff, and J. Sindelar. "Treatment Adherence and Risk of Death After a Myocardial Infarction." *Lancet* 336 (1990): 542–45.

Kannel, W. B., and P. D. Sorlie. "Remission of Clinical Angina Pectoris: The Framingham Study." *American Journal of Cardiology* 42 (1978): 119–23.

Kaplan, S., and S. Greenfield. "Enlarging Patient Responsibility." *Forum: Risk Management Foundation of the Harvard Medical Institutions* 14 (1993): 9–11.

Knight, J. A. "False Pregnancy in a Male." *Psychosomatic Medicine* 22 (1960): 260–66.

Kroger, W. S. *Psychosomatic Obstetrics, Gynecology and Endocrinology.* Springfield, IL: Charles C. Thomas, 1962.

Lesse, S. "Placebo Reactions in Psychotherapy." *Diseases of the Nervous System* 23 (1962): 313–19.

Menninger von Lerchenthal, E. "Death from Psychic Causes." *Bulletin of the Menninger Clinic* 12 (1948): 31–36.

Murray, J. L., and G. E. Abraham. "Pseudocyesis: A Review." *Obstetrics and Gynecology* 51 (1978): 627–31.

The Oxford English Dictionary. J. A. Murray (ed.). Oxford: Clarendon Press, 1909.

Pickering, T. G. "Blood Pressure Variability and Ambulatory Monitoring." *Current Opinion in Nephrology and Hypertension* 2 (1993): 380–85.

Pogge, R. "The Toxic Placebo." *Medical Times* 91 (1963): 773–78.

Roberts, A. H., D. G. Kewman, L. Mercier, and M. Hovell. "The Power of Nonspecific Effects in Healing: Implications for Psychosocial and Biological Treatments." *Clinical Psychology Review* 13 (1993): 375–91.

Saul, L. J. "Sudden Death at Impasse." *Psychoanalytic Forum* 1 (1966): 88–89.

Thomas, K. B. "General Practice Consultations: Is There Any Point in Being Positive?" *British Medical Journal Clinical Research* 294 (1987): 1200–2.

Tilley, B. C., G. S. Alarcon, S. P. Heyse, D. E. Trentham, R. Neuner, D. A. Kaplan, D. O. Clegg, J. C. Leisen, L. Buckley, S. M. Cooper, H. Duncan, S. R. Pillemer, M. Tuttleman, and S. E. Fowler. "Minocycline in Rheumatoid Arthritis: A 48-week, Double-Blind, Placebo-Controlled Trial." *Annals of Internal Medicine* 122 (1995): 81–89.

Traut, E. F., and E. W. Passarelli. "Placebos in the Treatment of Rheumatoid Arthritis and Other Rheumatic Conditions." *Annals of the Rheumatic Diseases* 16 (1957): 18–22.

Turner, J. A., R. A. Deyo, J. D. Loeser, M. Von Korff, and W. E. Fordyce. "The Importance of Placebo Effects in Pain Treatment and Research." *Journal of the American Medical Association* 271 (1994): 1609–14.

Wolf, S. "Effects of Suggestion and Conditioning on the Action of Chemical Agents in Human Subjects: The Pharmacology of Placebos." *Journal of Clinical Investigation* 29 (1950): 100–9.

CAPÍTULO III

La naturaleza de las creencias

Adams, J. As quoted in J. Bartlett. *Familiar Quotations.* Fourteenth Edition, E. M. Beck (ed.). Boston: Little, Brown, 1968.

Bates, M. S., W. T. Edwards, and K. O. Anderson. "Ethnocultural Influences on Variation in Chronic Pain Perception." *Pain* 52 (1993): 101–12.

Blackwell, B., S. S. Bloomfield, and C. R. Buncher. "Demonstration to Medical Students of Placebo Responses and Non-Drug Factors." *Lancet* 1 (1972): 1279–82.

Buckalew, L. W., and K. E. Coffield. "An Investigation of Drug Expectancy as a Function of Capsule Color and Size and Preparation Form." *Journal of Clinical Psychopharmacology* 2 (1982): 245–48.

Butler, C., and A. Steptoe. "Placebo Responses: An Experimental Study of Psychophysiological Processes in Asthmatic Volunteers." *British Journal of Clinical Psychology* 25 (1986): 173–83.

Cummings, N. A., and G. R. VandenBos. "The Twenty Years Kaiser-Permanente Experience with Psychotherapy and Medical Utilization: Implications for National Health Policy and National Health Insurance." *Health Policy Quarterly* 1 (1981): 159–75.

Daniels, A. M., and R. Sallie. "Headache, Lumbar Puncture and Expectation." *Lancet* 1 (1981): 1003.

Eisenberg, D. M., R. C. Kessler, C. Foster, F. E. Norlock, D. R. Calkins, and T. L. Delbanco. "Unconventional Medicine in the United States: Prevalence, Costs and Patterns of Use." *New England Journal of Medicine* 328 (1993): 246–52.

Franco, K., N. Campbell, M. Tamburrino, S. Jurs, J. Pentz, and C. Evans. "Anniversary Reactions and Due Date Responses Following Abortion." *Psychotherapy and Psychosomatics* 52 (1989): 151–54.

Fry, J. *Profiles of Disease: A Study in the Natural History of Common Diseases.* Edinburgh: E. and S. Livingstone, 1966.

Huskisson, E. C. "Simple Analgesics for Arthritis." *British Medical Journal* 4 (1974): 196–200.

Ikemi, Y., and S. Nakagawa. "A Psychosomatic Study of Contagious Dermatitis." *Kyoshu Journal of Medical Science* 13 (1962): 335–50.

Ingelfinger, F. J. "Medicine: Meritorious or Meretricious." *Science* 200 (1978): 942–46.

Jefferson, T. As quoted in J. Bartlett. *Familiar Quotations.* Fourteenth Edition, E. M. Beck (ed.). Boston: Little, Brown, 1968.

Kristof, N. D. "Kobe's Surviviors Try to Adjust: Hand-Wringing, Relief, Laughter." *New York Times,* January 22, 1995, p. 1.

Kroenke, K., and A. D. Mangelsdorff. "Common Symptoms in Ambulatory Care: Incidence, Evaluation, Therapy and Outcome." *American Journal of Medicine* 86 (1989): 262–66.

Lucchelli, P. E., A. D. Cattaneo, and J. Zattoni. "Effect of Capsule Colour and Order of Administration of Hypnotic Treatments." *European Journal of Clinical Pharmacology* 13 (1978): 153–55.

Phillips, D. P., C. A. Van Voorhees, and T. E. Ruth. "The Birthday: Lifeline or Deadline?" *Psychosomatic Medicine* 54 (1992): 532–42.

Riley, J. F., D. K. Ahern, and M. J. Follick. "Chronic Pain and Functional Impairment: Assessing Beliefs About Their Relationship." *Archives of Physical Medicine and Rehabilitation* 69 (1988): 579–82.

Roethlisberger, F. J., and W. J. Dickson. *Management and the Worker: An Account of a Research Program Conducted by the Western Electric Company, Hawthorne Works, Chicago.* Cambridge, MA: Harvard University Press, 1949.

Sobel, D. "All in Your Head." *Mental Medicine Update* 3 (1995).

Sternbach, R. A., and B. Tursky. "Ethnic Differences Among Housewives in Psychophysical and Skin Potential Responses to Electric Shock." *Psychophysiology* 1 (1965): 241–46.

Weisman, A. D., and T. P. Hackett. "Predilection to Death: Death and Dying as a Psychiatric Problem." *Psychosomatic Medicine* 23 (1961): 232–56.

Zborowski, M. "Cultural Components in Responses to Pain." *Journal of Social Issues* 8 (1952): 16–30.

CAPÍTULO IV

La prerrogativa del cerebro

Adler, S. R. "Ethnomedical Pathogenesis and Hmong Immigrants' Sudden Nocturnal Deaths." *Culture, Medicine and Psychiatry* 18 (1994): 23–59.

Bargh, J. As quoted in D. Goleman. "Brain May Tag All Perceptions with a Value." *New York Times*, August 8, 1995, p. C1.

Barinaga, M. "Watching the Brain Remake Itself." *Science* 266 (1994): 1475–76.

Churchland, P. M. *The Engine of Reason, The Seat of the Soul: A Philosophical Journey into the Brain.* Cambridge, MA: A Bradford Book, MIT Press, 1995.

Cytowic, R. E. *The Man Who Tasted Shapes: A Bizarre Medical Mystery Offers Revolutionary Insights into Emotions, Reasoning and Consciousness.* New York: G. P. Putnam, 1993.

Damasio, A. *Descartes' Error: Emotion, Reason and the Human Brain.* New York: Grosset/Putnam, 1994.

Damasio, H., T. J. Grabowski, A. Damasio, D. Tranel, L. Boles-Ponto, G. L. Watkins, and R. D. Hichwa. "Visual Recall with Eyes Closed and Covered Activates Early Visual Cortices." *Abstracts Society for Neuroscience* 19 (1993): 1603.

De Cuevas, J. "Mind, Brain and Behavior." *Harvard Magazine* (1994): 36–43.

George, M. S., T. A. Ketter, P. I. Parekh, B. Horwitz, P. Herscovitch, and R. M. Post. "Brain Activity During Transient Sadness and Happiness in Healthy Women." *American Journal of Psychiatry* 152 (1995): 341–51.

Gibson, E. J., and R. Walk. "The 'Visual Cliff.' " *Scientific American* 202 (1960): 64–71.

Goleman, D. "The Brain Manages Happiness and Sadness in Different Centers." *New York Times*, March 28, 1995, pp. C8–C9.

Gur, R. C., L. H. Mozley, P. D. Mozley, S. M. Resnick, J. S. Karp,

A. Alavi, S. E. Arnold, and R. E. Gur. "Sex Differences in Regional Cerebral Glucose Metabolism During a Resting State." *Science* 267 (1995): 528–31.

Hess, W. R., and M. Brugger. "Das Subkortikzle Zentrum der Affektiven Abwehrreaktion." *Helvetica Physiologica et Pharmacologica Acta* 1 (1943): 33–52.

Hess, W. R. *The Functional Organization of the Diencephalon.* New York: Grune and Stratton, 1957.

James, W. "What Psychical Research Has Accomplished." As quoted in R. Moore (ed.). *In Search of White Crows: Spiritualism, Parapsychology, and American Culture.* New York: Oxford University Press, 1977.

Karni, A. "When Practice Makes Perfect." *Lancet* 345 (1995): 395.

Katz, J., and R. Melzack. "Pain 'Memories' in Phantom Limbs: Review and Clinical Observations." *Pain* 43 (1990): 319–36.

Kosslyn, S., N. M. Alpert, W. L. Thompson, V. Maljkovic, S. B. Weise, C. F. Chabris, S. E. Hamilton, S. L. Rauch, and F. S. Buonanno. "Visual Mental Imagery Activates Topographically Organized Visual Cortex: PET Investigations." *Journal of Cognitive Neuroscience* 5 (1993): 263–87.

Kosslyn, S. *Image and Brain: The Resolution of the Imagery Debate.* Cambridge, MA: MIT Press, 1994.

Melzack, R. "Phantom Limbs." *Scientific American* 266 (1992): 120–26.

Miyashita, Y. "How the Brain Creates Imagery: Projection to Primary Visual Cortex." *Science* 268 (1995): 1719–20.

Murray, E. J., and F. Foote. "The Origins of Fear of Snakes." *Behaviour Research and Therapy* 17 (1979): 489–93.

Oppenheimer, S. M., J. X. Wilson, C. Guirauden, and D. F. Cechetto. "Insular Cortex Stimulation Produces Lethal Cardiac Arrhythmias: A Mechanism of Sudden Death?" *Brain Research* 550 (1991): 115–21.

Oppenheimer, S. M. "The Broken Heart: Noninvasive Measurement of Cardiac Autonomic Tone." *Postgraduate Medical Journal* 68 (1992): 939–41.

Oppenheimer, S. M., A. Gelb, J. P. Girvin, and V. C. Hachinski. "Cardiovascular Effects of Human Insular Cortex Stimulation." *Neurology* 42 (1992): 1727–32.

Pellegrino, C. *Return to Sodom and Gomorrah: Bible Stories from Archaeologists.* New York: Random House, 1994.

Rothbaum, B. As quoted in "Virtual Therapy for Phobias." *Science* 268 (1995): 209.

Walk, R., and E. J. Gibson. "A Comparative and Analytical Study of Visual Depth Perception." *Psychological Monographs* 75 (1961): 15.

CAPÍTULO V

La crisis espiritual de la medicina

Ackerknecht, E. H. *Medicine and Ethnology.* Baltimore: Johns Hopkins Press, 1971.

Altman, L. K. "Medical Errors Bring Calls for Change." *New York Times,* July 18, 1995.

Angell, M., and J. Kassirer. "What Should the Public Believe?" *New England Journal of Medicine* 331 (1994): 189–90.

Annas, G. J., and F. H. Miller. "The Empire of Death: How Culture and Economics Affect Informed Consent in the U.S., the U.K. and Japan." *American Journal of Law and Medicine* 20 (1994): 357–94.

Barzini, L. *The Europeans.* New York: Simon & Schuster, 1983.

Blumenthal, D. "Making Medical Errors into 'Medical Treasures.'" *Journal of the American Medical Association* 272 (1994): 1867–68.

Cabot, R. C. "The Use of Truth and Falsehood in Medicine." *Connecticut Medicine* 42 (1978): 189–94.

Cohen, M. As quoted in "Never Mind Ebola, We Have Defiant Bugs." *San Diego Union-Tribune,* May 17, 1995, p. A-18.

Eisenberg, D. M., R. C. Kessler, C. Foster, F. E. Norlock, D. R. Calkins, and T. L. Delbanco. "Unconventional Medicine in the United States: Prevalence, Costs and Patterns of Use." *New England Journal of Medicine* 328 (1993): 246–52.

Fein, E. B. "Competing Hospitals Are Nicer to Patients." *New York Times,* July 24, 1995.

Flexner, A. *Medical Education in the United States and Canada: A Report to the Carnegie Foundation for the Advancement of*

Teaching. New York: Carnegie Foundation for the Advancement of Teaching, 1910.

Gelfand, M. *Medicine and Custom in Africa*. Edinburgh: E. and S. Livingstone, 1964.

Gelfand, M. *Witch Doctor: The Traditional Medicine Man of Rhodesia*. London: Harvill Press, 1964.

Gelfand, M. *The African Witch, with Particular Reference to Witchcraft Beliefs and Practice Among the Shona of Rhodesia*. London: E. and S. Livingstone, 1967.

Gillon, R. " 'Primum Non Nocere' and the Principle of Non-Malfeasance." *British Medical Journal Clinical Research Ed.* 291 (1985): 130–31.

Golub, E. S. *The Limits of Medicine: How Science Shapes Our Hope for the Cure*. New York: Times Books, 1994.

Gregg, J. "Commerce of the Prairies, or The Journal of a Sante Fe Trader." In *Early Western Travels*. R. G. Thwaites (ed.). 1905. As quoted in V. J. Vogel. *American Indian Medicine*. Norman: University of Oklahoma Press, 1970.

Hand, W. D. *Magical Medicine: The Folkloric Component of Medicine in the Folk Belief, Custom and Ritual of the Peoples of Europe and America*. Berkeley: University of California Press, 1980.

Hofling, C. K. "The Place of Placebos in Medical Practice." *GP* XI (1955): 103–7.

Holden, C. " 'Iceman' Markings Seen as Medical Tattoos." *Science* 268 (1995): 33.

Holmes, O. W. *The Writings of Oliver Wendell Holmes*. Vol. 9, Medical Essays. Cambridge, MA: Riverside Press, 1891.

Lazear-Asher, B. "Spa Wars." *Self* (July 1995): 42–44.

Leape, L. L. "Error in Medicine." *Journal of the American Medical Association* 272 (1994): 1851–57.

Leape, L. L., D. W. Bates, D. J. Cullen, J. Cooper, H. J. Demonaco, T. Gallivan, R. Hallisey, J. Ives, N. Laird, G. Laffel, R. Nemeskal, L. A. Petersen, K. Porter, D. Servi, B. F. Shea, S. D. Small, B. J. Sweitzer, B. T. Thompson, and M. Vander Vliet. "Systems Analysis of Adverse Drug Events." *Journal of the American Medical Association* 274 (1995): 35–43.

The Macmillan Dictionary of Quotations. New York: Macmillan, 1989.

Myers, S. S., and H. Benson. "Psychological Factors in Healing: A New Perspective on an Old Debate." *Behavioral Medicine* 18 (1992): 5–11.

Nuland, S. B. "Medical Fads: Bran, Midwives and Leeches." *New York Times*, June 25, 1995, p. E16.

Rosenberg, C. "The Therapeutic Revolution." In *Sickness and Health in America: Readings in the History of Medicine and Public Health*. J. Leavitt and R. Numbers (eds.). 2nd ed. Madison: University of Wisconsin Press, 1985.

Shapiro, A. K. "A Contribution to a History of the Placebo Effect." *Behavior Science Notes* 5 (1960): 109–35.

Shapiro, A. K. "Factors Contributing to the Placebo Effect." *American Journal of Psychotherapy* 18 (1961): 73–88.

Shapiro, A. K. "Semantics of the Placebo." *Psychiatric Quarterly* 42 (1968): 653–95.

Shapiro, A. K. "Placebo Effects in Medicine, Psychotherapy and Psychoanalysis." In *Handbook of Psychotherapy and Behavior Change: An Empirical Analysis*. A. E. Bergin and S. L. Garfield (eds.). New York: Wiley, 1971, pp. 439–73.

Shapiro, A. K., and E. L. Struening. "A Comparison of the Attitudes of a Sample of Physicians About the Effectiveness of Their Treatment and the Treatment of Other Physicians." *Journal of Psychiatric Research* 10 (1974): 217–29.

Shapiro, A. K., and L. Morris. "The Placebo Effect in Medical and Psychological Therapies." In *Handbook of Psychotherapy and Behavior Change: An Empirical Analysis*. S. L. Garfield and A. E. Bergin (eds.). 2nd ed. New York: Wiley, 1978, pp. 477–536.

Sontag, S. *Illness As Metaphor.* New York: Farrar, Straus & Giroux, 1978.

Taubes, G. "Epidemiology Faces Its Limits: The Search for Subtle Links Between Diet, Lifestyle, or Environmental Factors and Disease Is an Unending Source of Fear—But Often Yields Little Certainty." *Science* 269 (1995): 164–69.

U.S. Department of Health and Human Services. *Health United States 1993*. Pub. No. (PHS) 94-1232. Hyattsville, MD: Public Health Service, 1994.

Updike, J. *Rabbit at Rest*. New York: Knopf, 1990.

CAPÍTULO VI
La respuesta de la relajación

Beary, J. F., and H. Benson. "A Simple Psychophysiologic Technique Which Elicits the Hypometabolic Changes of the Relaxation Response." *Psychosomatic Medicine* 36 (1974): 115–20.

Benson, H., B. P. Malvea, and J. R. Graham. "Physiologic Correlates of Meditation and Their Clinical Effects in Headache: An Ongoing Investigation." *Headache* 13 (1973): 23–24.

Benson, H., J. F. Beary, and M. P. Carol. "The Relaxation Response." *Psychiatry* 37 (1974): 37–46.

Benson, H., H. P. Klemchuk, and J. R. Graham. "The Usefulness of the Relaxation Response in the Therapy of Headache." *Headache* 14 (1974): 49–52.

Benson, H., B. A. Rosner, B. R. Marzetta, and H. P. Klemchuk. "Decreased Blood Pressure in Borderline Hypertensive Subjects Who Practiced Meditation." *Journal of Chronic Diseases* 27 (1974): 163–69.

Benson, H. *The Relaxation Response.* New York: William Morrow, 1975.

Benson, H., S. Alexander, and C. L. Feldman. "Decreased Premature Ventricular Contractions Through Use of the Relaxation Response in Patients with Stable Ischaemic Heart-Disease." *Lancet* 2 (1975): 380–82.

Benson, H., T. Dryer, and L. H. Hartley. "Decreased VO2 Consumption During Exercise with Elicitation of the Relaxation Response." *Journal of Human Stress* 4 (1978): 38–42.

Benson, H., F. H. Frankel, R. Apfel, M. D. Daniels, H. E. Schniewind, J. C. Nemiah, P. E. Sifneos, K. D. Crassweller, M. M. Greenwood, J. B. Kotch, P. A. Arns, and B. Rosner. "Treatment of Anxiety: A Comparison of the Usefulness of Self-Hypnosis and a Meditational Relaxation Technique." *Psychotherapy and Psychosomatics* 30 (1978): 229–42.

Benson, H., P. A. Arns, and J. W. Hoffman. "The Relaxation

Response and Hypnosis." *International Journal of Clinical and Experimental Hypnosis* 29 (1981): 259–70.

Benson, H. "The Relaxation Response: Its Subjective and Objective Historical Precedents and Physiology." *TINS* 6 (1983): 281–84.

Benson, H. *Beyond the Relaxation Response.* New York: Times Books, 1984.

Benson, H. *Your Maximum Mind.* New York: Times Books/Random House, 1987.

Benson, H. and E. M. Stuart. *The Wellness Book: A Comprehensive Guide to Maintaining Health and Treating Stress-Related Illness.* New York: Fireside, 1993.

Benson, H., A. Kornhaber, C. Kornhaber, M. N. LeChanu, P. C. Zuttermeister, P. Myers, and R. Friedman. "Increases in Positive Psychological Characteristics with a New Relaxation-Response Curriculum in High School Students." *Journal for Research and Development in Education* 27 (1994): 226–31.

Carrington, P., G. H. Collings, H. Benson, H. Robinson, L. W. Wood, P. M. Lehrer, R. L. Woolfolk, and J. W. Cole. "The Use of Meditation–Relaxation Techniques for the Management of Stress in a Working Population." *Journal of Occupational Medicine* 22 (1980): 221–31.

Caudill, M., R. Schnable, P. C. Zuttermeister, H. Benson, and R. Friedman. "Decreased Clinic Utilization by Chronic Pain Patients: Response to Behavioral Medicine Intervention." *Clinical Journal of Pain* 7 (1991): 305–10.

Caudill, M. *Managing Pain Before It Manages You.* New York: Guilford, 1994.

Cummings, N. A., and G. R. VandenBos. "The Twenty Years Kaiser-Permanente Experience with Psychotherapy and Medical Utilization: Implications for National Health Policy and National Health Insurance." *Health Policy Quarterly* 1 (1981): 159–75.

Cytowic, R. E. *The Man Who Tasted Shapes: A Bizarre Medical Mystery Offers Revolutionary Insights into Emotions, Reasoning and Consciousness.* New York: G. P. Putnam, 1993.

Domar, A. D., M. M. Seibel, and H. Benson. "The Mind/Body

Program for Infertility: A New Behavioral Treatment Approach for Women with Infertility." *Fertility and Sterility* 53 (1990): 246–49.

Domar, A. D., P. C. Zuttermeister, M. Seibel, and H. Benson. "Psychological Improvement in Infertile Women After Behavioral Treatment: A Replication." *Fertility and Sterility* 58 (1992): 144–47.

Fentress, D. W., B. J. Masek, J. E. Mehegan, and H. Benson. "Biofeedback and Relaxation-Response Training in the Treatment of Pediatric Migraine." *Developmental Medicine and Child Neurology* 28 (1986): 139–46.

Goodale, I. L., A. D. Domar, and H. Benson. "Alleviation of Premenstrual Syndrome Symptoms with the Relaxation Response." *Obstetrics and Gynecology* 75 (1990): 649–55.

Hellman, C. J., M. Budd, J. Borysenko, D. C. McClelland, and H. Benson. "A Study of the Effectiveness of Two Group Behavioral Medicine Interventions for Patients with Psychosomatic Complaints." *Behavioral Medicine* 16 (1990): 165–73.

Hoffman, J. W., H. Benson, P. A. Arns, G. L. Stainbrook, G. L. Landsberg, J. B. Young, and A. Gill. "Reduced Sympathetic Nervous System Responsivity Associated with the Relaxation Response." *Science* 215 (1982): 190–92.

Huang, Guozhi. "Physiological Effects During Relaxation Qigong Exercise." *Psychosomatic Medicine* 53 (1991): 228.

Jacobs, G. D., H. Benson, and R. Friedman. "Home-Based Central Nervous System Assessment of a Multifactor Behavioral Intervention for Chronic Sleep-Onset Insomnia." *Behavior Therapy* 24 (1993): 159–74.

Jacobs, G. D., P. A. Rosenberg, R. Friedman, J. Matheson, G. M. Peavy, A. D. Domar, and H. Benson. "Multifactor Behavioral Treatment of Chronic Sleep-Onset Insomnia Using Stimulus Control and the Relaxation Response: A Preliminary Study." *Behavior Modification* 17 (1993): 498–509.

Leserman, J., E. Stuart, M. E. Mamish, and H. Benson. "The Efficacy of the Relaxation Response in Preparing for Cardiac Surgery." *Behavioral Medicine* 15 (1989): 111–17.

Leserman, J., E. Stuart, M.E. Mamish, J. Deckro, R. J. Beckam, R. Friedman, and H. Benson. "Nonpharmacologic Intervention for Hypertension: Long-Term Follow-up." *Journal of Cardiopulmonary Rehabilitation* 9 (1989): 316–24.

Linden, W., and L. Chambers. "Clinical Effectiveness of Non-Drug Treatment for Hypertension: A Meta-Analysis." *Annals of Behavioral Medicine* 16 (1994): 35–45.

Mandle, C. L., A. D. Domar, D. P. Harrington, J. Leserman, E. M. Bozadjian, R. Friedman, and H. Benson. "Relaxation Response in Femoral Angiography." *Radiology* 174 (1990): 737–39.

Mundy, L. *Prayer Walking.* T G. Harris (ed.). St. Meinrad, IN: Abbey Press, 1994.

Peters, R. K., H. Benson, and J. M. Peters. "Daily Relaxation Response Breaks in a Working Population: II. Effects on Blood Pressure." *American Journal of Public Health* 67 (1977): 954–59.

Peters, R. K., H. Benson, and D. Porter. "Daily Relaxation Response Breaks in a Working Population: I. Effects on Self-Reported Measures of Health, Performance and Well-being." *American Journal of Public Health* 67 (1977): 946–53.

Stuart, E., M. Caudill, J. Leserman, C. Dorrington, R. Friedman, and H. Benson. "Nonpharmacologic Treatment of Hypertension: A Multiple-Risk-Factor Approach." *Journal of Cardiovascular Nursing* 1 (1987): 1–14.

Wallace, R. K., H. Benson, and A. F. Wilson. "A Wakeful Hypometabolic Physiologic State." *American Journal of Physiology* 221 (1971): 795–99.

Wallace, R. K., and H. Benson. "The Physiology of Meditation." *Scientific American* 226 (1972): 369–79.

Wang, Y., D. Brown, C. B. Ebbeling, L. Fortlage, J. Samuels, L. Ahlquist, A. Ward, J. Rippe, and H. Benson. "Acute Psychological Response Following Exercise and Exercise Plus Relaxation." *American College of Sports Medicine* (1992).

CAPÍTULO VII

El factor fe y la experiencia espiritual

Armstrong, K. *A History of God: The 4,000-Year Quest of Judaism, Christianity and Islam.* New York: Knopf, 1993.

Benson, H., J. F. Beary, and M. P. Carol. "The Relaxation Response." *Psychiatry* 37 (1974): 37–46.

Benson, H. *The Relaxation Response.* New York: William Morrow, 1975.

Benson, H. "Body Temperature Changes During the Practice of g Tum-mo Yoga." *Nature* 298 (1982): 402.

Benson, H., J. W. Lehmann, M. S. Malhotra, R. F. Goldman, J. Hopkins, and M. D. Epstein. "Body Temperature Changes During the Practice of g Tum-mo (Heat) Yoga." *Nature* 295 (1982): 234–36.

Benson, H. *Beyond the Relaxation Response.* New York: Times Books, 1984.

Benson, H. *Your Maximum Mind.* New York: Times Books/ Random House, 1987.

Benson, H., M. S. Malhotra, R. F. Goldman, G. D. Jacobs, and P. J. Hopkins. "Three Case Reports of the Metabolic and Electroencephalographic Changes During Advanced Buddhist Meditation Techniques." *Behavioral Medicine* 16 (1990): 90–95.

Blackmore, S. *Dying to Live: Near-Death Experiences.* Buffalo, New York: Prometheus Books, 1993.

Dean, S. R. "Metapsychiatry: The Confluence of Psychiatry and Mysticism." In *Psychiatry and Mysticism.* S. R. Dean (ed.). Chicago: Nelson-Hall, 1975.

Frank, A. *The Diary of a Young Girl.* New York: Modern Library, 1952.

Harpur, T. *The Uncommon Touch: An Investigation of Spiritual Healing.* Toronto: McLelland & Stewart, 1994.

Holy Qur'an. M. H. Shakir (ed.). New York: Tahrike Tarsile Qur'an, 1982.

The Holy Bible: Old and New Testaments in the King James Version. Nashville, TN: Nelson, 1983.

Huang Guozhi. "Physiological Effects During Relaxation Qigong Exercise." *Psychosomatic Medicine* 53 (1991): 228.

James, W. *The Varieties of Religious Experience.* Cambridge, MA: Harvard University Press, 1985.

Johnson, R. S. "Lloyd Advances to Open Semifinal." *New York Times,* September 4, 1986.

Kantrowitz, B., P. King, D. Rosenberg, K. Springen, P. Wingert, T. Namuth, and T. T. Gegax. "In Search of the Sacred." *Newsweek* (November 28, 1994): 52–62.

Kass, J. D., R. Friedman, J. Leserman, P. C. Zuttermeister, and H. Benson. "Health Outcomes and a New Index of Spiritual Experience." *Journal for the Scientific Study of Religion* 30 (1991): 203–11.

Levin, J. S. "Religion and Health: Is There an Association, Is It Valid, and Is It Causal?" *Social Science and Medicine* 38 (1994): 1475–82.

McKee, D., and J. Chappel. "Spirituality and Medical Practice." *Journal of Family Practice* 35 (1992): 201, 205–8.

Noble, H. B. " 'Zone' Is Winning Territory." *New York Times,* September 5, 1986.

Osler, W. "The Faith That Heals." *British Medical Journal* 18 (1910): 1470–72.

CAPÍTULO VIII
La fe cura

Amoateng, A. Y., and S. J. Bahr. "Religion, Family and Adolescent Drug Use." *Sociological Perspectives* 29 (1986): 53–76.

Armstrong, K. *A History of God: The 4,000-Year Quest of Judaism, Christianity and Islam.* New York: Knopf, 1993.

Benor, D. J. "Survey of Spiritual Healing Research." *Complementary Medical Research* 4 (1990): 9–33.

Berkel, J., and F. de Waard. "Mortality Pattern and Life Expectancy of Seventh-Day Adventists in the Netherlands." *International Journal of Epidemiology* 12 (1983): 455–59.

Berkman, L. F., and S. L. Syme. "Social Networks, Host Resistance, and Mortality: A Nine-Year Follow-up Study of

Alameda County Residents." *American Journal of Epidemiology* 109 (1979): 186–204.

Beutler, J. J., J. T. Attevelt, S. A. Schouten, J. A. Faber, E. J. Dorhout Mees, and G. G. Geijskes. "Paranormal Healing and Hypertension." *British Medical Journal Clinical Research Ed.* 296 (1988): 1491–94.

Byrd, R. C. "Positive Therapeutic Effects of Intercessory Prayer in a Coronary Care Unit Population." *Southern Medical Journal* 81 (1988): 826–29.

Carrington, P., G. H. Collings, H. Benson, H. Robinson, L. W. Wood, P. M. Lehrer, R. L. Woolfolk, and J. W. Cole. "The Use of Meditation–Relaxation Techniques for the Management of Stress in a Working Population." *Journal of Occupational Medicine* 22 (1980): 221–31.

Dossey, L. *Healing Words: The Power of Prayer and the Practice of Medicine.* New York: HarperCollins, 1993.

Enstrom, J. E. "Health Practices and Cancer Mortality Among Active California Mormons." *Journal of the National Cancer Institute* 81 (1989): 1807–14.

Gallup, G. H., Jr., and S. Jones. *100 Questions and Answers: Religion in America.* Princeton: Princeton Religion Research Center, 1989.

Gallup, G. H., Jr. *Religion in America: 1990.* Princeton: Princeton Religion Research Center, 1990.

Gilk, D. C. "The Redefinition of the Situation: The Social Construction of Spiritual Healing Experiences." *Sociology of Health and Illness* 12 (1990): 151–68.

Heidt, P. R. "Effect of Therapeutic Touch on Anxiety Level of Hospitalized Patients." *Nursing Research* 30 (1981): 32–37.

The Holy Bible: Old and New Testaments in the King James Version. Nashville, TN: Nelson, 1983.

House, J. S., C. Robbins, and H. L. Metzner. "The Association of Social Relationships and Activities with Mortality: Prospective Evidence from the Tecumseh Community Health Study." *American Journal of Epidemiology* 116 (1982): 123–40.

Jensen, O. M. "Cancer Risk Among Danish Male Seventh-Day Adventists and Other Temperance Society Members." *Journal of the National Cancer Institute* 70 (1983): 1011–14.

Johnson, D. M., J. S. Williams, and D. G. Bromley. "Religion, Health and Healing: Findings from a Southern City." *Sociological Analysis* 46 (1986): 66–73.

Keller, E., and V. M. Bzdek. "Effects of Therapeutic Touch on Tension Headache Pain." *Nursing Research* 35 (1986): 101–6.

Larson, D. B. *The Faith Factor: An Annotated Bibliography of Systematic Reviews and Clinical Research on Spiritual Subjects.* Vol 2. John Templeton Foundation, 1993.

Levin, J. S., and P. L. Schiller. "Is There a Religious Factor in Health?" *Journal of Religion and Health* 26 (1987): 9–36.

Levin, J. S., and H. Y. Vanderpool. "Is Frequent Religious Attendance *Really* Conducive to Better Health? Toward an Epidemiology of Religion." *Social Science and Medicine* 24 (1987): 589–600.

Levin, J. S. "Religion and Health: Is There an Association, Is It Valid, and Is It Causal?" *Social Science and Medicine* 38 (1994): 1475–82.

Luks, A. *The Healing Power of Doing Good.* New York: Ballantine, 1993.

Luther, M. *Table Talk.* As quoted in J. Bartlett. *Familiar Quotations.* Fourteenth Edition, E. M. Beck (ed.). Boston: Little, Brown, 1968, p. 352.

Mason, R. C., Jr., G. Clark, R. B. Reeves, Jr., and S. B. Wagner. "Acceptance and Healing." *Journal of Religion and Health* 8 (1969): 123.

Matthews, D. A., D. B. Larson, and C. P. Barry. *The Faith Factor: An Annotated Bibliography of Clinical Research on Spiritual Subjects.* Vol 1. John Templeton Foundation, 1993.

Meehan, T. C. "Therapeutic Touch and Postoperative Pain: A Rogerian Research Study." *Nursing Science Quarterly* 6 (1993): 69–78.

Orr, R. D., and G. Isaac. "Religious Variables Are Infrequently Reported in Clinical Research." *Family Medicine* 24 (1992): 602–6.

Oxman, T. E., D. H. Freeman, Jr., and E. D. Manheimer. "Lack of Social Participation or Religious Strength and Comfort As Risk Factors for Death After Cardiac Surgery in the Elderly." *Psychosomatic Medicine* 57 (1995): 5–15.

Pressman, P., J. S. Lyons, D. B. Larson, and J. J. Strain. "Religious Belief, Depression, and Ambulation Status in Elderly Women with Broken Hips." *American Journal of Psychiatry* 147 (1990): 758–60.

Schiller, P. L., and J. S. Levin. "Is There a Religious Factor in Health Care Utilization?: A Review." *Social Science and Medicine* 27 (1988): 1369–79.

Spiegel, D., J. R. Bloom, H. C. Kraemer, and E. Gottheil. "Effect of Psychosocial Treatment on Survival of Patients with Metastatic Breast Cancer." *Lancet* 2 (1989): 888–91.

Wirth, D. P., J. T. Richardson, W. S. Eidelman, and A. C. O'Malley. "Full Thickness Dermal Wounds Treated with Non-Contact Therapeutic Touch: A Replication and Extension." *Complementary Therapies in Medicine* 1 (1993): 127–32.

CAPÍTULO IX

Diseñados para Dios

Armstrong, K. *A History of God: The 4,000-Year Quest of Judaism, Christianity and Islam.* New York: Knopf, 1993.

Begley, S. "Science of the Sacred." *Newsweek* (November 28, 1994): 56–59.

Benson, H., J. F. Beary, and M. P. Carol. "The Relaxation Response." *Psychiatry* 37 (1974): 37–46.

Blackmore, S. *Dying to Live: Near-Death Experiences.* Buffalo, NY: Prometheus Books, 1993.

Cummings, N. A., and G. R. VandenBos. "The Twenty Years Kaiser-Permanente Experience with Psychotherapy and Medical Utilization: Implications for National Health Policy and National Health Insurance." *Health Policy Quarterly* 1 (1981): 159–75.

Cytowic, R. E. *The Man Who Tasted Shapes: A Bizarre Medical Mystery Offers Revolutionary Insights into Emotions, Reasoning and Consciousness.* New York: G. P. Putnam, 1993.

Damasio, A. *Descartes' Error: Emotion, Reason and the Human Brain.* New York: Grosset/Putnam, 1994.

Gallup, G. H., Jr., and S. Jones. *100 Questions and Answers: Religion in America.* Princeton: Princeton Religion Research Center, 1989.

Harrison, K. "In His Brother's Shadow." *New York Times Book Review* (May 29, 1994): 3,12.

Holt, J. "At the Intersection of Science and Religion." *Wall Street Journal,* October 10, 1994.

Johnson, G. "Physicists Weigh In: The Quark Is a Porker." *New York Times,* March 5, 1995.

Johnson, S. As quoted in J. Bartlett. *Familiar Quotations.* Fourteenth Edition, E. M. Beck (ed.). Boston: Little, Brown, 1968.

Kantrowitz, B., P. King, D. Rosenberg, K. Springen, P. Wingert, T. Namuth, and T. T. Gegax. "In Search of the Sacred." *Newsweek* (November 28, 1994): 52–62.

Kolb, E. As quoted in S. Begley. "Science of the Sacred." *Newsweek* (November 28, 1994): 56.

Miles, J. *God: A Biography.* New York: Knopf, 1995.

Steinem, G. *Revolution from Within: A Book of Self-Esteem.* Boston: Little, Brown, 1992.

Templeton, J. W. (ed.). *Evidence of Purpose: Scientists Discover the Creator.* New York: Continuum, 1994.

Tipler, F. J. *The Physics of Immortality: Modern Cosmology, God and the Resurrection of the Dead.* New York: Doubleday, 1994.

CAPÍTULO X

Medicina óptima, óptima salud

American Medical Association. *Physician Characteristics and Distribution in the U.S. 1994.* G. Roback, L. Randolph, B. Seidman, and T. Pasko (eds.). Chicago: Department of Data Services, 1994.

American Medical Association. *Physician Marketplace Statistics 1994.* M. L. Gonzalez (ed.). Chicago: Center for Health Policy Research, 1994.

Antoni, M. H., L. Baggett, G. Ironson, A. LaPerriere, S. August, N. Klimas, N. Schneiderman, and M. A. Fletcher. "Cognitive-Behavioral Stress Management Intervention Buffers Distress Responses and Immunologic Changes Following Notification of HIV-1 Seropositivity." *Journal of Consulting and Clinical Psychology* 59 (1991): 906–15.

Benson, H., and R. Friedman. "The Three-Legged Stool." *Mind/Body Medicine* 1 (1995): 1–2.

Benson, H., C. Kyle, and G. H. Gallup, Jr. (Unpublished Data).

Burton, R. *The Anatomy of Melancholy.* Oxford: John Lichfield and James Short. (1621). As quoted in T. A. Droege. *The Faith Factor in Healing.* Philadelphia: Trinity Press International, 1991.

Caudill, M., R. Schnable, P. C. Zuttermeister, H. Benson, and R. Friedman. "Decreased Clinic Utilization by Chronic Pain Patients: Response to Behavioral Medicine Intervention." *Clinical Journal of Pain* 7 (1991): 305–10.

Caudill, M. *Managing Pain Before It Manages You.* New York: Guilford, 1994.

Cummings, N. A., and G. R. VandenBos. "The Twenty Years Kaiser-Permanente Experience with Psychotherapy and Medical Utilization: Implications for National Health Policy and National Health Insurance." *Health Policy Quarterly* 1 (1981): 159–75.

Eisenberg, D. M., R. C. Kessler, C. Foster, F. E. Norlock, D. R. Calkins, and T. L. Delbanco. "Unconventional Medicine in the United States: Prevalence, Costs and Patterns of Use." *New England Journal of Medicine* 328 (1993): 246–52.

Fawzy, F. I., N. W. Fawzy, C. S. Hyun, R. Elashoff, D. Guthrie, J. L. Fahey, and D. L. Morton. "Malignant Melanoma: Effects of an Early Structured Psychiatric Intervention, Coping and Affective State on Recurrence and Survival 6 Years Later." *Archives of General Psychiatry* 50 (1993): 681–89.

Friedman, R., P. C. Zuttermeister, and H. Benson. "Unconventional Medicine [letter]." *New England Journal of Medicine* 329 (1993): 1201.

Hellman, C. J., M. Budd, J. Borysenko, D. C. McClelland, and H.

Benson. "A Study of the Effectiveness of Two Group Behavioral Medicine Interventions for Patients with Psychosomatic Complaints." *Behavioral Medicine* 16 (1990): 165–73.

Inui, T. S. As quoted in *The Economist* (December 10, 1994): 89–90.

Kennell, J., M. Klaus, S. McGrath, S. Robertson, and C. Hinkley. "Continuous Emotional Support During Labor in a U.S. Hospital: A Randomized Controlled Trial." *Journal of the American Medical Association* 265 (1991): 2197–2201.

Kroenke, K., and A. D. Mangelsdorff. "Common Symptoms in Ambulatory Care: Incidence, Evaluation, Therapy and Outcome." *American Journal of Medicine* 86 (1989): 262–66.

Lorig, K. R., P. D. Mazonson, and H. R. Holman. "Evidence Suggesting That Health Education for Self-Management in Patients with Chronic Arthritis Has Sustained Health Benefits While Reducing Health Care Costs." *Arthritis and Rheumatism* 36 (1993): 439–46.

Mumford, E., H. J. Schlesinger, and G. V. Glass. "The Effect of Psychological Intervention on Recovery from Surgery and Heart Attacks: An Analysis of the Literature." *American Journal of Public Health* 72 (1982): 141–51.

Ornish, D., S. E. Brown, L. W. Scherwitz, J. H. Billings, W. T. Armstrong, T. A. Ports, S. M. McLanahan, R. L. Kirkeeide, R. J. Brand, and K. L. Gould. "Can Lifestyle Changes Reverse Coronary Heart Disease? The Lifestyle Heart Trial." *Lancet* 336 (1990): 129–33.

Pallak, M. S., N. A. Cummings, H. Dorken, and C. J. Henke. "Effects of Mental Health Treatment on Medical Costs." *Mind/Body Medicine* 1 (1995): 7–12.

Robinson, J. S., M. L. Schwartz, K. S. Magwene, S. A. Krengel, and D. Tamburello. "The Impact of Fever Health Education on Clinic Utilization." *American Journal of Diseases of Children* 143 (1989): 698–704.

Sobel, D. "Mind Matters, Money Matters: The Cost-Effectiveness of Clinical Behavioral Medicine." *Mental Medicine Update* (1993): 1–8.

Sobel, D. "Mind/Body Medicine: Is It Really 'Alternative'?" *Mental Medicine Update* 4 (1995): 1–2.

U.S. Department of Health and Human Services. *Health*

United States 1993. Pub. No. (PHS) 94-1232. Hyattsville, MD: Public Health Service, 1994.

Wilson, S. R., P. Scamagas, D. F. German, G. W. Hughes, S. Lulla, S. Coss, L. Chardon, R. G. Thomas, N. Starr-Schneidkraut, and F. B. Stancavage. "A Controlled Trial of Two Forms of Self-Management Education for Adults with Asthma." *American Journal of Medicine* 94 (1993): 564–76.

CAPÍTULO XI

Confíe en sus instintos, confíe en su médico

Ambady, N., and R. Rosenthal. "Half a Minute: Predicting Teacher Evaluations from Thin Slices of Nonverbal Behavior and Physical Attractiveness." *Journal of Personality and Social Psychology* 64 (1993): 431–41.

Bradsher, K. "As 1 Million Americans Leave Ranks of Insured, Debate Heats Up, Medicaid Battle Looms." *New York Times,* August 27, 1995, p. 1.

Holmes, O. W. *The Writings of Oliver Wendell Holmes*. Vol. 9, Medical Essays. Cambridge, MA: Riverside Press, 1891.

Letvak, R. "Putting the Placebo Effect into Practice." *Patient Care* 29 (1995): 93–102.

Peabody, F. W. *The Care of the Patient.* Cambridge, MA: Harvard University Press, 1927.

Raymond, A. G. *The HMO Health Care Companion: A Consumer's Guide to Managed Care Networks.* New York: HarperPerennial, 1994.

Shaw, G. B. *The Doctor's Dilemma.* Ayot St. Lawrence (ed.). New York: W.H. Wise, 1930.

"Why Doctors." *The Economist* (December 10, 1994): 89–90.

CAPÍTULO XII

Los males de la información

Barinaga, M. "To Sleep, Perchance to . . . Learn? New Studies Say Yes." *Science* 265 (1994): 603–4.

Barsky, A. J. *Worried Sick: Our Troubled Quest for Wellness.* Boston: Little, Brown, 1988.

Becker, M. H. "The Tyranny of Health Promotion." *Public Health Reviews* 14 (1986): 15–25.

Benson, H. *Your Maximum Mind.* New York: Times Books/Random House, 1987.

Benson, H., and E. Stuart. *The Wellness Book: A Comprehensive Guide to Maintaining Health and Treating Stress-Related Illness.* New York: Fireside, 1993.

Champion, F. P., and R. Taylor. "Mass Hysteria Associated with Insect Bites." *Journal of the South Carolina Medical Association* 59 (1963): 351–53.

Davidson, A. "Choreomania: A Historical Sketch with Some Account of an Epidemic Observed in Madagascar." *Edinburgh Medical Journal* 13 (1867): 124–36.

Davy, R. D. "St. Vitus' Dance and Kindred Affectations." *The Cincinnati Lancet and Clinic* 4 (1880): 440–45.

DeAngelis, B. *Real Moments.* New York: Delacorte, 1994.

Frankel, F. H. "Discovering New Memories in Psychotherapy—Childhood Revisited, Fantasy or Both?" *New England Journal of Medicine* 333 (1995): 591–94.

Freidson, E. *Profession of Medicine: A Study of the Sociology of Applied Knowledge.* New York: Dodd, Mead, 1970.

Hannay, D. R. *The Symptom Iceberg: A Study of Community Health.* London, Boston: Routledge & Kegan Paul, 1979.

Inlander, C. B., L. S. Levin, and E. Weiner. *Medicine on Trial: The Appalling Story of Ineptitude, Malfeasance, Neglect and Arrogance.* New York: Prentice-Hall, 1988.

Kabat-Zinn, J. *Full Catastrophe Living: Using the Wisdom of Your Body and Mind to Face Stress, Pain and Illness.* New York: Delacorte, 1990.

Mack, J. E. *Abduction: Human Encounters with Aliens.* New York: Scribner, 1994.

Martin, A. "History of the Dancing Mania: A Contribution to the Study of Psychic Mass Infection." *American Journal of Clinical Medicine* 30 (1923): 265–71.

McLeod, W. R. "Merphos Poisoning or Mass Panic?" *Australian and New Zealand Journal of Psychiatry* 9 (1975): 225–29.

Meichenbaum, D. *Cognitive-Behavior Modification: An Integrative Approach.* New York: Plenum, 1977.

Milton, J. *Paradise Lost.* London: 1946.

Morrison, T. *Song of Solomon.* New York: Knopf, 1977.

Myers, L. "Many Kids Scared of Future; Even Good Parents at a Loss to Deal with It." *San Diego Union-Tribune,* May 11, 1995, p. A7.

Ofshe, R., and E. Watters. *Making Monsters: False Memories, Psychotherapy and Sexual Hysteria.* New York: Scribner, 1994.

Rosen, G. "Psychopathology in the Social Process: Dance Frenzies, Demonic Possession, Revival Movements and Similar So-Called Psychic Epidemics." *Bulletin of Historical Medicine* 36 (1962): 13–44.

Rosenthal, E. "Maybe You're Sick, Maybe We Can Help." *New York Times,* April 11, 1994.

Rubenstein, C. "Wellness Is All." *Psychology Today* (1982): 28–37.

Shorter, E. *Bedside Manners: The Troubled History of Doctors and Patients.* New York: Simon & Schuster, 1985.

Small, G. W., and A. M. Nicholi, Jr. "Mass Hysteria Among Schoolchildren: Early Loss As a Predisposing Factor." *Archives of General Psychiatry* 39 (1982): 721–24.

Steinberg, D. "Personal Best." *GQ* (February 1995): 108.

Suib-Cohen, S. *Secrets of a Very Good Marriage: Lessons from the Sea.* New York: Crown, 1993.

Vaillant, G. E. *Adaptation to Life.* Boston: Little, Brown, 1977.

Vrazo, F. "They Blame Themselves for Breast Cancer: Still Unknown Cause, Yet Some Feel Guilty." *San Diego Union-Tribune,* October 31, 1994, p. B-3.

CAPÍTULO XIII
Curación eterna

St. Anselm. "Proslogion. Chap 3." As quoted in J. Bartlett. *Familiar Quotations.* Fourteenth Edition, E. M. Beck (ed.). Boston: Little, Brown, 1968.

Armstrong, K. *A History of God: The 4,000-Year Quest of Judaism, Christianity and Islam.* New York: Knopf, 1993.

Benson, H., A. Kornhaber, C. Kornhaber, M. N. LeChanu, P. C. Zuttermeister, P. Myers, and R. Friedman. "Increases in Positive Psychological Characteristics with a New Relaxation-Response Curriculum in High School Students." *Journal for Research and Development in Education* 27 (1994): 226–31.

Cytowic, R. E. *The Man Who Tasted Shapes: A Bizarre Medical Mystery Offers Revolutionary Insights into Emotions, Reasoning and Consciousness.* New York: G.P. Putnam, 1993.

Dunkin, A. "Meditation, The New Balm for Corporate Stress." *Business Week* (May 10, 1993): 86–87.

Heraclitus. As quoted in J. Bartlett. *Familiar Quotations.* Fourteenth Edition, E. M. Beck (ed.). Boston: Little, Brown, 1968, p. 77.

The Holy Bible: Old and New Testaments in the King James Version. Nashville, TN: Nelson, 1983.

James, W. "Pragmatism: Lecture 1. 1907." As quoted in J. Bartlett. *Familiar Quotations.* Fourteenth Edition, E. M. Beck (ed.). Boston: Little, Brown, 1968.

Niebuhr, R. As quoted in J. Bartlett. *Familiar Quotations.* Fourteenth Edition, E. M. Beck (ed.). Boston: Little, Brown, 1968.

Ornish, D., S. E. Brown, L. W. Scherwitz, J. H. Billings, W. T. Armstrong, T. A. Ports, S. M. McLanahan, R. L. Kirkeeide, R. J. Brand, and K. L. Gould. "Can Lifestyle Changes Reverse Coronary Heart Disease? The Lifestyle Heart Trial." *Lancet* 336 (1990): 129–33.

Stratford, S. "Leaders Learn to Heed the Voice Within." *Fortune* (August 22, 1994): 92–100.

Apreciado lector,

Si a usted le gustó este libro y desea recibir información sobre nuestras próximas publicaciones, por favor llene esta encuesta y, a vuelta de correo, recibirá periódicamente nuestro Boletín mensual de novedades.

1. ¿En qué libro encontró esta encuesta?

   ____

2. ¿Qué opina usted del contenido de ese libro?

   Excelente ❑ Muy bueno ❑ Bueno ❑

   Regular ❑ Malo ❑

Observaciones: ______________________________________

____

3. De las líneas que publica la División de Interés General (Gerencia, Superación personal, Salud, Hogar y familia, Espiritualidad, Humor y Computadores), ¿sobre qué temas le gustaría leer? ______________________________

____

Nombre ______________________________________

Profesión ____________________________________

Dirección ____________________________________

A.A. ____________ **Teléfono** ____________ **Fax** __________

Ciudad ________________ **Departamento** ______________

Le agradeceríamos enviar esta encuesta a:
Grupo Editorial Norma
División de Interés General
Departamento de Mercadeo
A.A. 46 Cali (Valle)

(Oferta válida sólo en Colombia)